Unterwegs in den Krisengebieten der Welt – wie gehen Menschen mit Krieg und Gewalt um, was verändert sich angesichts des fremden Leids im Berichterstatter, welche Rolle kommt dem Zeugen zu? Carolin Emcke schreibt in ihren Briefen von Orten, die aus dem Blickfeld der Medien geraten sind, obwohl Krieg und Leid dort andauern: vom endlosen Bürgerkrieg in Kolumbien, von der Sklavenarbeit in den Freihandelszonen Nicaraguas, vom Überlebenskampf der Straßenkinder in der Kanalisation von Bukarest, von den serbischen Massakern an Kosovo-Albanern und den Vergeltungsanschlägen an Serben, dem Anschlag auf das World Trade Center am 11. September und den Kriegen in Afghanistan und im Irak.

Carolin Emcke, geb. 1967, studierte Philosophie, Politik und Geschichte in London, Frankfurt und Harvard; während des Studiums freie Mitarbeit beim Fernsehen, Promotion in Philosophie, seit 1998 Redakteurin beim »Spiegel« und als Auslandsredakteurin in vielen Krisengebieten unterwegs. 2003/2004 Visiting Lecturer für Politische Theorie an der Yale University; zahlreiche Veröffentlichungen, zuletzt »Kollektive Identitäten. Sozialphilosophische Grundlagen«. Carolin Emcke lebt in Berlin.

Unsere Adresse im Internet: www.fischerverlage.de

Carolin Emcke

Von den Kriegen

Briefe an Freunde

Fischer Taschenbuch Verlag

Die ursprünglichen Texte wurden von Sebastian Vogel aus dem Englischen übersetzt und für die Druckfassung von der Autorin überarbeitet.

Ungekürzte Ausgabe
Veröffentlicht im Fischer Taschenbuch Verlag,
einem Unternehmen der S. Fischer Verlag GmbH, Frankfurt am Main, Februar 2006

Lizenzausgabe mit freundlicher Genehmigung
der S. Fischer Verlag GmbH, Frankfurt am Main
© 2004 S. Fischer Verlag GmbH, Frankfurt am Main
Alle Rechte vorbehalten
Druck und Bindung: Druckerei C.H. Beck, Nördlingen
Printed in Germany
ISBN 3-596-16248-3

Für Sebastian Bolesch

»Stumm ist nur die Gewalt.«
Hannah Arendt

Inhalt

Einleitung

> »Aber das Eigene will so gelernt
> sein wie das Fremde.«
> *Friedrich Hölderlin*

Am Anfang war nur Sprachlosigkeit.

Nach anderthalb Monaten in Albanien und im Kosovo während des Krieges kam ich im Sommer 1999 nach Berlin zurück und wusste meinen Freunden nichts zu erzählen.

Wie sollte ich das Erlebte in Worte fassen, die sie nicht abschreckten? Wie diese Begegnung mit Tod und Zerstörung beschreiben? Wie sollte ich erklären, dass Krieg und Gewalt sich in uns einnisten?

Meine Freunde wussten nicht zu fragen, und ich wusste nicht zu antworten.

Im Versuch, diese Sprachlosigkeit zu überwinden, ist der erste Brief entstanden, den ich per E-Mail an einen Kreis von vielleicht zwanzig Freunden verschickte.

Ich wusste damals noch nicht, dass aus diesem Bedürfnis, meinen Freunden von dem Krieg und seinen Opfern zu erzählen, nach und nach ein Ritual werden würde: Nach jeder eindrucksvollen Reise schrieb ich einen Brief.

Ich wusste damals auch nicht, dass dieses Brief-Schreiben am Ende weniger eine intellektuelle als eine kathartische Funktion erfüllen würde. Mehr und mehr wurden die Briefe zu einer brauchbaren Form, über das Erlebte noch einmal nachzudenken und mir so die Rückkehr in mein Berliner Leben zu erleichtern.

Die Briefe basieren alle auf Reisen, die ich im Auftrag des »Spiegel« in den Jahren von 1999 bis 2003 unternommen habe. Über alle Reisen habe ich journalistische Artikel geschrieben, die sich in einzelnen Passagen und Szenen auch in diesen Briefen wiederfinden.

Nicht alle schildern die kriegerischen Ereignisse selbst, manche erzählen auch von deren Folgen, den verwüsteten inneren und äußeren Landschaften. Sie erzählen von Wut, die immer wieder auflebt, von Verwundung, die nicht heilen will.

Zwei Briefe, über Rumänien und Nicaragua, handeln nicht von den Kriegen im engen Verständnis. Sie thematisieren strukturelle Gewalt, nicht unmittelbar physische oder militärische.

In allen Briefen, die ich schrieb, wollte ich etwas mitteilen, das über die klassische Berichterstattung hinausgeht. Die Gattung des Briefes gestattete mir, unterschiedliche Erzählformen zu mischen: Sehr persönliche Passagen wechseln mit eher essayistischen Reflexionen, politischer Kommentar wird durchbrochen von szenischen Reportageelementen.

Vermutlich hätte ich so nie schreiben können, wenn ich immer schon an eine Veröffentlichung gedacht hätte.

Aber ich hatte an Freunde geschrieben: Intellektuelle und Künstler aus aller Welt, unterschiedlicher religiöser und kultureller Herkunft, die ich in den vergangenen 15 Jahren kennen gelernt hatte. Anfangs hatte ich kein klares Konzept vor Augen. Ich erzählte einfach von den Reisen, von dem, was mich umtrieb, was mich nicht losließ, ich versuchte, ihre stummen Fragen zu beantworten: Welche Motive mich leiteten, in diese Gebiete zu reisen? Wie neutral ich dabei sein könne?

Im Laufe der Jahre haben sich dann bestimmte Themen herauskristallisiert: der Krieg, seine Opfer und der Zeuge.

Die Briefe legen Zeugnis ab auch über mich, die Zeugin selbst. Es gab Gründe, diese persönliche Anschauung bei einer Veröffentlichung nicht aus den Briefen zu entfernen. Immer wieder haben meine Freunde, die die Briefe lasen, mit Erstaunen und Entsetzen reagiert: Das hätten sie sich so nicht vorgestellt. Das hätten sie nicht gewusst.

Alle meine Freunde sind politisch interessiert und gut informiert, und dennoch schienen ihnen die Briefe einen besonderen Blick auf die kriegsbedingte Zerstörung an den Rändern der Welt zu ermöglichen.

Susan Sontag schreibt in ihrem Buch »Das Leiden anderer betrachten« von einem Phänomen, das auch ich an meinen Freunden entdecken konnte: Die Zuschauer oder Leser, die jeden Tag von Berichten aus Krisenregionen in der ganzen Welt überflutet werden, *sehen* zwar die Bilder des Grauens – aber mit der Zeit stumpfen sie ab, sie können die Nachrichten nicht in einen für sie anschaulichen Zusammenhang bringen, und am Ende *glauben* sie nicht, dass sie *wirklich* einer Realität entsprechen.

In diesem Sinn können Briefe von einem Zeugen, den man sich vorstellen kann, der auch von sich erzählt, von dem eigenen Umgang mit der Gewalt, von jemandem, der pendelt zwischen den Welten, jemandem, der auch mitteilt, was beschämend ist, was misslingt, was unerträglich ist, unversehens zu einem glaubwürdigen Dokument von den Kriegen und ihren Opfern werden.

Berlin/New York, im Februar 2004
Carolin Emcke

Kosovo 1 (Juli 1999)

»War kills. That is all it does.«
Michael Walzer

Liebe Freunde,

seit zwei Wochen bin ich zurück.

Auf Fragen nach der Zeit in Albanien und im Kosovo weiß ich nichts zu antworten – als ob ich nicht da gewesen oder nicht angekommen wäre.

Die Erfahrungen sind präsent, die Bilder, Gerüche, der Lärm – alles ist deutlich und lässt sich doch nicht in eine zutreffende und verständliche Erzählung des Grauens verwandeln.

Wir glauben gern daran, dass es uns möglich ist, Gefahren zu entschärfen, wenn wir ihnen einen Namen geben können. Rumpelstilzchen verliert seine Macht, wenn wir erraten, wie es heißt. Doch manchmal tobt und wütet Rumpelstilzchen, selbst wenn wir wissen, wie es heißt. Manchmal vermag das Wort nicht zu bannen, und sein Ungenügen verstärkt nur die Trauer über das Erlebte.

Vielleicht weiß ich auch nur nicht recht, wo beginnen.

Vor Ort, in den Flüchtlingslagern, in denen die Vertriebenen verharrten, stumm – die Männer auf dem Boden hockend und rauchend, unter bunten Wolldecken verkrochen, die Frauen über kleine Waschbottiche aus Plastik gebeugt im Schlamm, später auf den Feldern, auf denen die Leichen in der Sonne verwesten, in den Krankenhäusern mit diesem unnachahmlichen Geruch nach Desinfektion und Tod, auf den überquellenden Marktplätzen, in den verwüsteten Moscheen, hatten wir, ob Fremde oder Einheimische, den gleichen Erfahrungshorizont.

Wir waren in der gleichen Welt alltäglichen Elends und unaufhörlicher Zerstörung. Innerhalb dieses Umfeldes hatten all die entsetzlichen Einzelszenen einen »Sinn«. Nicht, dass uns nicht permanent alles unwirklich erschienen wäre. Aber es war gleichzeitig zu real, als dass wir es ununterbrochen hätten in Frage stellen können. Unsere Gespräche und Gebärden waren ja eingelassen in diesen Kontext. Es war ein Leben im gemeinsamen Radius der Gewalt.

Erst hier, wieder zurück in Berlin, jetzt, da es darum geht, von jener Zeit zu erzählen, wird deren Absurdität zugleich spürbarer und unverständlicher.

Rückblickend kann ich sagen: Diese Erlebnisse waren von unserer hiesigen Erfahrung abgetrennt wie der Teig, den ich als Kind mit einer Keksform auf dem Backblech meiner Großmutter ausstach. Möglicherweise erklärt das, warum Journalisten im Zerrbild kritischer Anmahnungen oft als zynisch gelten: Weil die Wirklichkeit, über die sie sprechen, ein Zerrbild der Wirklichkeit, die wir kennen, zu sein scheint.

Das ist die Last des Zeugen, stets mit einem Gefühl des Unangemessenen, der Leere zurückzubleiben, weil selbst der akkurateste Bericht die Trostlosigkeit des Gesehenen nicht einzufangen vermag.

Die Aufgabe

Wir waren in Tirana, als das Friedensabkommen unterzeichnet wurde und die serbische Delegation zustimmte, binnen 48 Stunden nach Inkrafttreten des Vertrags sämtliche Einheiten aus dem Kosovo in die verbliebene Rumpfrepublik Serbien und Montenegro abzuziehen. 78 Tage hatte der Luftkrieg der NATO-Allianz gedauert, in dem sie Angriffe geflogen hatten gegen Regierungsgebäude in Belgrad, gegen Stellungen der serbischen Armee im Kosovo – aber auch gegen zivile Einrichtungen: Brücken, Fabriken, Elektrizitätswerke, die Fernsehstation von Belgrad und mehrere Flüchtlingstrecks, »Kollateralschäden«, wie es die Propaganda-Behörde in Brüssel nennen sollte.

Mit dem Ende des Krieges konnten wir schließlich, gemeinsam mit den bisher untätig gebliebenen Bodentruppen der Allianz und Tausenden Kosovo-albanischer Flüchtlinge, in das Kosovo einreisen und von dort aus schreiben.

Unser Team im Kosovo bestand aus unserem albanischen Fahrer Kujtim Bilali, seinem Neffen und unserem Dolmetscher Noni Hoxha, Joanne Mariner von der Organisation Human Rights Watch, die wir in den albanischen Flüchtlingslagern kennen gelernt hatten, dem Photographen Sebastian Bolesch und mir.

Wir blieben zwei weitere Wochen im kriegsversehrten Kosovo und reisten durch die ganze Region. Wir sahen, wie die Kosovo-albanischen Jungen und Männer, die sich vor den Schwadronen der Serben versteckt hatten, nun aus den Bergen zurückkehrten und aus den Kellerverliesen hervorkrochen. Wir sahen verhungerte Kosovo-albanische Gefangene mit tief liegenden Augen auf einem Lastwagen angebunden. Sie sollten nach Serbien verschleppt werden und waren vergessen worden. Wir sahen, wie Kosovo-Albaner das Ende der Unterdrückung feierten. Wir sahen allerorten, wie die serbischen Einheiten gewütet hatten: Die verkohlten Höfe, die demolierten Minarette der Dorfmoscheen, wir sahen die verstümmelten Leichen, dort, wo für die serbischen Schergen die Zeit zu knapp geworden war, um die Spuren ihrer Taten zu beseitigen und die Opfer zu verscharren. Wir sahen die serbischen Truppen auf ihrem Rückzug, betrunken vom geraubten Schnaps. Aber wir sahen auch, wie serbische Zivilisten flohen aus Angst vor Vergeltung. Wir sahen die Viertel der unbeteiligten Roma in Flammen aufgehen.

Tod und Zerstörung

Seit meiner Rückkehr werde ich gefragt: »Wie verarbeitet man das Erlebte? Wie wird man damit fertig?«

Die Antwort lautet: »Gar nicht.«

Manche Eindrücke lassen sich nicht »verarbeiten«.

Der Anblick eines siebzehnjährigen Kosovo-albanischen Mädchens im Krankenhaus von Prizren im Kosovo, das am Tag vor dem Einmarsch im Kosovo von einem Heckenschützen angeschossen wurde. Sie hatte eine Gehirnverletzung und hätte zur Operation nach Priština ins Krankenhaus gebracht werden müssen. Seit jener Nacht lag sie in einem Zimmer mit fünf schwer verletzten Männern: Serben, UÇK-Kämpfer und Albaner, die Feinde des Krieges versammelt in einem überhitzten Raum.

Man konnte sie atmen hören.

Sie würde vermutlich im Laufe der nächsten fünf Stunden sterben: Das Krankenhaus konnte sie nicht nach Priština transportieren – die serbischen Truppen hatten den einzigen Krankenwagen für ihre Flucht nach Kriegsende gestohlen.

Der Anblick des verkohlten Rückens eines toten katholischen Kosovo-Albaners zwischen Hunderten von Büchern in seinem Haus in Koronica. Die Muskeln in dem zusammengeschrumpften Leib waren noch zu erkennen – es sah aus wie auf einem jener Schaubilder aus dem Biologieunterricht, auf denen schematisch alle Muskeln des Körpers abgebildet waren. Nur war der Mann in Koronica schwarzbraun, sein verbranntes Fleisch hatte eine poröse Konsistenz und sah behaart aus wie ein kratziger Pelz. Arme und Beine fehlten – vielleicht hatte man sie ihm abgeschnitten, vielleicht waren sie völlig verbrannt, vielleicht waren auch die Hunde schuld.

In der Ilias fürchten die homerischen Helden weniger den Tod als die Vorstellung, in der Fremde, außerhalb der eigenen Stadtmauern, unbeerdigt den streunenden Hunden ausgeliefert zu sein. Es schien mir bei der Lektüre stets die abstruse Furcht eines Lebenden zu sein, der seinen Leichnam nicht von Hunden zerfleddert wissen möchte. Ich konnte mir eine Welt nicht vorstellen, in der Hunde mit menschlichen Gliedmaßen im Maul durch die Straßen traben könnten.

Zu dem Paket aus verdorrtem Fleisch brachte uns der Bruder des Toten. Er ging von Raum zu Raum mit uns, in einem bröckelnden Haus aus Schutt und Asche, und sprach, als ob es noch stünde und als ob das Bündel auf dem Boden noch irgendetwas mit dem Menschen zu tun hätte, mit dem gemeinsam er aufgewachsen war.

Auch nicht verarbeiten lässt sich: Der Anblick von Leichen ohne Kopf, von abgetrennten Körperteilen, von verrenkten Leibern, die man gefesselt hinter einem Lastwagen hergeschleift hatte (auch das wie ein homerisches Zitat); der Anblick von aufgedunsenen oder verbrannten Leichen, solchen, die zwei Monate alt waren, eine Woche, einen Tag.

Die Rede von »Massengräbern« ist irreführend. Meist findet man einfach Leichen, die seit Wochen in der Sonne lagen … Im

»besten« Fall haben die serbischen Einheiten die Toten in ihren Häusern verbrannt. Für den Augenzeugen noch der schonendste Anblick.

Und ich kann auch dieses Bild nicht vergessen: Den Fuß einer männlichen Leiche, die auf einem Feld bei Meja im Gebüsch lag. Ich erinnere mich noch gut an die fünf Zentimeter zwischen dem schwarzen Lederschuh am rechten Fuß und der blauen Baumwollhose, die zu dem Körper ohne Kopf und Arme gehörte. Der, der einmal gewesen war, trug eine blaue Jacke und eine blaue Hose, eine Art Bauernkluft, wie ich sie während der nächsten beiden Wochen bei so vielen getöteten Kosovo-albanischen Zivilisten sehen sollte. Die Leiche lag dort, offensichtlich unbemerkt, seit dem 27. April.

In der Zwischenzeit hatte es vermutlich geregnet, und es war so heiß gewesen, wie es im Sommer in Jugoslawien eben sein kann. Eine Schlange huschte in dem Geäst der Böschung herum, und überall lag Abfall, achtlos hingeworfen wahrscheinlich lange vor dem Massaker.

Es ist vor allem *ein* Bildausschnitt, der mich nicht loslässt, ein kleines Detail: die fünf Zentimeter zwischen dem zugeschnürten Schuh und dem Hosensaum. Ohne die Kleidung, die zeigte, dass dies irgendwann einmal ein Mann gewesen war, gab es nur fünf Zentimeter totes, lebendes Fleisch. Sonst nichts.

Und da war dieses Geräusch, ganz leise, zunächst unbemerkt, und dann so penetrant in seiner Widerwärtigkeit, dass kein noch so wirksames Tabu, keine tief sitzende Scham seine Wahrnehmung hätte unterdrücken können: Eine Vielzahl von Parasiten fraß sich ungestört durch den Rest eines Menschen.

Und ich kann das zehnjährige Mädchen in Gjakova nicht vergessen, das vor den ausgebrannten Trümmern seines früheren Hauses stand und keine zwei zusammenhängende Sätze herausbrachte. Sie redete ohne Unterbrechung, als ergebe ihre Rede einen Sinn, sie stockte nicht, sie hielt auch nicht inne, sie reihte einen wirren Satz an den nächsten.

Schließlich konnten wir ihren Äußerungen doch entnehmen, dass in diesem Haus ihr Vater, ihr Bruder, ihre Tante und zwei Cousins ums Leben gekommen waren. Ihr Onkel und zwei andere Brüder waren von serbischen Einheiten festgenommen worden, und man hatte sie vermutlich am Tag vor dem Einmarsch der NATO-Truppen verschleppt.

Sie erzählte uns, stockend, sich verhaspelnd, ihr Vater habe sich das Bein gebrochen, als sie die lang herbeigesehnte NATO-Intervention feierten. Er war im Jubel über die eintreffenden Kampfflugzeuge auf dem Dach herumgesprungen und vom Dach gestürzt. Er konnte sich kaum bewegen, als die serbischen Soldaten kamen. Sie sagten dem Mädchen und seiner Mutter, sie sollten das Haus verlassen. Anschließend brachten sie die verbliebenen Männer in ihren eigenen Räumen um und zündeten das Haus im alten Stadtkern von Gjakova an.

Ich kann nicht vergessen, wie sie da stand in ihrem rosafarbenen Hemdchen, vor den Trümmern ihrer ehemaligen Wohnzimmerwand, auf ein paar Mauersteinen, leicht schief, weil es keinen ebenen Boden mehr gab; ich kann nicht vergessen, dass sie nicht richtig sprechen konnte, dass sie zeitweise uns nur wortlos anstarrte, dann weiter sprach und dass sie so gar nicht wütend wirkte.

Sie war still und ruhig, nur hin und wieder schien sie irritiert, wenn sie bemerkte, dass sie das Kunststück nicht mehr beherrschte – jenes Kunststück, das man ihr vor vielen Jahren, in einer anderen Zeit, beigebracht hatte: Wie man Sätze bildet und anderen etwas Sinnvolles mitteilt. Dann hielt sie inne und beobachtete sich wie eine Fremde und schien von außen sich selbst sagen zu wollen, dass diese Worte, die da aus ihrem Mund kamen, unverständlich seien.

Wir waren in gewisser Weise benachteiligt gegenüber anderen Journalisten, die Zeugen solcher Bilder von Tod und Zerstörung wurden. Wir waren schon eingebunden in das grausige Geschehen. Viele Reporter waren erst nach Albanien oder Mazedonien geflogen, als das Friedensabkommen unterzeichnet war und die NATO-Truppen ins Kosovo einrücken sollten. Wir dagegen hatten seit April über die Vertriebenen und ihr Schicksal berichtet, wir hatten in den behelfsmäßigen Unterständen oder im Freien auf der Erde gesessen und ihnen zugehört: Wie ihre Ehemänner und Söhne ums Leben gekommen waren, was sie vor Beginn der

Krise getan hatten, wo sie gewohnt hatten, wie sie geflohen waren, wie viele Stunden sie bis zur Grenze gewandert waren, wann sie zum letzten Mal den Bruder gesehen hatten, wo sie gestanden hatten, als ein serbischer Offizier eine Frau aus dem Flüchtlingstreck geholt hatte, wie sie sich in Scheunen versteckt hatten.

Als wir schließlich nach Kriegsende im Kosovo waren, wussten wir genau, wohin wir fahren mussten und was uns dort erwartete. Wir hatten eine Landkarte des Tötens im Kopf, bevor wir an die Orte selbst kamen.

Doch das bedeutete auch, dass wir nicht einfach beziehungslos vor den Leichen anonymer Menschen standen. Nachdem wir in den albanischen Lagern so viele Flüchtlinge befragt hatten, kannten Sebastian Bolesch und ich bei manchen Toten die zugehörige Geschichte, ihren Namen und ihr Alter, wir wussten, ob Ehefrau oder Tochter in einem Lager jenseits der Grenze überlebt hatten oder verschollen waren.

Ich konnte mir die Leichen vor meinen Augen als Väter und Brüder vorstellen, als Bauern auf dem Feld, als Schriftsteller. Ich konnte mir ihr früheres Leben ausmalen, und manchmal kannte ich sogar ihre Angehörigen oder Nachbarn in Albanien.

Abstand ließ sich so nicht gewinnen.

Aber es war gleichwohl auch versöhnlich: sich an den wirklichen Menschen zu erinnern, den lebenden Vater oder Bruder oder Cousin oder Nachbarn; ihre Geschichte zu erfragen und dann zu erzählen; an eine Welt zu denken, die zerstört und ausgerottet werden sollte, jedem dieser stinkenden, gesichtslosen Knochen wieder einen Namen zu geben; sich nicht angewidert abzuwenden.

Spuren 1

Die serbischen Truppen sind in der Nacht zuvor abgezogen, die NATO-Truppen passieren mit ihren Panzerfahrzeugen den verlassenen serbischen Posten. Die knirschenden Kettenräder wirbeln Staub auf und tauchen alles in eine grau-gelbe Wolke.

Die ungeduldigen albanischen Sieger, die gar nicht an sich halten können vor Freude und Sehnsucht, wollen schneller vorankommen, als es der langsame Konvoi der Armeefahrzeuge vor ihnen zulässt. Zu Tausenden stehen sie wartend in ihren Wagen und Traktoren am Rand und sehen, wie sich die Karawane der westlichen Helfer an ihnen vorbeiwindet auf der Passstraße hoch nach Molina und dann durch das Nadelöhr des ehemaligen Checkpoints.

Hunderte stehen an der Schranke, hinter dem Stacheldraht, und die Unruhe treibt sie mehr und mehr herunter von der sicheren asphaltierten Straße. Rechts und links der Grenzanlagen haben die serbischen Verlierer kleine Willkommensgeschenke für die albanischen Rückkehrer ins verdorrte Gras und Gebüsch platziert: Glücklicherweise ist der Sommer ein freundlicher Helfer, und so ist der versteckte Tod doch erkennbar, weil sich das Grün oder Grau der Minen etwas dunkler abhebt vom ausgebleichten, vertrockneten Boden.

Am Grenzübergang tanzen die Kosovo-Albaner in den winzigen Büroräumen der ehemaligen serbischen Feinde. Bald bersten Scheiben. Die vormals unterdrückte Furcht der Opfer bahnt sich ihren Weg: Die tumbe, stumme Hilflosigkeit der Männer, die verdammt zum Nichtstun in den Lagern in Albanien auf der Erde hockend, gierig an den Stummeln ihrer Zigaretten gesogen hatten, sie entlädt sich nun in der Freude an der Macht der Zerstörung. Stühle werden umgestürzt, Tische zerstört. Eine jaulende Menge, jubelnd über den Sieg und weinend über den Preis zugleich. Wütend über die Demütigung erst jetzt, da sie vorbei ist.

Zorn ist ein Luxus, den man sich erst in Freiheit leisten kann.

In einer Ecke, neben dem Grenzhäuschen an einer Mauer, liegt ein Blechhaufen, unbeachtet von der johlenden Menschenmenge, die sich durch den Checkpoint presst. Zwischen den Splittern aus Glas, überdeckt mit Staub, liegen Hunderte Auto-Nummernschilder. Die Ecken verkantet, abgerissen von der Plastikverankerung der Autos.

Nicht genug, dass die Kosovo-albanischen Frauen und Kinder von den Höfen und aus den Dörfern gezerrt und vertrieben wurden, nicht genug, dass ihnen auf der Strecke marodierende Banden der serbischen Miliz ihre Wertgegenstände, Schmuck, Ringe und das spärliche Bargeld geraubt hatten. Auf dem letzten Posten, bevor sie in ein fremdes Land verjagt wurden, vollendeten die serbischen Grenzpolizisten die Arbeit und nahmen den Flüchtlingen auch noch den letzten Nachweis dafür ab, dass sie jemals in der jugoslawischen Provinz Kosovo zu Hause gewesen waren. Sämtliche Personalausweise, Grundbucheintragungen und Besitzzertifikate, die die Vertriebenen in weiser Voraussicht mitgenommen hatten auf ihrer Flucht, wurden einkassiert – und die Nummernschilder, die die Wagen oder Traktoren im Kosovo registriert hatten, abmontiert.

Diese perfide Strategie war mehr als nur *symbolische* Gewalt, es ging nicht allein um eine Demonstration der Macht oder um die Demütigung der ohnehin Schutzlosen in dieser sich ewig wiederholenden Szene am Grenzposten.

Ob die Beamten an der Grenze auf Befehl der nächsthöheren Instanz agierten oder ob es sich um eine Maßnahme allein an diesem Übergang handelte, vermag ich nicht zu sagen. Aber die Aktion war systematisch genug, um die Absicht durchscheinen zu lassen: Nie sollten die Flüchtlinge ein Recht auf Rückkehr behaupten können. Keinen Beweis ihrer Heimat im Kosovo sollten sie retten können.

Die Berechtigung der Rede vom Genozid im Kosovo lässt sich anzweifeln, doch die koordinierte Aussonderung einer Bevölkerung, die Apartheids-Maßnahmen, durch die den albanischen Kosovaren der Zugang zu Universitäten, Schulen, Arbeitsmarkt mehr und mehr verschlossen wurde, die kollektiven Vertreibungen, die internationale Menschenrechtsgruppen schon lange vor dem NATO-Bombardement dokumentiert hatten – und schließlich der massenhafte Exodus und die Zerstörungen und Morde seit März, dies alles hatte einen systematischen Charakter, weil es der Auslöschung der Spuren einer ethnischen Identität diente.

»Dann aber soll das Blut euer Zeichen sein an den Häusern, in denen ihr seid: Wo ich das Blut sehe, will ich an euch vorübergehen, und die Plage soll euch nicht widerfahren, die das Verderben bringt.« (2. Moses, 12/13) Das blutige Zeichen an den Häusern der christlich-orthodoxen Serben war meistens aus schwarzer Farbe, gepinselt oder gesprayt, sechs Mal mussten sie ansetzen, um die Schrift an der Wand zu vollenden, zwei sich kreuzende Linien und vier Halbkreise (der Buchstabe »c«, in Kyrillisch »s«) in den Ecken. Das serbische Kreuz mit seinen vier »S«, »Samo Sloga Spasi Srbiju«, übersetzt: »Nur die Einheit rettet Serbien«, sollte das Verderben von ihren Häusern abwenden.

Das ist eine archetypische Symbolik, die Einschluss und Ausschluss, den Schutz der eigenen Leute und die Auslieferung der anderen anzeigt. Ob es das Blut am Türpfosten, die Schrift an der Wand oder das Wörtchen »Shibboleth« ist, das die Einheimischen aussprechen können, aber die Fremden nicht – zahlreich sind die biblischen Geschichten und die historischen Beispiele sowohl für die Rettung derer, die sich als zugehörig erklären können, als auch für die Verbannung der anderen, die die Zeichen nicht kennen. Die Religionen oder Kulturen unterscheiden sich nicht darin.

In dem Grauen dieses Krieges waren es schließlich jene kleinen feigen Zeichen an den Wänden serbischer Häuser, die mich am nachhaltigsten angewidert haben.

Während ihre albanischen Nachbarn zu Tausenden in die Berge flohen, während die serbischen Milizen Kinder und Frauen wie Vieh aus ihren Häusern zerrten, während albanische Männer vertrieben, verschleppt oder erschossen wurden – hatten einige serbische Zivilisten nichts Besseres zu tun, als ihr Haus mit dem serbischen Kreuz zu markieren?

Das Wort »Barbarei« soll im heutigen Sprachgebrauch meist eine besonders verabscheuungswürdige archaische Art von Mord und Totschlag kennzeichnen – eine fragwürdige Verwendung, als wären nicht alle Morde »barbarisch«. Als seien die technischen Feinheiten des zeitgenössischen Mordens eine moralische Errungenschaft, als seien die Massenvernichtungswaffen der Ersten Welt gesitteter als die Macheten der Hutu in Ruanda.

Dabei sind Barbaren all jene, die die moralischen Grundlagen gemeinsamer Zugehörigkeit verleugnen. Also nicht erst das Brandstiften ganzer Straßenzüge, nicht erst der Nackenschuss des gefesselten Albaners indiziert das Barbarische, sondern schon all die kleinen Handlungen, die den Nachbarn aussondern.

Kleine und große Gesten des Widerstands

Anlässlich meines 18. Geburtstags schrieb mir eine Freundin und Mentorin einen Rat auf eine kleine weiße Visitenkarte, die sie mir, beinahe heimlich, über den Tisch des Restaurants, in dem wir feierten, schob. Darauf stand: »Worauf es ankommt im Leben? Menschenwürdige Verhaltensweisen unter Umständen zu zeigen, die das Gegenteil nahe legen.«

Es sind nicht immer die großen Taten, wie es uns Bücher und Filme suggerieren, die in Zeiten des Krieges einen Unterschied machen können. Manchmal sind es nur kleine Gesten.

W. E. Sebald schreibt in seinem umstrittenen Buch »Luftkrieg und Literatur« von einer Frau, die inmitten einer Trümmerwüste nach den Luftbombardements vor ihrem intakten Haus stand und Fenster putzte. Primo Levi berichtet von einem ungarischen Mitgefangenen in Auschwitz, der Levi dazu drängt, sich aller Aussichtslosigkeit zum Trotz zu waschen.

Was wie ein Mangel an moralischem Empfinden, wie eine zynische Abstumpfung gegen das Leid ringsherum wirken könnte, ist oftmals ein Ringen um einen letzten Rest von ethischen oder auch nur ästhetischen Standards aus dem früheren Leben.

Manchmal retten sich Individuen durch die Zuneigung zu jemandem, um den sie sich kümmern müssen, manchmal durch den Zorn auf die ungerechten Umstände, manchmal ist es eine Fähigkeit, ein »Habitus«, der hilft, der unmenschlichen Wirklichkeit zu begegnen, manchmal ist es eine Metaphysik, der Glaube an eine andere Ordnung, der der Realität ihre Wirkmacht nimmt.

Drei Personen, die »menschenwürdiges Verhalten unter Umständen gezeigt haben, die das Gegenteil nahe gelegt hätten«:

Kujtim:

Kujtim war mein Fahrer und wurde ein Freund. Wir lernten ihn unter abenteuerlichen Umständen im April auf der ersten Albanienreise kennen.

Mein Kollege Klaus Brinkbäumer und ich waren von Skopje in Mazedonien zur albanischen Grenze gefahren. Nach dem Grenzübertritt hatten wir auf der albanischen Seite einen Taxifahrer angeheuert und ihn gebeten, uns in den Norden nach Kukes zu bringen. Nachdem wir stundenlang auf holprigen, kurvenreichen, staubigen Straßen durch das Gebirge gefahren waren, hielt der Fahrer plötzlich an und stieg ohne ein einziges Wort der Erklärung aus dem Auto. Ungläubig und etwas paralysiert sahen wir zu, wie er sich an die Schotterstraße stellte und winkte, um irgendein Auto anzuhalten. Als nach einiger Zeit ein grauer, voll beladener Mercedes stehen blieb, sprach er mit dem Fahrer und wandte sich dann zu uns: Er könne nicht weiterfahren, aber dieser Wagen werde uns in den Norden bringen. Bevor wir Nein sagen konnten, hatte er unser Gepäck in den Kofferraum verfrachtet, und wir befanden uns in einem überladenen Auto unter wildfremden Menschen. Keiner der Insassen, ein älterer Mann und zwei Mädchen, sprach irgendeine Sprache, die wir hätten verstehen können. Wir wussten weder, wo exakt wir uns befanden, noch ob der grauhaarige, schweigsame Fahrer überhaupt vorhatte, den Ort Kukes im Norden Albaniens anzusteuern.

Es war Nacht geworden, wir saßen eingequetscht auf der Rückbank, in der Dunkelheit ließ sich nicht einmal bestimmen, in welche Richtung wir fuhren. Alle halbe Stunde hielt der Wagen an und eines der jungen Mädchen musste aussteigen und erbrechen. Die Serpentinen schienen sich unendlich um ein Bergmassiv nach dem Nächsten zu winden, selten flackerten spärliche Lichter, vereinzelt, aus den Schluchten und Tälern: isolierte Gehöfte, keine Dörfer, die wir passierten.

Wortlos verging eine Pause an einem hölzernen, zweistöckigen Verschlag in einer der zahllosen Kurven. Unser Fahrer schob uns in die Hütte, in der Zigaretten und Hefegebäck angeboten wurden. Über eine Leiter führte mich eine Frau in ein türloses Obergeschoss. Etwas orientierungslos in der finsteren Umgebung fand ich, was als Klo herhalten musste.

Nach sechsstündiger Fahrt erreichten wir im Stockdunkeln eine Kleinstadt. Der Fahrer hielt vor einer Bar, bedeutete uns, wir sollten hineingehen, und kam zehn Minuten später mit einem Jungen wieder, der fließend Englisch sprach. Es war Noni, sein Neffe. Durch ihn stellte sich der Mann, der uns nun schon durch halb Albanien gefahren hatte, als »Kujtim« vor und ließ Folgendes übersetzen: »Ich weiß nicht, wer ihr seid, aber ihr kommt aus dem Ausland. Euer Fahrer war ein Schuft, da er euch mitten in einem Land ausgesetzt hat, das ihr nicht kennt. Aber ihr beiden wart in meinem Auto, und ihr habt euch die ganze Zeit unterhalten und gelacht. Jeder andere wäre völlig verängstigt gewesen. Ihr habt junge, reine Seelen! Ich mag euch!« Dann organisierte er eine Übernachtungsmöglichkeit für uns in einer Wohnung, lud uns zum Abendessen ein und fragte, wie er behilflich sein könnte.

Dieses erste Mal war Kujtim zwei Wochen lang unser Fahrer.

Er hatte graue, leicht krause Haare, trockene Hände und eine Zahnlücke zwischen den Schneidezähnen, in die er bei guter Laune seine Zigarette klemmte. Es blieb ein bisschen unklar, womit Kujtim vor dem Krieg sein Geld verdient hatte. »Handel« war die vielsagende Antwort. Er war ein begeisterter Anhänger der UÇK und schien in der Region alle zu kennen, die legal oder illegal etwas zu sagen hatten. Er lebte von Kaffee und Zigaretten, und ab und an, unabhängig von der Tageszeit, verlangte das Gemüt nach einem Glas Raki. Kujim konnte wunderbar tanzen, mit einem Taschentuch in der rechten Hand, die ganze Reihe der im Halbkreis ihm nachtanzenden Männer dirigierend. Er sang nicht nur die traditionellen albanischen Lieder, die aus seinem Kassettenrekorder knatterten, mit, sondern auch die traurigen Widerstandslieder aus dem Kosovo. Seit Beginn der Krise hatte er in seiner Wohnung elf fremde Flüchtlinge aufgenommen. Von seinem Tageslohn für das Chauffieren kaufte er Wasser und Brot und Kaffee und Seife für die Obdachlosen, die bei ihm Zuflucht gefunden hatten.

An dem Tag, als wir ihm zum ersten Mal begegnet waren, hatte er die drei Leute in seinem Auto von Kukes nach Tirana gebracht (eine Fahrt von mindestens zehn Stunden), damit sie in den anderen Lagern nach ihren Angehörigen suchen konnten.

Als ich nun im Juni wieder nach Albanien kam, wollte ich außer Kujtim niemanden bei mir haben. Ich suchte ihn. In einem Ort ohne Telefonverbindungen oder Internet wie Kukes brauchte ich eine halbe Stunde, bis ich jemanden gefunden hatte, der mein stotterndes Albanisch verstehen konnte und der ihn kannte. Zehn Minuten später stand er mit Tränen in den Augen vor mir. Nach einer weiteren halben Stunde hatte er seinen Job bei einer Hilfsorganisation gekündigt und fragte, was wir vorhätten. Er war sofort bereit, mit uns in das Kosovo zu fahren. Noni sollte als Übersetzer mitkommen.

Wie sich Kujtim am besten beschreiben lässt?

Am zweiten Tag im Kosovo stellte Joanne Mariner fest, dass etwa hundert serbische Familien die Gelegenheit verpasst hatten, im Schutz des Militärkonvois der abrückenden serbischen Truppen zu fliehen. Eingeschüchtert von den triumphierend zurückkehrenden Kosovo-Albanern und voller Furcht vor der vorhersehbaren Rache, hatten sie in der serbisch-orthodoxen Kirche mitten im Zentrum von Prizren Zuflucht gesucht. Joanne hatte beim Spazierengehen durch die wunderschönen, verwinkelten Strassen von Prizren den Fluss überquert und war dabei auf die hölzerne Pforte gestoßen, die zum Gemeindezentrum der serbisch-orthoxen Kirche führte. Sie sagte, es seien zig Familien mit kleinen Kindern dort im Innenhof, voller Angst, die Kosovo-Albaner könnten sie alle umbringen. Die NATO-Truppen waren zwar in die Stadt eingerückt, und sie hatten die Busse und Wagen von niedergeschlagenen serbischen Familien aus Prizren geleitet, damit der Zorn der aufgebrachten Meute der siegreichen Opfer sie nicht treffe. Aber diese Familien hatten zu spät reagiert. Sie hatten sich sicher gewähnt, vielleicht weil sie sich keiner Verbrechen schuldig gemacht hatten, vielleicht weil sie sich mehr vor der Flucht in die serbische Ungewissheit fürchteten als davor, in einem albanischen Kosovo zu bleiben, vielleicht hatten sie auf Milde gehofft, auf Versöhnung, vielleicht hatten sie auch nur ihrem gutgläubigen Patriarchen vertraut, der auf die göttliche Fügung hoffte. Jedenfalls saßen sie nun zitternd und frierend auf ein paar lumpigen Wolldecken im Freien und im Dunkel der leeren, steinernen Räume der orthodoxen Gemeinde, hinter verbarrikadierten Toren, und lauschten mit eingezogenen Schultern den Freudenschüssen der UÇK-Kämpfer in der wieder eingenommenen Stadt Prizren.

Kujtim hörte der Erzählung in einer fremden Sprache zu, sah die wilden Gesten, aber er verstand nicht, warum Joanne aufgebracht war. Ich erklärte es Noni, und der übersetzte für Kujtim.

Es war der zweite Tag nach der Befreiung.

Den ganzen Tag über waren wir an den Orten der Verwüstung gewesen, in Krusa e Male, in Velika Krusha, Überlebende hatten uns erzählt, wie albanische Familien niedergemetzelt worden waren, wir hatten fassungslos auf tote Kühe mit aufgedunsenen Bäuchen in albanischen Wohnzimmern gestarrt, ein Abschiedsgeschenk der abrückenden Serben, wir waren durch verkohlte Häuser gegangen, durch Straßenzüge und Viertel in Schutt und Asche in Gjakova.

Den ganzen Tag lang hatte uns Kujtim schweigend durch die leeren Szenerien der Gewalt gefahren und begleitet. Den ganzen Tag und all die Wochen zuvor war dieser Mann Zeuge der Verbrechen der serbischen Einheiten geworden.

Und nun hörte er von den serbischen Familien in der orthodoxen Kirche in Prizren und sagte schlicht: »Na gut. Was machen wir mit diesen Serben? Wir müssen helfen. Sie sind genauso Flüchtlinge wie diejenigen, die sich in meinem Haus in Kukes verstecken ...«

Emine:

Emine lernte ich acht Tage vor Kriegsende an einem heißen Sommernachmittag im »Frauenzelt« des Lagers »Piscina« in der albanischen Hauptstadt Tirana kennen.

Der Norden Albaniens konnte die täglich über die gebirgige Grenze aus dem Kosovo strömenden Vertriebenen nicht mehr aufnehmen. Dass die Kosovo-Albaner ausgerechnet in das rückständige und verarmte Albanien flohen, war eine historische Ironie.

Infrastruktur und Versorgung waren beim großzügigen südlichen Nachbarstaat weitaus schlechter als in der jugoslawischen Provinz Kosovo. Die winzige Stadt Kukes im Norden Albaniens lebte schon zu normalen Zeiten mit ca. 100 000 Einwohnern am Rande ihres eigenen Abgrunds: Die Lehm- und Kieselwege zwischen den hässlichen Zementbauten waren überfüllt mit Müll. Räudige Hunde suchten darin nach Abfall oder zumindest ein paar Ratten. Der karge Boden der Gegend taugte allenfalls für den Anbau von Zwiebeln, Zuckerrüben und Kohl.

Die Flüchtlinge kampierten nicht in Lagern, sondern einfach auf den freien Flächen am Stadtrand, vor der Moschee, auf dem im April vom dauernden Regen aufgeweichten Boden. Jeden Tag kamen neue hungrige, verzweifelte Familien über die Grenze, eingepfercht in vollbepackten Wagen, oder zumeist auf dem Anhänger hinter ihrem Traktor.

Emine war wie Tausende andere im Juni mit Bussen weiter südwärts verbracht worden, in die drei Lager in der albanischen Hauptstadt Tirana. Rund um das trockengelegte Freibad von Tirana hausten nun Hunderte in selbstgebastelten Unterkünften, einige hatten Planen und Zelte von der Hilfsorganisation MedAir über herabhängende Äste gezogen, ein paar Pappkartons deckten die wenigen Habseligkeiten zu, die die Serben ihnen gelassen hatten. Der Regen der vergangenen Wochen hatte nachgelassen, und die Sonne geißelte nun mittags die Schutzlosen im Lager. Es gab selbstgewählte Sprecher, eine kleine Verwaltung, eine Malschule für die verstörten Kinder, in dem elenden Provisorium wurde Normalität geprobt, als könne man den Krieg vergessen machen: Ein Karussell, ein Clown, eine Fußballmanschaft – alles spielte, rannte, alberte gegen den Kummer an.

Emine war eine sechsundvierzigjährige Rechtsanwältin. Sieben Jahre zuvor hatte die serbische Regierung der muslimischen Kosovo-Albanerin Berufsverbot erteilt, und seither war sie arbeitslos. Zwei Monate war sie nun schon auf der Flucht, seit sie ihre Heimatstadt Mitrovića verlassen musste. Freunde in Tirana hatten ihr eine Unterkunft angeboten. Doch Emine wollte keinen Luxus in Anspruch nehmen, der den anderen Flüchtlingen verwehrt war. Also blieb sie bei den Vertriebenen in den schmutzigen, stickigen Zelten, ertrug die Hitze, die Alpträume aus der Vergangenheit, die Ängste vor der Zukunft und die Schlangen im Lager. Sie hatte sich als freiwillige Helferin für »Medica Kosova« gemeldet, ein Projekt der nichtstaatlichen deutschen Organisation »Medica Mondiale«, das vergewaltigte Frauen betreute.

Die Hälfte von Emines Angehörigen war vor zwei Monaten verschwunden und wurde seitdem vermisst; sie hatte ihr Haus verloren, ihre Besitztümer, ihren Pass – und doch war sie zuversichtlich: »Wir haben gesiegt«, sagte sie zu einem Zeitpunkt, da der Krieg noch nicht zu Ende war. »Wir haben gesiegt. Schon jetzt. Wir haben gewonnen – denn wir haben überlebt.«

Etwas verwirrt fragte ich, warum sie dieses Elend als Triumph beschreiben könne. Sie erwiderte, Miloševićs einziges Ziel sei es gewesen, die gesamte albanische Bevölkerung auszurotten. Dass einer, hundert, vielleicht ein paar Tausend überlebt hatten, reiche aus, um zum stolzen Sieger über eine rassistische Ideologie zu werden. »Seine Politik wollte mich tot sehen – aber ich lebe noch. Es war nicht vorgesehen, dass ich überlebe.«

Und dann malte sie mir ihr zukünftiges Leben nach dem Krieg aus, wie sie in das zerstörte Haus in Mitrovića im Kosovo zurückkehren und ein neues Leben anfangen würde: »Wir beginnen von vorn, aber wir werden nicht mehr die gleichen Menschen sein. Wir werden nicht mehr die Gleichen sein, aber wir werden wieder mit den Serben reden. Wir müssen. Wir haben überlebt, damit es anders wird.«

Sefer:

In einer Ecke von Sefer Seferais Zelt Nummer 3 H 17 im nordalbanischen Lager Kukes saß ein alter Mann im Schneidersitz auf dem Boden. Er war stumm. Seine Großnichte hüpfte auf seinen Knien herum, trampelte barfuß auf die Waden des Alten. Doch der zuckte nicht einmal. Immer wieder schob sie den Stoff der Hosenbeine hoch, so dass die blasse, zerfurchte Haut sichtbar wurde. Den alten Mann schien es nicht zu kümmern. Er war gelähmt.

Ihre Heimatstadt Gjakova hatten Sefer und seine Familie im März verlassen müssen, als sie von den Serben aus ihrem Haus vertrieben worden waren. Seinen gelähmten Großonkel hatte Sefer auf den Rücken geschultert und ihn acht Kilometer weiter nach Koronica geschleppt, einer kleinen Stadt westlich von Gjakova, wo die Familie sich sicher geglaubt hatte. Nach dem Mord an einem serbischen Offizier aus Koronica verließ Sefer mit seiner Familie auch diesen Ort. Allzuoft schon hatte Sefer erlebt, wie serbische Soldaten die albanischen Zivilisten kollektiv bestraften aus Rache für einen durch die UÇK getöteten Serben. Den gelähmten alten Onkel hatte Sefer die ganze Strecke von Koronica bis nach Orise auf dem Rücken getragen. Zwischen Orise und Meja hatten serbische Milizen die Flüchtenden angehalten und Sefer gezwungen, den Onkel abzusetzen und allein zu lassen.

Zusammen mit rund fünfhundert anderen Männern war Sefer abgeführt und in einen zwei Meter tiefen Graben gesteckt worden. »Sie wollten uns lebendig begraben in dem Erdloch«, sagte Sefer. Als 16 ältere Männer von den Serben freigelassen wurden, gelang es Sefer, sich unter die Alten zu schmuggeln und zu entkommen.

Er war an die Stelle zurückgekehrt, wo er seinen Onkel zurückgelassen hatte, und war mit dem alten Mann auf dem Rücken weiter in Richtung Meja gegangen. Langsam, gebeugt unter dem Gewicht des unbeweglichen Alten, war Sefer über die Felder geschwankt, ohne den Serben in die Hände zu fallen. Als sie in Meja angekommen waren, hatte er die Toten gesehen: Zwei Reihen von Leichen auf der Hauptstraße, alle mit den Händen hinter dem Kopf, Gesicht nach unten, erschossen.

Sefer sah die Opfer des Massakers von Meja, wo am 27. April nach Angaben von Human Rights Watch ungefähr zweihundert Flüchtlinge getötet wurden. In den Morgenstunden des 27. hatten serbische Einheiten die Menschen zwischen Junik und Gjakova zusammengetrieben und sie dann auf der Hauptstraße sowie auf einem Feld neben der Straße nach Meja ermordet.

»Wenn ich ihn nicht hätte tragen müssen, wäre ich ein paar Stunden früher in Meja gewesen«, sagt Sefer.

Zeugen und Zeugenaussagen

»Niemand zeugt für den Zeugen«, schreibt Paul Celan.

Das Schreiben über den Krieg im Kosovo, die Berichterstattung direkt aus den albanischen Flüchtlingslagern jenseits der Grenze waren problematisch.

Wir waren nicht Augenzeugen, sondern mussten uns selbst auf Berichte anderer verlassen. Die Erzählungen ließen sich nicht durch Bilder oder Materialien überprüfen, nur durch andere unabhängige Zeugenaussagen verifizieren.

Es war ein moralisch wie politisch heikles Arbeiten, denn die Geschichten über die Verbrechen blieben ja nicht lokal, sondern wir transportierten sie in die Öffentlichkeit der internationalen Gemeinschaft. Wir arbeiteten nicht in einem Vakuum, sondern in einem politisch-militärischen Konflikt, und wir berichteten, notgedrungen, einseitig. Zwar gab es parallel eine Korrespondentin, die aus Belgrad schrieb und von dort aus unsere Artikel konterkarieren konnte, aber die Situation im Kosovo rekonstruierten wir unsererseits ausschließlich aus den Aussagen einer Partei: der kosovo-albanischen.

Bei dem ersten europäischen Krieg, der – ohne UNO-Mandat – allein durch den Diskurs der »humanitären Intervention« gerechtfertigt wurde, blieben unsere Artikel über die Menschenrechtsverletzungen an den Kosovo-Albanern nicht neutral, sondern wurden dankbar aufgenommen von den Krieg führenden Parteien der NATO-Allianz. Gerade in der bundesdeutschen Öffentlichkeit, die traditionell gegen Auslandseinsätze der Bundeswehr gestimmt war, mussten Geschichten vom Leid der ethnisch verfolgten Kosovo-Albaner als moralische Trumpfkarte im rhetorischen Feldzug für den Krieg instrumentalisiert werden können.

Die PR-Maschine in Brüssel produzierte schon früh polarisierende Berichte: einerseits die mörderischen Akte der Serben und andererseits die virtuellen, sauberen Kriegshandlungen einer aus humanitären Gründen intervenierenden Luftstreitmacht.

Und dennoch, bei all der gebotenen Vorsicht gegenüber den eigenen Bedingungen und Auswirkungen des Schreibens, bei aller Kritik an der Propaganda der NATO – die Ereignisse im Kosovo ließen sich so ganz isoliert und ahistorisch wiederum auch nicht betrachten. Die ethnischen Feldzüge von Slobodan Milošević hatten bereits Bosnien aufgesplittert, die UN-Schutztruppen hatten in Srebrenica bereits versagt und zulassen müssen, dass 6000 Männer massakriert worden waren, Sarajewo war eingekesselt gewesen, die systematischen Vertreibungen und Menschenrechtsverletzungen gegenüber Kosovo-Albanern waren schon lange vor März 1999 dokumentiert.

Sollten wir nun nicht schreiben über die verwundeten Flüchtlinge, die malträtierten Männer, die jeden Tag zu Tausenden über die Grenze nach Albanien strömten? Waren die Kriegsverbrechen, die wir über Opferaussagen rekonstruieren konnten, unglaubwürdig, weil sie den NATO-Obersten dienten?

Rudolf Scharpings im besten Fall fahrlässige Behauptung von »den serbischen Konzentrationslagern« im Kosovo, für die es Beweise gebe (die allerdings nicht einmal seine unbemannten Drohnen sichten konnten), änderte leider nichts an der Tatsache der zahllosen Opfer vor unseren Augen, änderte nichts an dem Massenexodus, den Morden an Kosovo-Albanern.

Wir berichteten über Menschenrechtsverletzungen, die von Serben an Kosovo-Albanern begangen wurden, auch wenn dies der NATO diente, so wie wir zwei Wochen später von Menschenrechtsverletzungen, die von Kosovo-Albanern an Serben begangen wurden, berichteten, auch wenn dies der NATO nicht diente.

Als wir schließlich in das Kosovo einreisen konnten, waren wir nervös.

Die erste Stadt, in die wir fuhren, Prizren, war kaum beschädigt.

Hatten wir etwas Falsches berichtet? Hatten wir Horrormärchen für bare Münze genommen? Waren wir mit unseren Artikeln, wenn schon nicht zu Auslösern, so doch zu Unterstützern eines Krieges geworden, der aufgrund der Leidensgeschichten der Flüchtlinge geführt wurde – und erwiesen sich ihre Berichte jetzt als falsch?

Nun, Prizren sollte eine Ausnahme gewesen sein.

Andere Ortschaften waren fast völlig zerstört. Wie sich nachträglich herausstellte, waren die Erzählungen der Flüchtlinge, wie traumatisiert und verstört auch immer sie klangen, nicht nur hinsichtlich der Zahlen erstaunlich zutreffend gewesen, sondern so präzise in ihren Angaben, dass wir daraus die Schauplätze einer ganzen Reihe von Kriegsverbrechen rekonstruieren konnten: Da war die Bahnlinie, von der sie erzählt hatten, der Fluss, den die Bahn überquert, hundert Meter weiter ein Maisfeld, und dann …

Absurde Normalität

Nichts verläuft auf diesen Reisen so wie geplant, Recherchen verlaufen im Nichts, Termine platzen, Gesprächspartner tauchen nicht auf, Orte lassen sich nicht finden, der Eingang zum Flüchtlingslager ist versperrt, man irrt sich, verwechselt etwas, rennt einem Phantom hinterher, es dauert immer länger als beabsichtigt. Niemals ist es wirklich das eigene Verdienst, wenn etwas Sinnvolles, Gutes, Konstruktives geschieht.

Es sind Details und Zufälle, die über Erfolg oder Misserfolg, manchmal über Verwundung oder Unversehrtheit entscheiden, eine Autopanne kann Leben retten, weil man zu spät eintrifft, wo es zuvor gefährlich gewesen wäre, es sind Fremde, deren Wissen oder Gastfreundschaft unabdingbar ist. Warum sie uns willkommen heißen oder wir ihnen auch nur begegnen, ist kontingent. Ob jemand in uns eine Ähnlichkeit mit seinen verschollenen Kindern zu erkennen glaubt, ob er einfach nur eine Zigarette braucht oder ob wir im Gespräch, unbemerkt und unbewusst, etwas herstellen, eine Stimmung, in der sich eine Gemeinsamkeit herausbildet, zufällig ein Sesam-Öffne-Dich gesprochen wird, ob eine Geste etwas ermöglicht, die das Gegenüber milde stimmt, sich unserer anzunehmen, zu helfen, zu begleiten, zu erzählen – es ist nicht in unserer Hand.

Zielgerichtet kann die vorbereitende Lektüre, das Packen für alle Notfälle vor Reiseantritt sein. Ich gebe gerne zu, dass ich ein besonders paranoider Organisationsmaniac bin und von japanischem Heilpflanzenöl, alten und neuen Landkarten, dem Koran, einem Kompass bis zum Ersatzpaar extralanger Schnürsenkel immer alles mitschleppe.

Aber danach? Einmal unterwegs, ist es schierer Zufall, ob etwas gelingt, wem man begegnet, ob man schneller oder langsamer vorankommt. Es sind unbewusste Handlungen, Verwicklungen, die gerade in Kriegsgebieten unerwartet Bedeutung bekommen können.

Wenn unser unverschämter Taxifahrer uns nicht mitten in Albanien rausgeworfen hätte, wären wir Kujtim Bilali nie begegnet. Und ohne Kujtim hätten wir niemals die Geschichte des Kosovo verstanden, wir wären ohne das Vertrauen in ihn niemals so viele Risiken eingegangen und wären vermutlich nicht so unbeschadet hervorgegangen aus den Wirren.

Oder der junge Mitarbeiter der UNHCR-Flugbereitschaft am Flughafen in Tirana, der Frachtbriefe und Taschen in den Hubschrauber stapelte, Adem, er war ein Flüchtling aus dem Kosovo. Als er hörte, dass wir in den Norden Albaniens fliegen würden, um danach über die Grenze ins Kosovo einzureisen, erzählte er uns, dass er seit Monaten keine Nachricht von seinen im Kosovo verbliebenen Eltern hatte. Er hatte sich erst Wochen in den Bergen versteckt und war dann weiter in den Süden nach Albanien gewandert. Seit einem Monat nun schon saß er in Tirana und wusste nichts über den Verbleib seiner Eltern. Ob wir sie suchen könnten im Kosovo, ob er uns einen Brief mitgeben dürfe. Es schien mir gleichermaßen unmöglich, den kleinen Umschlag mit der blauen Schrift abzulehnen, ihm also die Bitte abzuschlagen, wie auch die Eltern irgendwo im Nachkriegschaos des Kosovo aufzutreiben.

Am zweiten Abend in Prizren erkundigte sich Kujtim für uns nach den Eltern von Adem. Sie seien geflohen und noch nicht in ihr Haus zurückgekehrt, hieß es. Niemand wusste mehr. Wir verbreiteten die Kunde, dass wir eine Botschaft ihres Sohnes überbringen sollten. Schließlich meldete sich ein vertrauenswürdiger Nachbar der Familie bei uns im Hotel, und wir gaben ihm den Brief von Adem zur Verwahrung.

Einige Tage später kam ein älteres Ehepaar zur Terrasse unseres Hotels. Sie hielten den aufgebrochenen Brief in ihren Händen wie zum Beweis. Adems Eltern. Sie wollten uns danken. Mehr noch, sie wollten jemanden sehen und berühren, der ihren Sohn gesehen und berührt hatte. Immer wieder nahm die Mutter mich in den Arm, und immer wieder wollte sie hören, wie gut ihr Sohn aussah (in der Erzählung machte ich ihn gleich ein wenig dicklicher, als er war) und dass er einen warmen Anorak und einen sicheren Job habe.

Wir hätten sie genauso gut verfehlen können. Die Eltern hätten sich nicht auf die Suche nach uns machen müssen. Es wäre durchaus möglich gewesen, dass wir unsere Reise schon vor ihrem Eintreffen fortgesetzt hätten. Reiner Zufall, aber wir erfuhren durch diese beiden dankbaren Alten dann mehr über die Ereignisse in Prizren während des NATO-Bombardements. Sie boten uns Hilfe und Unterkunft an.

Aber wir waren versorgt. Kujtim, Noni, Sebastian, Joanne, Markus Matzel, ein Photograph und Freund, und ich wohnten wie die meisten anderen Kollegen im »Thelande«, einem zwielichtigen Hotel. Es war Gerüchtebörse und Umschlagplatz unter der Regie eher mafioser Typen, Opportunisten, Diener aller Herren. Wir wohnten zu siebt in einem Zimmer mit vier Betten – und einer Reihe von Küchenschaben. Schon bald hatte ich »Fred«, meine persönliche Schabe. Wir kamen ganz gut miteinander aus, insbesondere nachdem ich ihm einige Grundregeln des Zusammenlebens beigebracht hatte: Nach zwei Tagen war er so höflich, dass er morgens diskret das Bad verließ, wenn ich hereinkam. Leider muss ich berichten, dass Fred nach fünf Tagen am Fußende meines Bettes einen tragischen Unfall hatte.

An den ersten Tagen nach Kriegsende gab es nichts zu essen und kaum etwas zu trinken außer Kaffee und Schnaps. Glücklicherweise hatten wir im Kofferraum aus Albanien ein paar Lebensmittel mitgebracht. Unsere Vorräte reichten nicht lange. Aber ein paar Mal machten wir ein hervorragendes Picknick auf der Hotelterrasse. Alle zwei Minuten fuhren Panzer vorüber und machten jedes Gespräch unmöglich, UÇK-Kämpfer feierten das siegreiche Kriegsende mit Schüssen in die Luft, heimkehrende Flüchtlinge rollten auf Traktoren an uns vorüber, während wir zum Frühstück trockenes Brot, Sardinen und Bier verzehrten.

In diesen Zeiten wurden einige Waren überraschend zum Objekt der Begierde: Glücklich, wer von mitleidigen deutschen Soldaten ein »combat pack« erhalten hatte: Das »combat pack«, eine Notration in Päckchenformat, enthält absolut ekelhafte Lebensmittel, wobei der Inhalt sich je nach Nationalität der Armee geringfügig unterscheidet (die Franzosen hatten sicher das beste Paket, bei den Italienern waren einem Gerücht zufolge auch Kondome beigefügt …). Am schlimmsten war es erwartungsgemäß bei den Deutschen: trockene Kekse und drei ungenießbare Wurstsorten in Tuben und Dosen.

Nach einer Woche in Prizren, in der wir nur Überlebende interviewt hatten, die uns von Erschießungen, Vergewaltigungen, ihren zerstörten Leben erzählten, nach einer Woche zwischen Trauer über das begangene Unrecht und Sorge um die noch zu erwartenden Verbrechen, die nun in absehbarer Zeit der Rachsucht entspringen würden, brauchten wir alle eine Pause. Wir waren seit nahezu einem Monat unterwegs, durch Mazedonien, Albanien und das Kosovo gereist. Der Krieg war zu Ende, der Frieden hatte noch nicht begonnen, und wir konnten einfach nicht mehr.

Wir beschlossen, eine Party im Hotel zu organisieren.

Joanne und ich gingen von einem überfüllten, schmutzigen Hotelzimmer zum nächsten, luden Reporter, Mitarbeiter der Hilfsorganisationen, Übersetzer, Fahrer und Photographen ein und erklärten, wir würden nicht nur für Musik sorgen (eine blanke Lüge), sondern auch für attraktive Frauen (im besten Fall eine Übertreibung), nur den Alkohol müssten sie selbst mitbringen. Die entscheidende Gestalt war James, ein südafrikanischer Techniker, der für die European Broadcasting Union (EBU) arbeitete: James hatte das Talent, verschiedene technische Teile und Gerätschaften so aussehen und klingen zu lassen, als handele es sich um einen CD-Spieler. Dann sammelten wir alles ein, was wir hatten: Abbas Greatest Hits, Tanzmusik der achtziger Jahre, Talking Heads, Louis Armstrong, Johnny Cash … erstaunlich, welche Schrottmusik Journalisten, die Barkeeper in Prizren und die Putzfrauen im Hotel hörten. Kujtim machte seinem Ruhm als früherer Schmuggler alle Ehre und besorgte flaschenweise selbstgebrannten Schnaps, die BBC-Leute öffneten ihre geheime Notration und steuerten Guinness bei.

Nach einem Monat in der Krisenregion und nach einer Woche im Kosovo sprachen wir zum ersten Mal nicht mehr über Tote und Minen, sondern über unser Leben »da draußen«, in jener anderen Welt.

Für sich genommen wirkt die Vorstellung von einer Party inmitten der Trümmerlandschaften um uns herum vermutlich makaber.

Schlechte Filme und scheinprogressive Medienkritiker arbeiten gern am Bild des zynischen Kriegsreporters: ein Macho, geschieden oder impotent, im zerknitterten offen stehenden Hemd, das den Blick auf die behaarte Brust freigibt. Tagsüber sitzt er (es ist immer ein er) unrasiert stets genau dann in einem Café, wenn an der nächsten Straßenkreuzung ein Attentat verübt wird, abends trinkt er an der Hotelbar irgendeines Kriegsgebiets einen Whiskey (als wenn es das gäbe in diesen Regionen), unberührt von der Welt um ihn herum und nur an einer »Story« interessiert.

In der Wirklichkeit gelingt es selten, mehr als fünf, sechs Stunden nachts im Hotel zu verbringen, die restlichen 18 Stunden ist man unterwegs. Und sehnt sich, selber schon Opfer dieser Bildzumutungen, nach einer Form des Zynismus.

Alles existiert parallel in Gegenden der Gewalt: Das alltägliche Leben mit seinen Routinen, seinen kleinen Lächerlichkeiten, überwindet alle Scham. Wenn der Krieg zu einem Lebensgefährten geworden ist, dann schleifen sich Hierarchien des Leids ab, ebnen sich sonst gestufte Hemmungen nach und nach ein, die Grenzen zwischen Normalem und Anormalem verwischen.

Wenn Tod und Verwüstung tägliche Erfahrungen sind, werden sie keineswegs akzeptabler. Sie werden »normal« im quantitativen, nicht im qualitativen Sinn.

Man rechnet damit.

Aber diese Erwartung geht nicht einher mit einer moralischen Akzeptanz. Es ist gewissermaßen eine habituelle Erwartung – so wie man im Winter mit angezogenen Schultern durch die Straßen schleicht, die Kälte erwartend, aber man friert deshalb doch nicht weniger.

Während das Außerordentliche – die Brutalität eines Regimes – anfangs noch lähmt, während es zunächst alle anderen Funktionen außer Kraft setzt, löst sich alsbald die Verkrampfung, und man versucht, an den Bruchstellen des Krieges oder des instabilen Friedens Nischen zu entdecken. Dort beginnt dann der Alltag, es entstehen wieder Spielflächen und Räume, die, isoliert betrachtet, absurd wirken.

In Kukes, Albanien, im April führte uns der Totengräber des Dorfs über ein unbearbeitetes Stück Feld, das als Friedhof diente. Es regnete in Strömen und wir tapsten hinter dem Mann mit seinem lilafarbenen Regenschirm her, von Erdhaufen zu Erdhaufen. Während er murmelte und klagte, über den Krieg, die namenlosen Toten, die jeden Tag aus dem nahe gelegenen Krankenhaus oder direkt von der Grenze zu ihm gebracht wurden, über das Sterben im Exil und über den Mangel an Gehilfen, lief er mit flachen, hellen Schuhen geschickt durch den aufgeweichten Boden um die Pfützen herum und zeigte auf die tiefen, frischen Gräber, die mit offenen Mäulern auf Nahrung warteten. Wie wir so durch den lehmigen Schlamm gingen, sammelte sich die rote Erde mehr und mehr in großen, klebrigen Klumpen unter unseren Sohlen, die Schritte wurden schwerer, und wir versuchten ohne wesentlichen Erfolg, leicht angeekelt, den Matsch wieder abzustreifen. Wir trampelten zwischen diesen Gräbern herum, und uns überkam Scham und Pein gleichermaßen. Die Erde unter unseren Stiefeln schien uns mit unheimlicher Macht nach unten zu ziehen, und wir schmierten immer hektischer unsere Schuhsohlen an Gras oder Geröll ab – und auf einmal mussten wir lachen. Es war ein halb verzweifeltes, halb hysterisches Lachen. Der Totengräber und Kujtim drehten sich nach uns um. Natürlich war ganz und gar nichts witzig in dieser Situation, es war alles eine Tragödie, und trotzdem oder gerade deswegen mussten wir lachen über ihre Absurdität.

Schon am ersten Tag in Prizren war vorauszusehen, dass die Roma zu den ersten Opfern des neuen Konflikts im neuen Kosovo werden würden.

Als der erste Konvoi mit serbischen Familien die Stadt verließ, stand eine Menschenmenge auf dem Bürgersteig und warf Steine auf die Flüchtenden. Etwa hundert Kosovo-Albaner hatten sich auf den Stufen vor dem Hotel postiert und brüllten hinter den vorüberfahrenden Last- und Personenwagen voller verängstigter Serben her. Nach rund zehn Minuten meinte ich endlich, etwas von dem zu verstehen, was sie riefen: »Ci-ga-ne, Ci-ga-ne!!«

In der Aufwallung blanken Hasses fanden sie das Wort »Zigeuner« für die Serben. Es schien ihnen wohl die bösartigste Beschimpfung zu sein, die ihnen im Moment des Zorns in den Sinn schoss.

Schon früh deutete sich an, dass die Roma wieder einmal als »homo sacer«, wie Giorgio Agamben das nennt, als Figur, die man töten kann, ohne dafür bestraft zu werden, ausgesondert werden würden.

Die Rolle der Roma im Kosovo prädestinierte sie aus Sicht der Kosovo-Albaner für Racheakte.

Natürlich waren die Roma, weder individuell noch kollektiv, je in eine politisch dominante oder auch nur einflussreiche Position gekommen. Natürlich waren sie selber gesellschaftlich viel zu marginalisiert, als dass sie an der Diskriminierung der Kosovo-Albaner hätten beteiligt sein können. Sie hatten den Albanern keinerlei Vorlage, kein Motiv für deren als Vergeltung verkleidete Gewalt geliefert.

Nur: Sie waren von den Serben nicht vertrieben worden. Sie waren verschont geblieben. Das allein machte sie in den Augen der albanischen Flüchtlinge bereits zu »Kollaborateuren«.

Die ewig gleiche Verurteilung und Verfolgung von Sinti und Roma war immer schon ein Skandal der Geschichte. Das Kosovo unterschied sich leider nicht von anderen Regionen der Welt. Aber neben den uralten Schikanen gegenüber den Roma kam im Kosovo noch eine andere hinzu. Die Roma wurden hier von den serbischen Autoritäten gezwungen, als Totengräber zu arbeiten.

Man rief sie, wenn jemand gestorben war; sie mussten die Leichen mitnehmen und in die Leichenhalle schaffen. In Zeiten des Krieges wurden die Roma von den Friedhöfen abgerufen zu den Orten des Gemetzels und aufgefordert, die Spuren zu verwischen, die Leichen an einen geheimen Ort zu bringen, wo sie bestattet oder auch einfach nur verscharrt wurden. Die Roma lebten in altmodischen Siedlungen meist außerhalb der Städte oder direkt auf dem Friedhof, wo sie arbeiteten.

Im Bewusstsein der Kosovo-Albaner wurden die Roma mit dem Tod assoziiert und gefürchtet.

Wir fuhren nach Kosovopolje im Norden des Kosovo. Hunderte serbische Familien hatten sich in diese Regionen zurückgezogen. Die Atmosphäre war extrem explosiv wie immer direkt nach einem Kriegsende, einer militärischen Machtübernahme, in der Phase des Übergangs, in der eine Seite Privilegien, Einfluss, Ländereien und das Gefühl der Sicherheit verliert und eine andere all dies übernimmt.

Es ist keineswegs ein »Vakuum«, wie dieser Umbruch gedankenlos oft genannt wird. Macht gleitet nicht einfach in ein Vakuum, genauso wenig wie Energie in physikalischen Ordnungen einfach verloren geht, sie überträgt sich.

Die serbischen Zivilisten waren verängstigt, wütend, hilflos. Sie fühlten sich zu Unrecht verfolgt von der westlichen Welt, alleingelassen von ihren Truppen und Soldaten, die sich in die Republik Jugoslawien zurückgezogen hatten, und sie waren in einer aggressiv-hasserfüllten Stimmung, die sich aus ungeübter Ohnmacht und Furcht nährt.

Wir ließen sicherheitshalber Kujtim und Noni im Auto, weil wir durch albanische Begleiter die Serben nicht provozieren wollten, und begaben uns auf ein ehemaliges Schulgelände.

Wir entdeckten etwa zweitausend Roma zusammengepfercht in den alten Klassenzimmern und auf dem Hof. Sie waren aus ihren Häusern in den nahe gelegenen Städten Mitrovića, Podujewo und Priština vertrieben worden. Rückkehrende Albaner hatten sie aus ihren Häusern geprügelt und ihnen ihre wenigen

Habseligkeiten weggenommen. Jetzt versteckten sie sich in diesem Schulgebäude ohne Wasser und Strom. Sie wussten nicht, wohin sie gehen sollten – niemand wollte sie haben. Einer von ihnen, Naim, ein achtzehnjähriger Junge, der fließend Deutsch sprach, sagte zu mir: »Wir verstehen ja, dass die Albaner verbittert sind, nach allem, was man ihnen angetan hat. Es war entsetzlich. Aber warum sind sie wütend auf uns?«

Naim lud mich ein, mit ihm in das Gebäude zu gehen. Sebastian mit seiner Kamera sollte draußen warten. Photographen waren unerwünscht. Ehe ich mich mit Sebastian verständigen konnte, zogen sie mich hinein.

Die Räume platzten aus allen Nähten – Menschen lagen, saßen und standen auf dem Fußboden des Korridors, der ehemaligen Klassenzimmer. Kranke und Alte, Kinder und Babys, alle lagen gleichermaßen auf dem kalten Stein. Ich war von einer riesigen Gruppe umgeben, die mich führte und mir folgte, in der Mitte eingequetscht, immer mit einer fremden Hand in meiner Hand. Alte Frauen kamen zu mir, berührten meine Stirn und Nase, als wollten sie mich segnen, Mütter kamen, flehten um Aspirin und erzählten von Hunger und Angst. Alle redeten gleichzeitig auf mich ein, drängten und drückten, bis eine von ihnen die anderen zur Ordnung rief. Ich wurde fast ohnmächtig, weil es so heiß war und weil so viele Menschen mich bedrängten, aber stets hielt mich jemand von hinten, und Naim verschaffte mir ein wenig Platz zum Luftholen.

Sie sahen mich an wie eine Außerirdische und bedankten sich zugleich, dass ich mit ihnen redete. Ich glaube, sie mussten mich anfassen, um sich zu überzeugen, dass ich Realität war, oder vielleicht wollten sie auch prüfen, ob ich Angst hatte.

Es war, als habe man ihnen beigebracht, sich selbst als Aussätzige zu betrachten, und als wunderten sie sich, dass da jemand kam, der keine Ansteckung, keine Gefahr, keinen Diebstahl fürchtete.

Erschütternder als das Elend der Roma in der Schule war die Einschätzung ihrer selbst, die ich, in doppelter Spiegelung von Fremdwahrnehmung und Selbstbild, ihrer Überraschung entnehmen konnte. In mimetischer Anverwandlung waren sie fast zu dem geworden, was andere immer in ihnen gesehen hatten. Sie antizipierten schon die Ablehnung ihrer selbst und waren erstaunt, wenn jemand sie nicht im Zerrbild jahrhundertealter Vorurteile sah. Was mich schreckte, war nicht ihre Berührung, sondern die anerzogene Angst, ich müsste doch zurückzucken vor ihnen.

Ethnische Konflikte oder Zirkel der Gewalt

Kurz danach fuhren wir in den Westen des Kosovo, nach Peja, dem Geburtsort der serbisch-orthodoxen Kirche. In ihrer religiös-politischen Bedeutung ist Peja vermutlich noch am ehesten mit der Rolle Roms für den Katholizismus zu vergleichen. Wenn die politische Lösung des Konflikts auf eine Teilung des Kosovo hinauslaufen sollte, dann *musste* Peja serbisch werden. Schon allein aus religiösen, aber auch aus politisch-strategischen Gründen konnten die fliehenden Serben jede Stadt, jedes Dorf im Kosovo verlassen – nur nicht Peja. Es war nahe liegend, dass sich Schutz suchende Serben an diesem symbolisch aufgeladenen Ort versammeln würden. Als wir dort eintrafen, hatten sich Hunderte von Menschen in der Kathedrale versammelt.

Wir gingen hinein und unterhielten uns mit ihnen. Im Innenhof, hinter schützenden Mauern, saßen und standen die verzweifelten serbischen Kosovaren, schwarz gekleidete orthodoxe Schwestern reichten uns Mocca in winzigen Tassen, und wir erfuhren, dass ein Kommando der UÇK am Tag zuvor drei Zivilisten getötet habe.

Der befürchtete Zirkel der Gewalt.

Wie fuhren umgehend in das Dorf, das sie uns beschrieben hatten, und fanden das kleine Gehöft. Die drei toten Männer lagen noch dort.

Alle waren durch einen einzigen Schuss genau zwischen die Augen getötet worden. Eine präzise Hinrichtung.

Von all den Toten, die ich gesehen habe, waren diese noch die »intaktesten« Körper, und doch war der Anblick der einen Leiche im oberen Stockwerk des Hauses verstörender als alle anderen.

Dieser Mann war vor kurzem noch am Leben gewesen, und jetzt lag er in seinem Schlafzimmer auf dem Fußboden, die Hände auf dem Bauch gefaltet, als habe ein Geistlicher seine Pflicht getan. Es waren Photos an der Wand über seinem Bett, und eine gerahmte Urkunde hing am Kopfende. Es war vollkommen still in diesem Raum.

Auf einmal überkam mich die Scham eines Eindringlings, als ob der kalte Körper dort am Boden in Hemd und Hose noch lebendig gewesen wäre: Anders als bei den anderen verstümmelten Leichen sah ich mich auf einmal einem *Menschen* gegenüber, das Haus war nicht heruntergebrannt, alles wirkte lebendig und bewohnt.

Ich war ungefragt in die Privaträume eines Fremden eingedrungen. Zu spät realisierte ich, dass ich dort nichts zu suchen hatte, und rannte hinaus.

Als wir gerade aus dem Garten wieder auf die Straße traten, kamen fünf Militärfahrzeuge an, und der Metropolit von Montenegro (der den hiesigen Patriarchen vertrat) stieg mit zwei anderen Geistlichen aus. Italicnischc Soldaten sicherten die Straße und das kleine Gehöft. Keine fünf Minuten später waren mitten in dem Garten vor dem Haus drei Holztische aufgebaut, und die Toten wurden in Decken und Teppiche gewickelt nach draußen gebracht und auf die Tische gewuchtet. Einige serbische Nachbarn wagten sich aus ihren Verstecken, der Metropolit mischte Öl und Wein in einer Bierflasche und begann mit seiner improvisierten Zeremonie. Wir beobachteten die Szene vom Rande des Geländes aus, als einer der Priester auf einmal zu mir kam und mir wie den umstehenden trauernden Nachbarn eine schmale honiggelbe Kerze entgegenhielt.

Ich zögerte.

Um wen sollte ich trauern? Wer waren diese drei Männer mit dem verklebten Blut auf der Stirn? Welcher Verbrechen hatten sie sich schuldig gemacht? Wer hatte sie hingerichtet? Warum? Waren dies paramilitärische Kämpfer gewesen, die bei Massakern an Albanern mitgewirkt hatten? Oder waren es unschuldige serbische Zivilisten, die Opfer willkürlicher albanischer Gewalt geworden waren?

Sollte ich die Kerze ablehnen?

Die italienischen Soldaten starrten ebenso auf mich wie die gebeugten serbischen Gläubigen.

Tolerierte ich ihre früheren Taten, wenn ich die Kerze annahm, oder tolerierte ich ihre Hinrichtung, wenn ich sie ablehnte?

Es war eine religiöse Bestattungsfeier für drei Männer, die man ermordet hatte, und man bat mich, für die Toten eine Kerze zu halten … und ich nahm sie an.

Später befragten wir Zeugen und das Einzige, was sich übereinstimmend dokumentieren ließ, waren nichtssagende Fakten: Am Tag zuvor gegen 17 Uhr waren zehn uniformierte Kämpfer der UÇK in das Gehöft gekommen und hatten, ohne viel Zeit zu vergeuden, die drei Männer erschossen.

Alles weitere: Die Hintergründe, die Bedeutung, die Einschätzung der Tat – alles verlor sich in perspektivischer Voreingenommenheit, die auf der ethnischen Herkunft der jeweiligen Zeugen fußte. Schuld und Unschuld der Opfer – alles löste sich auf in widerstreitenden Aussagen.

Die albanischen Nachbarn erklärten, die drei Toten hätten zu paramilitärischen Einheiten gehört, die sich am Abbrennen albanischer Häuser beteiligt hatten.

Die UÇK in ihrem Hauptquartier in Peja, die wir aufsuchten, behauptete, die ganze Gegend sei bekannt für ihre paramilitärischen Gruppen, und die serbischen Bewohner hätten sich an einem Massenmord von 30 Menschen beteiligt. Aber als ich gezielt nach diesen drei Männern fragte, erwiderten sie nur, die ganze Stadt sei wegen derartiger Verbrechen berüchtigt.

Die alte serbische Nachbarin erklärte, sie sei sicher, dass es sich um ganz normale, unschuldige Zivilisten gehandelt habe, die sich nie irgendwelcher Verbrechen schuldig gemacht hatten.

Vielleicht war es naiv zu glauben, nach diesem ethnischen Wüten könne es noch ein multi-ethnisches Zusammenleben geben, die ehemaligen Opfer könnten unterscheiden zwischen der ethnischen Politik aus Belgrad, dem systematischen Morden der serbischen Miliz und den unbeteiligten serbischen Zivilisten, die Verbrechen der Vergangenheit müssten erinnert, aber nicht gerächt werden.

Ich weiß es nicht.

Gewiss ist nur, wir haben in jenen Wochen beides miterlebt: Die Folgen eines politisch konstruierten ethnischen Hasses und die Geburt eines neuen Mythos von angeblich gerechtfertigten Morden, die sich als spontane Wut und Rache tarnten.

Es ist immer wieder dasselbe Muster, das Opfer zu Mördern werden lässt: Im Rückgriff auf eine reale oder eine imaginierte Verfolgung werden die Rechtfertigungen gezimmert für den ewigen Zirkel der Gewalt. In einem »wounded attachment«, wie die amerikanische Politologin Wendy Brown es nennt, in einer Bindung an die eigenen Wunden der Vergangenheit wurzelt die Unfähigkeit zur Zukunft; gefesselt an die eigene Demütigung, an die frühere Schmach und Verfolgung, begründen sie Taten, die sie ihren früheren Peinigern immer ähnlicher werden lassen.

Wir verließen das Kosovo ohne Zuversicht. Ohne Erleichterung über das Ende des Krieges, so sehr wir es auch herbeigesehnt hatten für all die namenlosen albanischen Flüchtlinge. Die Ströme der angstvollen Wanderer zogen jetzt nach Norden anstatt nach Süden.

Was aus Emine geworden ist, weiß ich nicht. Aber ich hoffe für sie und für das Kosovo, dass sie ihr Versprechen einhält und den Dialog beginnt, denn stumm, hat Hannah Arendt einmal gesagt, stumm ist nur die Gewalt.

Libanon (Oktober 2000)

>>Die Triebfeder des Krieges
ist die Verzweiflung.<<
Simone Weil

Liebe Freunde,
manchmal zieht uns das Unverstandene magisch an.

Der Libanon, jener sagenumwobene Zedernstaat mit seiner hybriden, trotzig blühenden Metropole Beirut, war lange schon für mich solch ein Ort unwiderstehlicher Anziehung gewesen.

Seit Kindertagen hatten mich die verstörenden Bilder von den gespenstischen Häuserschlachten in der umkämpften Stadt in den Bann gezogen. Neben den Bildern der Schleyer-Entführung und denen des bleiernen Herbstes der Roten Armee Fraktion waren jene des Bürgerkriegs aus dem Libanon, die Abend für Abend die gesamte Familie erstarren ließen, die erste genuin politische Fernseherfahrung.

Wenn mich nicht alles täuscht, war es auch der erste Krieg, den ich, am Bildschirm zeitgenössisch, miterlebte und *als solchen* verstand.

Das also war Krieg?

In meinem elterlichen Wohnzimmer verwischten sich die verschiedenen Wellen des Mordens in dem fernen Land: Die Kämpfe zwischen christlich-maronitischen Phalangisten und den Muslimen nach 1975 oder der Einmarsch der Syrer 1976 oder der der Israelis 1978, die Luftangriffe auf Beirut und schließlich die Massaker von Chatila und Sabra 1982 – alles verlor sich in konturlosen Bilderfolgen, Bombenhagel schimmerte grün-gelblich, von Städten gab es plötzlich keine Ansichten mehr, nur noch Ausschnitte, gefilmt durch einen Spalt, eine Bruchstelle in einer bröckelnden Wand, die zur Deckung kaum taugte.

Welcher Stadtteil es war, in dem gekämpft wurde, welche Nachbarn es waren, die getötet wurden, welche Miliz aus welchen Gründen gerade gefeiert oder gefürchtet wurde, war schon lange nicht mehr auseinander zu halten in dieser schier endlosen Konfrontation.

»Once upon a distant war« – es war einmal ein entfernter Krieg, heißt ein Buch von William Prochnau über junge Kriegsberichterstatter zu Beginn des Vietnamkriegs – so war der Libanon damals für mich, ein absurder Krieg in der Ferne.

Während die übermittelten Bilder in ihrer Fremdartigkeit unwirklich und beinahe harmlos schienen, ließ mich der furchteinflößende Lärm von Tod und Zerstörung, den ich zu hören bekam, nie wieder los: die mal klatschenden, mal dumpf röhrenden Artillerieeinschläge und das hellere Knattern der Maschinengewehre. Schon als Kind waren akustische Eindrücke für mich bedeutsamer als optische. Seltsamerweise scheinen bei mir visuelle und akustische Wahrnehmungen gleichsam separat zu funktionieren. Ich konnte die Bilder von den Feuergefechten in Beirut abspreichern, *ohne* sie mit Bedeutung zu versehen.

Meine Kollegen und Freunde würden hinzufügen, dies sei der Grund, warum ich so miserable Reportagen schreibe, denen das heutzutage so wichtige visuelle Element abgeht. Aber das akustische Klangbild eines Krieges hat sich mir in seiner gesamten grausigen Polyphonie schon mit den ersten zischenden Katyuscha-Raketen offenbart.

Erst Jahre später sollte dieses immer noch unverstandene Land endlich mein Reiseziel werden. Der Krieg war erloschen, das sinnlose Wüten verebbt, der *Boujri*, der zentrale Platz im Zentrum Beiruts nun befriedet, in den Cafés der *Corniche*, der berühmten Promenade an der grandiosen Bucht, sitzen wieder elegante Menschen, nachts bebt alles im Takt des arabischen Pop oder der französischen Technomusik aus den Bars und Diskotheken; in der Altstadt überdecken rekonstruierte Häuser die Spuren des Bürgerkrieges – nur in den Gesten und Gewohnheiten der Bewohner lebt der Krieg allenthalben fort. So wie Westberliner auch zehn Jahre nach dem Fall der Mauer häufig noch immer absurde Umwege fahren, entlang einer nur mehr imaginären Mauer, so umgehen manche Beiruter stets noch frühere Frontverläufe in den längst befriedeten Straßenzügen, laufen Passanten ein wenig eiliger als nötig, bleibt die schmerzliche Erinnerung ein vorsichtiger Führer im neuen Libanon.

Ich fuhr, einige Monate nachdem sich die israelische Armee im Mai aus der »besetzten Zone«/»Sicherheitszone« zurückgezogen hatte, in den Libanon (die terminologischen Gefechte beginnen hier: »Sicherheitszone« nannte die israelische Regierung das Gebiet im Süden des Libanon, das ihre Truppen kontrollierten, für die libanesische Zivilbevölkerung sind es die »besetzten Gebiete«).

Uns interessierte die noch instabile Neuordnung im Süden des Libanon. Was hatte sich geändert seither? Welche Situation würden wir in diesem Gebiet – ohne libanesische Armee, vorwiegend unter der Herrschaft der Hisbollah, vorfinden? Was ist die Hisbollah? Ist das nur eine Organisation fanatischer Terroristen, die israelische Soldaten entführen und ermorden, oder ist sie auch eine ernst zu nehmende politische Partei? Wie geht es den 260 000 bis 350 000 palästinensischen Flüchtlingen in den Lagern? Wie fühlt man sich, wenn man seit 52 Jahren in einem Flüchtlingslager eingesperrt ist? Wie sicher ist die Grenze? Wird es endlich Frieden geben? Wer entscheidet über den Frieden – die Hisbollah, die Syrer, der Iran?

Die Medien beachteten diese Region kaum, und das, obwohl auf libanesischem Gebiet nahezu alle verbliebenen Streitfragen des Nahostkonflikts zu Tage treten: Die vom Iran finanzierte und unterstützte islamische Hisbollah, die für ihren erfolgreichen »Widerstand«/»Kampf« gegen die israelischen Truppen von christlichen und muslimischen Libanesen nahezu gleichermaßen geschätzt wird, der gewalttätige Kampf gegen Israel, die palästinensischen Flüchtlinge, die in Lagern festgehalten werden und nach Palästina/Israel zurückkehren wollen. Der Vielvölkerstaat Libanon ist eine Gesellschaft ohne klare Mehrheit (an der Bevölkerung haben alle ethnischen Gruppen den gleichen Anteil).

Und es muss in diesem Zusammenhang auch noch von Syrien die Rede sein: der Schutzmacht, dem großen »Freund«, ursprünglich auf Bitten vom libanesischen Präsidenten Franjieh geholt, um Menschen zu hindern, sich gegenseitig umzubringen. Tatsächlich scheint Syrien zugleich eine »Schutzmacht« zu sein, die gegen den gemeinsamen Feind Israel vorgeht, und eine »Besatzungsmacht«, die heute den Libanon umklammert hält wie eine Krake.

Wie wir reisten

Auf dieser Reise durch den Libanon bestand unser Team aus drei Personen: unserem Fahrer Mohammed, einem melancholischen muslimischen Libanesen, der nur Arabisch sprach und auch dann meistens nur über seinen Liebeskummer; dem Photographen Joseph, einem warmherzigen, aber halsstarrigen maronitischen Libanesen, der neben dem Arabischen auch das Französische beherrschte; und Marwan, einem hinreißenden, halb muslimischen und halb christlichen Palästinenser von 22 Jahren, der an der amerikanischen Universität in Beirut politische Wissenschaft studierte und der Arabisch, Französisch und Englisch sprach.

Nur ein Syrer fehlte noch, dann hätten wir fast den ganzen Libanon in dem riesigen, goldfarbenen Mercedes gehabt.

Auch so trugen wir in dem Auto ständig kleine Bürgerkriege aus: Jeder schätzte die Rolle der Syrer anders ein, jeder beschrieb Ursachen und Ablauf des Bürgerkrieges anders, und jeder hegte andere Hoffnungen für die Zukunft.

Glücklicherweise gab es Gemeinsamkeiten: die Leidenschaft für gutes Essen zu fast allen Tages- und Nachtzeiten. Alle liebten es, hin und wieder anzuhalten und an den zahlreichen Straßenständen Fladenbrot mit Käse zu essen, *Kibbé*, Olivenpaste, Brot mit warmem Käse und Honig, *Foul* aus getrockneten Bohnen mit Olivenöl und Zitrone, *Shavarma* und gesalzenen Joghurt.

Es ließe sich ein ganzes Buch über die Gastfreundschaft der Libanesen schreiben, über ihre Freude am Schenken und über ihre köstlichen Gerichte, über die sinnliche Lust an Farben und den Duft ihrer Brote, über Süßigkeiten und Gebäck.

Fast jeden Tag fuhren wir an der Küste entlang nach Süden, abends kehrten wir nach Beirut zurück. Die Gespräche der ersten Tage in der Hauptstadt mit Politikern, Intellektuellen und

Geistlichen bereiteten mich auf die Zeit im Süden vor, nur so konnte ich langsam beginnen, dieses wunderschöne und ärgerliche, traurige und erschöpfte, lebhafte und gewalttätige Land zu verstehen.

Sichtblenden

Über den Libanon lässt sich nichts mitteilen, ohne nicht auch über Israel, den Streit um das Heilige Land, die Frage der Flüchtlinge, den Schutz der verfolgten Juden und der vertriebenen Palästinenser zu schreiben.

Das berührt bei vielen von uns sowohl fest gefügte Überzeugungen als auch offene Wunden, nichts ließe sich schreiben über diese Region des Nahen Ostens, das nicht verletzt, verstimmt, beunruhigt. Kein Wort des Verständnisses, das nicht als Verharmlosung, keine Kritik, die nicht als Angriff gelesen werden könnte.

Eine Schadensbegrenzung ist vielleicht durch die vorgängige Offenlegung eigener Beschränktheiten möglich:

Allzu leicht bilden wir uns ein, verschiedene Kulturen, geschichtliche Hintergründe und Überzeugungen mit gleicher Achtung, Aufgeschlossenheit und Sorgfalt betrachten zu können. Es wäre unehrlich, würde ich diesen Bericht über den Libanon schreiben, ohne gleichzeitig meine Voreingenommenheiten dem Nahen Osten gegenüber einzugestehen. Voreingenommenheiten, die ich glücklicherweise seither durch die Eindrücke auf vielen Reisen in muslimische Länder wieder und wieder revidieren konnte.

Das ist nicht so nahe liegend, wie man vielleicht annehmen könnte.

Gewiss, es scheint angebracht, dass eine Deutsche meiner Generation, deren gesamte politische Sozialisation durch die Auseinandersetzung mit dem »Dritten Reich« und dem Holocaust bestimmt ist, eine besondere Verpflichtung gegenüber den nach Israel vertriebenen Juden empfindet. Anders als der neokonservative Diskurs um einschlägige Verlautbarungen von

Sloterdijk oder Walser glauben machen möchte, ist mir diese Prägung durch den Holocaust nach wie vor weder lästig noch einschränkend, sondern nötig und lehrreich.

Das Verhältnis zu Israel blieb bei meiner Generation gespalten zwischen denen, die im verantwortungsethischen Rekurs auf den Holocaust eine besondere Fürsorge für den Schutz der Juden (weltweit, nicht nur in Israel) entwickelten, und jenen, die aus den gleichen Motiven eine besondere Beschämung über die Situation der Palästinenser – als letzten Opfern der Vertreibung der Juden aus Europa und der Gründung des Staates Israel – empfinden. Wenigen gelingt es, beide Empfindungen in Einklang zu bringen.

Mein persönliches Verhältnis zum Nahen Osten war zudem auch bestimmt durch die Zuneigung zu einer langjährigen libanesischen Freundin, Nayla Wiegand. Sie hat mir das Schicksal der Libanesen zwischen Bürgerkrieg und Emigration nahe gebracht. Constantin, ihr zweiter Sohn, ist getaufter Maronit und mein Patenkind. Vor einigen Jahren verloren wir beide innerhalb nur einer Woche einen nahe stehenden Menschen durch terroristische Anschläge.

Monströse Gewalt hatte eingegriffen in unsere Leben und das unserer Freunde, feige und stumm, destruktiv und nutzlos. Und obgleich die Umstände der Tode in unserer Nähe gänzlich verschieden waren, blieben wir seither einander doch verbunden in unserer Trauer.

Ich glaubte mich moralisch gewappnet für die Herausforderungen im Libanon. Vor dem Hintergrund dieser persönlichen Nähe zu einer Freundin im Libanon und einer tiefen Verbundenheit zum Schicksal Israels wähnte ich mich im Stande der Unparteilichkeit. Die Reise sollte meine schiere Ignoranz offenbaren.

Wenn man von Beirut nach Süden fährt, sieht man rechter Hand das Mittelmeer, beiderseits der Straße stehen Orangen-, Zitronen- und Bananenplantagen, man durchquert die alten Städte Sidon und Tyrus, und irgendwann kommt man in die frühere »Sicherheitszone«, das »besetzte Gebiet«.

Die Ortschaften erscheinen verödet, denn die wenigsten früheren Bewohner haben es bisher gewagt, zurückzukehren in ihre alten Gehöfte. Ganz allmählich verändert sich die Landschaft: Sie wird kahler, der Boden ist trocken und hart, auf den steinigen Hügeln lassen einige wenige Hirten ihre Schafe weiden, nur Olivenbäume und Tabakpflanzen gedeihen hier noch.

Nach zweistündiger Fahrt erreichten wir eine Anhöhe, von der sich diese staubige Bergregion überblicken ließ: links, im Osten, die Golanhöhen, unmittelbar vor uns Israel. Obwohl der Norden mit seinen fruchtbaren, bewässerten Bauernhöfen weitaus schöner ist, freute ich mich beim Blick auf diese Landschaft.

Während ich die Olivenbäume auf den Hügeln weiter südlich betrachtete, tauchte aus irgendeinem verborgenen Winkel meiner selbst das Wort »Kanaan« auf und ich empfand so etwas wie eine »Heimkehr«. Ich bin weder Jüdin noch tief religiös, doch als ich dort an der Grenze stand, entdeckte ich plötzlich, welchen Nährboden die archetypischen Bilder und Geschichten des Alten Testaments anhaltend für mein Denken und Fühlen bildeten. Wie stark diese Bilder und Erzählungen meine Assoziationen geprägt haben, hatte ich nie wahrgenommen. Ich hatte sie stets nur als Kindheitserzählungen oder eben Bildungsablagerungen verbucht.

Vielleicht wirkt Religion, die ständige Wiederholung religiöser Handlungen und Motive, vorwiegend auf diese Weise – ganz unabhängig vom Glauben: Man lernt die Geschichten kennen, man stellt sich beim Lesen die Hauptfiguren vor, ihr Leben, ihren Schmerz, ihre Konflikte, und all dies Gelesene und Gehörte wird schließlich zu einem konstitutiven Bestandteil unseres Gefühlslebens. So wie ich auch nie ein *Gurkensandwich* essen werde, ohne an die Heuchelei der Gestalten in Oscar Wildes »Wie wichtig es ist, ernst zu sein« zu denken, nie jemanden mit einem *Muttermal* im Gesicht sehen, ohne mich an Saul Zuratas *Einfühlungsvermögen* im *Geschichtenerzähler* von Vargas Llosa zu erinnern, nie *Flieder* riechen, ohne dass mir Thomas Manns *unerwiderte Liebe* in den Sinn kommt.

Ich hatte die Reise in den Libanon nötig und musste auf der anderen Seite des Zaunes stehen. Nur so konnte ich begreifen, wie stark Israel, dieses verheißene, zerrüttete Land und seine

Mythen ein Teil der Geschichten sind, durch die ich selbst in der Welt verwurzelt bin.

Die Palästinenserlager

In dem winzigen Laden in Ain el Hilweh, dem größten palästinensischen Flüchtlingslager im Libanon nicht weit von der Stadt Sidon, steht der Schwarzweißfernseher eingezwängt zwischen Tüten mit Zucker und Mehl und flimmert leicht bläulich. Vor dem Ladentisch drängt sich die ganze Familie von Hattin Tawfic und sieht zu, wie Steine werfende Kinder zu toten Märtyrern werden, die man in Fahnen einwickelt und mit Ruhm überhäuft.

Am Abend, wenn die Hitze des Tages langsam aus dem Lager weicht, versammeln sich die Nachbarn in dem Geschäft, um über die kleinen Begebenheiten in ihrem ereignislosen Leben zu reden.

Der Fernsehapparat mit den Bildern aus Palästina bringt weder Trost noch Ablenkung, sondern vertieft einzig Kummer und Sehnsucht. Wissen fühlt sich hier keineswegs nach Macht an, und wenn Hattin Tawfic auch immer und immer wieder die Bilder von CNN betrachtet: Er spürt nur seine Ohnmacht.

Er ist müde. Seine Augen sind von dem verseuchten Wasser im Lager zerstört, seine Knochen sind von Gicht versteift, und wenn er abends die Nachrichten verfolgt, wird er wütender, als sein Alter erlaubt.

Seit 52 Jahren ist er Flüchtling, und obwohl er während dieser ganzen Zeit an demselben Ort gewohnt hat, obwohl er in 52 Jahren nicht weiter gewandert ist, ist es immer noch, als ob er auf der Reise und nie angekommen sei.

1948 ist er aufgebrochen und den ganzen Weg in den Libanon zu Fuß gegangen. Die ersten vier Jahre auf libanesischem Boden hat er zusammen mit seinen 15 Angehörigen in einem Zelt verbracht. Jetzt ist er 81, zu alt, um noch die Hoffnung auf ein Wiedersehen mit seiner Heimatstadt Tabara nähren zu können.

Seither ist das Flüchtlingslager zu einer kleinen Stadt herangewachsen, mit Häusern und Straßen, Läden und Moscheen. Die
Straßen sind schmal, als Maß für ihre Breite galt offenbar die
Möglichkeit der Passage von zwei entgegenkommenden Merce-
des-Wagen. Hattins Familie lebt heute nicht mehr im Zelt, sondern er wohnt mit elf Personen in zwei Zimmern. Das Lager liegt
in einem abgegrenzten Talkessel: Die Palästinenser können sich
nirgendwo außerhalb der Mauern ansiedeln, sie kommen nicht
weiter als bis zu dem Posten, der das gesamte Kommen und Gehen kontrolliert. Sie dürfen das Lager zwar verlassen und Besuche machen, es ist ihnen aber nicht gestattet, anderswo zu wohnen. »Unser Blut steht in Flammen«, sagt Hattins Frau, und alle
Umstehenden in dem Laden nicken stumm. »Wir wollen hin-
überfliegen und helfen.«

Vor dem Laden macht sich eine Gruppe Kinder bemerk-
bar. Sie haben beobachtet, dass eine Journalistin Notizen macht,
und sich dann rasch zusammengefunden, um Protest zu insze-
nieren: Sie wollen Wut vorspielen, zeigen, dass sie bereit sind, in
den Krieg zu ziehen. Wir beachten sie so wenig wie möglich,
denn wir möchten nicht zu der unverantwortlichen Zirkel-
dynamik beitragen, die darin besteht, dass das Medieninteresse
die Aggressivität weckt, weil Aggressivität das Medieninteresse
weckt ... Die Kinder sind zwischen sieben und dreizehn Jahre
alt, und sie schwenken die palästinensische Fahne. Einer bin-
det sich ein Palästinensertuch um den Kopf wie seine Brüder
auf CNN, und sie machen richtig Lärm, schreien Parolen gegen
Israel, so dass man kaum noch versteht, was Hattin sagt.

Weil Fernsehen fatalerweise von beweglichen Bildern lebt,
ziehen gedankenlose Kameraleute das gestellte Spektakel einer
Gruppe gelangweilter Kinder stets der bewegungslosen Trauer
der alten Vertriebenen im Lager vor. Diese Bildeindrücke lassen
die palästinensischen Flüchtlinge vornehmlich als eine durch-
brutalisierte Gesellschaft mordlustiger Kinder und nicht so sehr
als ein dahinvegetierendes, eingeschlossenes Volk erscheinen.

Gleich um die Ecke, wenige hundert Meter entfernt, wartet
Aayed Attwat darauf, dass sein Fladenbrot fertig wird. Er steht
vor dem Ofen und weigert sich, mit mir zu sprechen, weil er

mich für eine Jüdin hält. Ich weigere mich, das zu verneinen. Wie käme ich dazu? Ist die Tatsache, dass ich keine Jüdin bin, ein Kriterium für eine Unterhaltung?

Der Dolmetscher möchte ihn darauf aufmerksam machen, dass ich Deutsche bin, aber ich verweigere diese Art von Entrée-billet zur arabischen Welt. Nicht nur, weil es keine einander ausschließenden Identitätsmerkmale sind, deutsch und jüdisch zu sein, sondern auch, weil es wirklich eine schaurige Wendung der Geschichte ist, dass Deutsche wegen eines unterstellten Antisemitismus heute besonders willkommen geheißen werden.

Nun denkt der Alte auf einmal, ich sei Engländerin (für einen Palästinenser anscheinend die zweitschlechteste Möglichkeit), und will immer noch nicht mit mir reden. Mittlerweile sind auch die kreischenden, Krieg spielenden Kinder zu der Pizzabude gekommen und schreien immer lauter. Glücklicherweise kann Marwan weder Lärm noch unhöfliches Benehmen vertragen, also staucht er die Bande zusammen und scheucht sie um den Häuserblock.

Aayet nutzt die Gelegenheit und keift mich weiterhin auf Arabisch an, aus Sprachfetzen meine ich herauszuhören, dass er mich nun für die Verbrechen der Briten beschimpft.

Schließlich frage ich ihn verärgert: »Sehe ich denn britisch aus?« (ein argumentativer Volltreffer, wie ich angesichts meiner doch ziemlich unenglischen Erscheinung finde), Marwan übersetzt, und der Alte antwortet: »Woher soll ich wissen, dass du nicht aus Israel bist, du siehst aus, als ob.« Womit wir wieder zurück bei »Los« wären.

Der Pizzabäcker, der die ganze Szene schweigend verfolgt hat, schenkt mir mitleidig ein Stück Brot, und als ich eines der zehn arabischen Worte ausspreche, die ich beherrsche – *shukran*, danke –, will Aayed auf einmal doch reden.

Vor langer Zeit, in seinem früheren Leben, hat er Zitronen angebaut, aber jetzt ist er 75, das Land ist verloren, nur Bitterkeit ist ihm geblieben.

»Die ehrlichste Partei ist die Hisbollah«, sagt er. »Unsere eigenen Behörden sind die Verräter.« Wie viele andere Palästinenser in dem Lager verabscheut er Arafat, weil dieser die palästinensischen Flüchtlinge durch Abkommen mit Israel »verkauft« habe. Die ewigen Flüchtlinge von Ain El Hilweh fühlen sich isoliert in einem fremden Land.

Noch immer assoziieren die meisten Libanesen, ob Muslime oder Christen, Instabilität und Bürgerkrieg mit den Palästinensern, unvergessen bleibt vielen das Gebaren des allseits verhassten Arafat, der im Libanon nicht wie ein Gast, sondern als Herrscher ihres Landes aufgetreten sei.

Die vielbeschworene arabische Bruderschaft drückt sich zwar in vollmundigen Erklärungen und gemeinsamen Attacken gegen Israel aus, zu solidarischer Hilfe oder gar zur Integration der palästinensischen Flüchtlinge führt sie jedoch keineswegs. Seit über 40 Jahren hausen die Palästinenser unter erbärmlichsten Bedingungen, werden als politischer Spielball immer wieder instrumentalisiert, ihre Vertreibung wird beklagt und bedauert – aber willkommen sind sie gleichwohl keinem Nachbarstaat.

Mit dem israelischen Rückzug aus dem Süden des Libanon und der Fortsetzung der Intifada in Israel verschärft sich zusätzlich ihre Lage: Den Feind, der sie mit ihrer libanesischen Umgebung verband, gibt es nicht mehr diesseits der Grenze.

Aber vor allem sind die Libanesen des permanenten Krieges und der Unterdrückung durch einen anderen Staat überdrüssig, sie wollen endlich zur Normalität zurückkehren.

Doch genau jene Sehnsucht nach Normalität läuft den Interessen der palästinensischen Flüchtlinge zuwider. Sie sind ein Überbleibsel eines langen Krieges, im Elend des Exils harren sie aus in dem Wissen: So lange die Intifada andauert, werden die Flüchtlinge nicht vergessen, so lange die Wunde der besetzten Gebiete offen bleibt, gibt es noch Hoffnung. Deswegen verehren die Palästinenser die Hisbollah, die mit ihrer Gewalt jede Normalität vernichtet und den Glauben an eine Rückkehr ins Gelobte Land aufrecht erhält.

In Er Rashidieh, einem anderen Lager noch weiter südlich von Tyrus an der Küste, gewährt Sultan Abu al Aymaiin, der Vertreter der Al Fatah im Libanon, eine Audienz. Am Eingang des Lagers erwarten uns drei Soldaten der Al Fatah mit Kalaschnikows. Wir müssen zunächst den libanesischen Wachposten passieren; beim zweiten, dem palästinensischen Posten, müssen wir unter einem riesigen Arafat-Plakat auf die drei Wachen warten.

Die Sicherheitsmaßnahmen sind durchaus angemessen: Sultan al Aymaiin wurde von einem libanesischen Gericht in Abwesenheit wegen Bildung einer terroristischen Vereinigung zu lebenslanger Haft verurteilt.

Dennoch haben die libanesischen Behörden nie Anstalten gemacht, ihn festzunehmen. Die Lager bleiben für lokale Autoritäten gleichsam extraterritoriale Gebiete. Obgleich ein offiziell verurteilter Terrorist, konnte man Al Aymaiin problemlos von Beirut aus auf seinem Mobiltelefon erreichen und ohne weiteres einen Termin für ein Interview verabreden. Auch an den Waffen in den palästinensischen Lagern stört sich niemand.

Al Aymaiin hat einen eigenen Dolmetscher, der Marwans Übersetzung beaufsichtigt.

Die Al Fatah ist in einer schwierigen Lage: Obwohl sie so viele Jahre gekämpft hat, verlieren ihre müden Soldaten jeden Tag weiter an Ansehen. Die Hisbollah, so glauben viele Palästinenser, könne als Einzige die technisch überlegene israelische Armee schlagen, während die alten Al-Fatah-Kämpfer »unnütz« diesseits der Grenze stehen. Und so bleibt Abu al Aymaiin nichts anderes übrig, als Geschichten aus der Vergangenheit zu wiederholen. Er sitzt in diesem Lager, sieht jeden Abend auf CNN die gewalttätigen Auseinandersetzungen der neuen Intifada und preist dann die Al Fatah als Symbol des Widerstands, wohlgemerkt als Symbol, denn es bleibt nichts zu tun, als die Wunschvorstellung zu nähren, dass die Hisbollah nur eine Kopie des Originals sei.

Während wir uns unterhalten, schaltet sich plötzlich das kleine goldene Modell der Al-Aksah-Moschee ein, das vor ihm auf dem Schreibtisch steht, und ein mechanischer Muezzin beginnt zu beten. Nur die Kalaschnikow des Bodyguard hält mich davon ab, laut loszulachen …

Doch es gibt nichts zu lachen, denn genau darum geht es in diesem Konflikt: um die ständig aktivierte Erinnerung daran, dass die Heimat woanders ist.

Fünfmal am Tag ermahnt ihn diese lächerliche, hässliche Plastikmoschee, dass die Palästinenser nicht da sind, wo sie hingehören, dass das Exil niemals Heimat werden kann, fünfmal klagt das automatisierte »Allahu Akbar« und erinnert der quäkende Muezzin an das, was Jerusalem den Palästinensern bedeutet.

Welche Gefahr von diesen verzagten palästinensischen Flüchtlingen in den Lagern ausgeht, wird eine der entscheidenden Zukunftsfragen sein. Timor Güksel, der Leiter der UN-Truppen im Südlibanon, vermutet in den Lagern weniger Gefahr als Niedergeschlagenheit. Aber ein einziger Frustrierter, der die Grenze angreift, kann jederzeit eine unkontrollierbare Dynamik der Gewalt und Vergeltung auslösen. Verhindern könnte das niemand.

Hisbollah 1

Die Wirklichkeit der Hisbollah ist verwirrend komplex. Wer diese Organisation als homogenen sozialen Körper beschreibt, unterschätzt sowohl ihre Anziehungskraft und tiefe Verwurzelung in der Gesellschaft des Südens als auch ihre Gefährlichkeit. Die gewalttätigen Anschläge der Hisbollah sind keineswegs komplex, sondern eindeutig kaltblütig und widerlich.

Wenn ich im Folgenden die Lebenswelt im Süden des Libanon oder die soziale Vernetzung der Hisbollah und ihre Hilfstätigkeit eingehender beschreibe, so darf darin keineswegs eine Verharmlosung ihrer Anschläge gesehen werden. Aber ohne die Vielschichtigkeit dieses ambivalenten Gebildes anzuerkennen, lässt sich nicht verstehen, warum seine Mitglieder so verehrt werden, warum ihre parlamentarischen Abgeordneten selbst von Politikern anderer Parteien gelobt werden und warum sie so schwer zu bekämpfen ist.

Vor der Abfahrt in den Süden kontaktierten wir die Hisbollah, um mitzuteilen, dass wir in »ihrem« Gebiet unterwegs sein würden.

Wie man das macht?

Jenseits ihres terroristischen Netzwerks handelt es sich bei der Hisbollah in Beirut um eine erstaunlich gut organisierte Partei. Also rief Marwan den Pressesprecher Sheik Ata an, erklärte ihm, wir würden in den Süden aufbrechen, und fragte, ob wir vorher einen Höflichkeitsbesuch abstatten könnten, auch um unsere eigene Sicherheit in der von der Hisbollah kontrollierten Zone zu erhöhen. Wir fuhren in einen Außenbezirk von Beirut, wo auf den bevölkerten, quirligen Straßen nur verschleierte Frauen zu sehen waren; in einem heruntergekommenen, unscheinbaren Gebäude empfing uns Sheik Ata.

Er steht unter einem Khomeini-Bild und entschuldigt sich, dass er mir nicht die Hand schüttelt; stattdessen neigt er den Kopf (es macht die religiös motivierte Weigerung, den vermeintlich schmutzigen Frauen die Hand zu geben, nicht weniger beleidigend, aber immerhin scheint er sich des Affronts bewusst zu sein).

Sheik Ata erweist sich als freundlicher, hilfsbereiter Mittler: Er bietet an, Kontakt mit einigen wichtigen Hisbollah-Mitgliedern im Süden aufzunehmen, versorgt uns mit Telefonnummern und verspricht, er werde das von mir gewünschte Treffen mit Mohammed Raad, dem Vorsitzenden der Hisbollah-Fraktion im libanesischen Parlament, arrangieren.

Sein Angebot, uns im Süden einen »Helfer« zur Verfügung zu stellen, lehnen wir dankend ab. In Begleitung eines Hisbollah-Mitgliedes können wir nicht reisen, jede Neutralität wäre verwirkt, und es wäre unmöglich, nach hisbollahkritischen Stimmen zu fragen. Auch würde kein früherer Soldat der SLA (libanesische Miliz, die auf der Seite Israels gegen die Hisbollah gekämpft hatte) mit uns zusammentreffen. Obgleich Sheik Ata klug genug ist zu wissen, warum wir allein reisen wollen, zeigt er sich kooperativ und effizient.

Nur wenige im Libanon sehen in den Mitgliedern der Hisbollah Terroristen, weil sie in Israel nicht einen freundlichen Nachbarn sehen. Nicht nur die Zerstörungen, die die israelische Armee im Süden des Libanon hinterlassen hat, werten die bewaffneten Kämpfer der Hisbollah aus libanesischer Perspektive auf, auch die UN-Resolution 425, die den Rückzug der IDF (der israelischen Armee) fordert, verleiht den Hisbollah-Angehörigen aus dieser Sicht den Status von Widerstandskämpfern und nicht von Terroristen.

Selbst die christlich-maronitische Oberschicht in Beirut ist in weiten Teilen überzeugt, dass die Hisbollah für die armen, arbeitslosen Muslime in den Kleinstädten des Südens eine große Bedeutung hat. Die Hisbollah gilt nicht nur als der Befreier des Südens, sondern auch als eine Partei, die sich um ihre Anhänger kümmert: Sie hat in den südlichen Landesteilen die Infrastruktur mit aufgebaut, organisiert ein lebenswichtiges Gesundheitswesen, das die Krankenhäuser in der Region betreibt, und ein Bauunternehmen, das beim Wiederaufbau zerstörter Häuser und Straßen hilft.

Absurderweise kam ich in den Genuss der Behandlung in einem von der Hisbollah betriebenen Hospital. Ich hatte eine Blase auf der Zunge, die mich mehr und mehr am Sprechen hinderte – schließlich versicherte Joseph, die Ärzte würden jeden versorgen, ganz gleich welcher Religion oder Nationalität. Unter einem gigantischen Khomeinei-Bildnis pinselte eine verschleierte Schwester mir geduldig »Pyralvex« auf die geschwollene Zunge und zuckte nicht mal mit der Wimper, als ich provokativ Dollar zur Bezahlung über das Rezeptionstischchen reichte.

Spurensuche

Moujib Termos ist 28 und wirkt wie 45. Seine Stirn ist von tiefen Narben übersät. Er war seit seinem 17. Lebensjahr Mitglied der Hisbollah, wurde kurze Zeit später von der SLA gefangen genommen und in Khiam inhaftiert.

Die letzten elf Jahre hat er in jenem berüchtigten Gefängnis verbracht, das wiederholt vom Internationalen Roten Kreuz wie auch Human Rights Watch wegen grausamer Haftbedingungen und physischer Gewalt angeklagt wurde. Erst vor ein paar Monaten, als die israelische Armee sich zurückzog und die SLA-Soldaten Khiam unbewacht zurückließen, kam Moujib frei.

Vielleicht harrt er im propagandistischen Auftrag der Hisbollah bei dem Gefängnis aus, damit ausländische Gäste von den Verbrechen der israelischen Armee und ihrer Helfer, der SLA, erfahren. Vielleicht weiß er mit seiner neuen Freiheit und der notorischen Arbeitslosigkeit im Süden nichts anzufangen. Vielleicht lassen ihn auch seine traumatischen Erfahrungen hinter diesen Mauern nicht aus ihren Klauen. Vielleicht spielen alle Motive zusammen.

Moujib führt uns durch die leeren Gänge und Zellen seines ehemaligen Gefängnisses und erzählt, wie er die ersten sechs Monate fast jeden Tag mit einer Kapuze über dem Kopf in das Verhörzimmer gebracht wurde, wo man ihn schlug, noch bevor er überhaupt etwas gefragt wurde. Der kahle Raum strahlt nichts aus: kein Grauen, keine Finsternis, ein gleichgültiger Zeuge täglicher Misshandlungen, sonst nichts.

Er musste auf dem Boden knien, zeigt uns Moujib, so …, jede Frage nach der Hisbollah war von einem Schlag auf den Kopf begleitet, erzählt er. Dreimal am Tag habe man ihn in dieses Zimmer geführt, dreimal am Tag die gleichen Fragen, die gleichen Schläge. Nach zwei Monaten wurden Kabel an seinen Ohren, Fingerspitzen und Genitalien angebracht, und dann wurden Elektroschocks durch seinen Körper gejagt.

Zwanzig Mal am Tag, so berichtet er, sei er ohnmächtig geworden, schon lange nachdem er jede Fähigkeit zu sprechen verloren hatte. Naiv, wer glaubt, bei Folter gehe es um Aussagen und Geständnisse. Jenseits der brachialen körperlichen Tortur liegen nur noch Gestammel, Wimmern und Bewusstlosigkeit.

Dann zeigt uns Moujib die Zelle, in der er die ersten sechs Monate eingeschlossen war: Ein kleines Verlies von 1,40 mal 0,80 Metern, Steinfußboden, Stahltür, nur ein kleines Loch in der Zellendecke, durch das frische Luft – und Regen – hereinkommt.

Es gab keine Toilette, kein fließendes Wasser, kein Fenster. Wenn die Tür geschlossen ist, dringt nur durch das Loch ein wenig Luft. Ein kleiner Eimer für die Exkremente wurde alle paar Tage gelehrt; die Wache konnte eine Klappe in der Tür öffnen, um den Häftling zu kontrollieren.

Die Wachen gingen zu allen Tageszeiten an der Zelle vorüber und traten von außen gegen die Metalltür – wenn also Einsamkeit, Dunkelheit und Enge noch nicht ausreichten, wurde man durch den Lärm der Schläge gegen die Tür endgültig verrückt.

Soll ich es noch einmal wiederholen?

Sechs Monate verbrachte er in dieser Zelle, 1,40 Meter mal 80 Zentimeter, ohne sich ausstrecken zu können, auf dem Steinfußboden, ohne Fenster, ohne Toilette, nur mit einem Loch in der Decke. Sechs Monate.

Insgeheim suchte ich nach Gründen, seine Geschichte zu bezweifeln. Schlimmer noch, ich suchte nach Gründen, seine Behandlung zu rechtfertigen.

War er nicht nach eigenem Bekunden Mitglied des bewaffneten Arms der Hisbollah gewesen? Was hatte er für Verbrechen begangen? Um wie viel sadistischer mögen seine Aktionen gegen israelische Soldaten gewesen sein als diese Inhaftierung? Mussten sich die Truppen im Libanon nicht vielleicht schützen gegen ruchlose Terroristen wie Moujib? Vielleicht war dieses Loch vor uns nie von ihm bewohnt worden? Vielleicht hatte die Hisbollah ihm jedes Wort, das er uns erzählte, diktiert?

Wir starrten in das dunkle Verlies hinein und wollten, wollten es einfach nicht glauben, weil es sich keiner von uns wirklich ausmalen wollte. Selbstschutz braucht als Fluchthelfer den Zweifel an der grausigen Wahrheit. So reagieren wir als Fernsehzuschauer, wenn wir das Leiden anderer nicht mehr ertragen können, wenn die Bilder zu überwältigend sind, und so reagieren auch Journalisten bei der Konfrontation mit Unrecht und Gewalt.

Ich versuchte mich durch vermeintliche Präzision der Recherche abzulenken von dem inneren Schrecken. Eine eingeübte Technik zeitgenössischer Journalisten: In besonders erschütternden Kontexten konzentrieren wir uns plötzlich auf Details, die angeblich die investigative Glaubwürdigkeit, die so genannte Authentizität unserer subjektiven Erzählungen erhöhen sollen. Dann wimmelt es in den Berichten und Reportagen auf einmal von Nummernschildern, Autotypen, Farben, Markennamen – die nur in den seltensten Fällen wirklich von Bedeutung sind.

Also versuchte ich, die eigene Scham für die erlittene Pein des anderen zu übertünchen, und täuschte professionellen Aktionismus vor. Ich ging hinein in die Zelle, um mit Schrittlängen behelfsmäßig die Größe auszumessen, als Moujib fragte, ob er die Tür einen Augenblick schließen solle, so dass ich sehen könne, wie dunkel es dort drinnen war.

Er drückte die Tür zu, und schon nach drei Sekunden hätte ich schreien mögen.

Ich wusste, dass sie draußen standen, wusste, dass sie keinen Schlüssel hatten und die Tür nicht abschließen konnten, wusste, dass es Freunde waren, wusste, dass ich gleich wieder draußen sein würde, und doch hatte ich schon nach wenigen Sekunden die Nerven verloren …

Mehr?

Es gab in dem Gefängnis einen Stahlmast. Er stand neben den Baracken, in denen die Gefangenen untergebracht wurden, sofern sie die ersten sechs Monate die Verhöre überlebt hatten (übrigens bestand offensichtlich kein Interesse daran, die Gefangenen zu töten; sie wurden nur lange genug gefoltert, um sie zu zerstören, aber so kurz, dass sie am Leben blieben).

Jedenfalls stand dieser Stahlträger neben den Baracken, und er hatte einen kleinen Fehler. Vor Jahren hatte irgendein unkonzentrierter Metallbauer unabsichtlich die Querstreben ein wenig zu lang bemessen, so dass sie um wenige Millimeter vorstanden. Ein unbedeutender kleiner Fehler für den Stahlmast, aber entscheidende Millimeter für die Gefangenen, die mit Handschellen an den Pfosten gefesselt wurden. Wenn man sie schlug, gruben sich die vorstehenden Millimeter in Kopf und Rücken. Daher stammten Moujibs Narben.

Im Laufe der Jahre wurden 3500 Häftlinge im Khiam-Gefängnis gefoltert, und angesichts der angewandten Praktiken ist es erstaunlich, dass »nur« 24 von ihnen dabei ums Leben kamen. Auf Druck von zwei Menschenrechtsorganisationen aus Israel, der »Association for Civil Rights in Israel« und des »Center for the Defense of the Individual«, räumte das israelische Verteidigungsministerium ein, es sei in die Folter- und Verhörpraktiken im Khiam-Gefängnis verwickelt gewesen. Das Gleiche bestätigte auch der Brigadegeneral Dan Halutz, der die Operation der israelischen Armee im Südlibanon leitete, in einer beeidigten Erklärung.

Mein solidarisches Verhältnis zu Israel macht mich nicht blind und taub für israelische Vergehen. Im Gegenteil.

Was die in Teilen schrille Debatte um Antisemitismus und Antizionismus vernachlässigt, ist jene Kritik, die in emotionaler Nähe und Sorge um Israel, nicht in antisemitischer Verachtung oder Verweigerung des Existenzrechts gründet.

Diskussion um die libanesische Nation

Der maronitische Patriarch Kardinal Nasrallah Sfeir residiert in einem riesigen Schloss auf einem Berg im Osten, von dem aus er Beirut und die Bucht überblickt.

Er ist der Sprecher derer, die den Rückzug der syrischen Armee aus dem Libanon fordern. Er ist 80 Jahre alt, aber mit seinen leuchtenden braunen Augen sieht er aus wie 50, und es scheint, als sei er Gott und dem Tod so nahe, dass er die Syrer nicht mehr fürchten muss.

Außerdem ist er überzeugt, dass in der libanesischen Gesellschaft seit dem Rückzug der Israelis ein Stimmungsumschwung stattgefunden hat. Was viele Christen früher nur im privaten Kreis ausgesprochen haben, ist jetzt gleichermaßen Ansicht von Muslimen und Christen. Am Unabhängigkeitstag gab es lautstarke Studentendemonstrationen, auf denen die Rückkehr der Syrer in ihr eigenes Land gefordert wurde.

Das ist eine neue und kontroverse Diskussion.

Noch immer fürchten viele traumatisierte Familien, nach einem Rückzug der syrischen Armee könnten Extremisten aller möglichen Religionsgemeinschaften das Land erneut in den Bürgerkrieg stürzen. Andererseits ist die Bevormundung durch Syrien so stark, dass sie jetzt selbst die vormals dankbarsten Libanesen empört. Syrien greift in die internen politischen Belange nach Gutdünken ein, setzt die empfindliche libanesische Wirtschaft mit Exportbeschränkungen unter Druck und nutzt das libanesische Staatsgebiet für seinen Krieg gegen Israel, statt die kostspieligen Kämpfe auf eigenem Territorium auszufechten.

Gemäßigte Stimmen wie Nassib Lahoud, früher libanesischer Botschafter in den USA, oder Nayla Moawad, die Witwe des ermordeten Ex-Präsidenten René Moawad und selbst Parlamentsabgeordnete, sprechen sich zumindest für eine öffentliche und offene Diskussion über die Beziehungen zwischen Syrien und dem Libanon aus – schon das ist ein Skandal in diesem syrischen Satellitenstaat. Sie wissen, dass vor dem Hintergrund des israelisch-arabischen Konflikts eine gewisse strategische Abhängigkeit von Syrien bestehen bleibt, aber sie halten es für notwendig, über die Bedingungen der syrischen Präsenz im Libanon neu zu verhandeln.

Alle blicken gespannt nach Damaskus, wo der eher unerfahrene Baschar Assad den Schlüssel zur Zukunft des Libanon in der Hand hält. Von ihm wird es abhängen, ob der Libanon sich irgendwann wieder selbst regieren kann.

Hisbollah 2

Mohammed Raad lässt sich gern »Hadsch« Raad nennen, denn dieser Ehrentitel zeigt an, dass er die Pilgerreise nach Mekka unternommen hat, und darauf ist er stolz. Er unternahm diese Pilgerreise sogar zweimal. »Ich würde mir wünschen, dass auch Sie das erleben könnten«, sagt er auf meine Frage, was die Reise ihm bedeutet habe. »Es reinigt die Seele.« Das ist ein wenig ambivalent als Bemerkung, denn es bleibt offen, ob er Bedauern bekunden will dafür, dass mir als einer ungläubigen Frau diese Erfahrung vorenthalten wird, oder ob er der Meinung ist, dass es meine Seele nötig hätte …

Raad ist ein intelligenter, ausgefuchster Politiker, Vorsitzender der zwölfköpfigen Hisbollah-Fraktion im libanesischen Parlament in Beirut. Er weiß, dass seine Organisation während der letzten Jahre vergleichsweise an Ansehen gewonnen hat, insbesondere in den vergangenen Monaten, als alle Rache- und

Vergeltungsmaßnahmen ausblieben, mit denen westliche Experten nach dem Rückzug der israelischen Armee gerechnet hatten. Er ist sich der Anerkennung für seine Partei und seine Bewegung sicher, derzeit ist er aber auch klug genug, die Gefahren zu kennen. Im Vergleich zu ihrer jetzigen Position können sie nur verlieren.

Die Hisbollah wird vor allem vom Iran und einigen reichen libanesisch-schiitischen Geschäftsleuten in Westafrika finanziert. Sie ist aber auch auf die Präsenz Syriens im Libanon angewiesen, denn die Syrer waren es, die eine Stationierung der libanesischen Armee im Süden des Landes verhindert haben.

Die UN-Resolution 425 verlangt die Stationierung der offiziellen nationalen Streitkräfte, und nicht der Hisbollah-Miliz. Bei der Sitzung des Weltsicherheitsrates im Oktober 2000 kritisierte ein verärgerter Kofi Annan die libanesische Regierung, weil sie den ganzen Süden der Hisbollah überließ. Die Libanesen, die den syrischen Einfluss nicht öffentlich eingestehen konnten, reagierten einfach mit einer neuen Interpretation der Resolution 425 und argumentierten, Israel habe sich bisher nicht vollständig zurückgezogen, da es noch die Shebaa-Höfe gebe, die angeblich zum Libanon gehörten. Eine zweite Argumentation mündet in der Frage: Warum sollte die libanesische Armee Israel und seine Grenze schützen?

Nayla Moawad hält solche Überlegungen für lächerlich; sie sagt: »Es ist ganz einfach. Wir haben eine Armee, und ich halte es für eine normale Aufgabe der Streitkräfte, dass sie an den Grenzen meines Landes stationiert ist. Punkt.«

In Wahrheit sieht es so aus, als habe Syrien kein Interesse an einer ruhigen Grenze im Libanon. Das Land will immer noch die Golanhöhen zurückgewinnen, ohne auf eigenem Territorium darum kämpfen zu müssen. Deshalb braucht man die offene Wunde der libanesischen Grenze, man braucht die Hisbollah, die die Kämpfe übernimmt (wobei sie nicht allzu viel Erfolg haben darf, damit Syrien für den Libanon nicht entbehrlich wird), und man braucht die »libanesischen« Shebaa-Höfe, damit der Libanon einen Vorwand hat, den Kampf gegen Israel fortzusetzen.

Die Shebaa-Höfe sind ein staubiges Gelände, das derzeit zu dem von Israel besetzten syrischen Territorium, südöstlich vom Libanon, gehört. Nach UN-Angaben gibt es keine einzige Karte des Libanon oder Syriens aus den fünfziger Jahren oder danach, die beweisen würde, dass es sich hier um libanesisches Gebiet handelt – ein legitimer Anspruch besteht also nicht.

Wie Timor Güksel von den UNIFIL-Truppen erklärt, erhob bei Unterzeichnung der Resolution niemand Anspruch auf das Gebiet, und auch bis zum Rückzug Israels gab es keine ernsthaften Ansprüche. Richard Norton von der Universität Boston, der führende westliche Hisbollah-Experte, bezeichnet die Shebaa-Höfe im Wesentlichen als plumpes Ablenkungsmanöver. Offensichtlich eines, das wirkt.

Die Hisbollah verweigert die Antwort auf alle Fragen nach dem Gesundheitszustand der israelischen Soldaten, die von ihr entführt wurden, und verfolgt stattdessen eine Strategie der »Information gegen Information«. »Wir sind bereit, unabhängig von der Frage nach den Shebaa-Höfen über die Gefangenen zu verhandeln«, sagt Raad. Bis dahin wartet man einfach ab. Was das für die entführten Israelis bedeutet, schert niemanden. Fragt man danach, beginnen nur Zahlenspiele: wie viele Gefangene auf der einen Seite den Entführten auf der anderen Seite gegenüberstehen.

Statistiken legitimieren Unrecht.

Menschenrechte gelten hier nicht allgemein, sondern immer nur relativ.

Hitler

Niemals zuvor war ich so häufig mit Menschen konfrontiert, die Hitler bewundern.

Einer von ihnen war leider auch Joseph. Anderteinhalb Tage lang hörte ich mir schweigend seine antisemitischen Äußerungen an, sein Lob für den deutschen Nationalsozialismus, seine Sympathiebekundungen für Hitler.

In meiner Kindheit war es normal, dass auf Klassenreisen in

den Niederlanden oder Dänemark andere Jugendliche uns, die Nazi-Kinder, mit Steinen bewarfen. Wir konnten es ihnen nicht verübeln. Es war normal, dass wir in bestimmten Situationen im Ausland nicht Deutsch sprachen, weil es Menschen an ihre entsetzlichen Erlebnisse während des Holocaust erinnern konnte.

Aber dass die beschämende deutsche Vergangenheit auf einmal ruhmreich geredet wurde und wir Lob erfuhren für die schandhaften Verbrechen – das war unerhört. Es erschien schwierig, Joseph und anderen meine Ablehnung des Nationalsozialismus und mein Verhältnis zu Juden oder auch zu Israel zu vermitteln, ohne ihr Vertrauen in mich als eine faire Journalistin zu verlieren, die ebenso kritisch über israelische Menschenrechtsverletzungen berichten kann wie über die Terrorakte der Hisbollah und das autoritäre Syrien.

Nach zwei Tagen, die ich still gelitten hatte, wir waren gerade auf dem Rückweg von Khiam und alle noch unter dem Eindruck der Grausamkeiten, erklärte Joseph plötzlich: »Es wäre mir lieber, Hitler hätte sie alle umgebracht, die Juden.«

Wo beginnen?

Ich bat Mohammed, er möge sofort anhalten.

Wie sollte ich die historischen Fakten richtig stellen und zudem die besondere Bedeutung, die dieses Verbrechen für mich persönlich hat, erklären? Und zwar nicht irgendeinem Gegenüber, sondern Menschen, die mittelbar von den Folgen der Vertreibung der europäischen Juden und ihrem Exodus berührt waren? Wie sollte der Dialog so unversöhnlicher Erfahrungen gelingen? In einem Auto? Auf der Standspur? In kurzer Zeit?

Hoffnungslos.

Juden waren ihnen Israelis, und Israelis waren Täter, nie Opfer – das war die verzerrte Formel des Nahen Ostens. Die jüdische oder die deutsche Vorgeschichte, das unermessliche Leid, das Juden erfahren hatten, blendeten sie aus.

Sie mussten erst herangeführt werden an eine Erzählung, die verlangt, dass sie sich Juden als wehrlose, marginalisierte, vertriebene und schließlich ermordete Opfer *vorstellen* können.

Eingeübt in Furcht und Ablehnung, erforderte es ein langsames, behutsames Erzählen, um sie für Verständnis und vielleicht sogar Mitleid zu öffnen.

Ich redete ungefähr eine Stunde lang.

Schließlich sagte ich Joseph, er könne mich als Deutsche anschreien, er könne uns unsere Verbrechen vorwerfen, die Kriege, die wir über die Welt gebracht haben, die Zerstörung der jüdischen Lebenswelt in Osteuropa, die widerwärtige, unfassbare industrielle Vernichtung von Millionen, er könne uns für den Holocaust verurteilen – zu Recht.

Aber nie wieder solle er es wagen, in meiner Gegenwart Hitler und seine beispiellosen Verbrechen zu preisen.

Ich nickte Mohammed zu, er könne weiterfahren. Doch er blieb bewegungslos.

Das konnte nicht das Ende des Gesprächs sein.

Und dann begannen wir alle, nacheinander, von unserer Vergangenheit zu erzählen, von der erlebten und der eingebildeten Erfahrung einer jeden Gesellschaft. Und wir sprachen davon, wie schwer es ist, aus der Umklammerung der eigenen Opferrolle auszubrechen – und nicht gleichgültig zu werden für andere.

Erfahrenes Unrecht immunisiert allzu oft gegen das Leid anderer.

Es gibt eine Serie von Bildern des Malers Francis Bacon aus den späten vierziger Jahren, die illustrieren, wie Gewalt und Leid sich einschreiben in unsere Körper und uns vereinnahmen. »Heads« heißen die verstörenden Ölbilder, auf denen rumpflose Figuren, verzerrte Gesichter, in einer beinahe raumlosen Tiefe durchdrungen sind von Qual und Pein, aufgerissene Münder brüllen Schmerz heraus – was fehlt, auf den Bildern Bacons, und darin erinnerten mich diese Reise in den Libanon und Joseph, sind die Augen. Keine dieser maltraitierten Gestalten kann mehr den Blick nach außen richten, die Agonie absorbiert alles, verlagert die Wahrnehmung nur noch ins eigene Innere – die Welt der anderen wird unsichtbar.

Auf dem Rückflug beim Blick aus dem Fenster fragte ich mich, was ich wohl denken würde, wenn ich bei meiner nächsten Reise in die Region in Israel auf der anderen Seite der Grenze stehen würde. Was würde ich empfinden bei der Ansicht der fruchtbaren Hügel des Südlibanon? Würde es mich nicht mit vertrauter Freude erfüllen? Mit guten Erinnerungen an die Gastfreundschaft, die ich erfahren hatte, an jene kriegsversehrte Gesellschaft, deren Individuen sich dennoch jeden Tag diese erstaunliche Großherzigkeit abringen konnten?

Nichts wird meine tiefe Verbundenheit mit Israel ändern können – aber neue Prägungen sind hinzugekommen. Die Erzählungen, Bilder und Freundschaften, aus denen sich Identität formt, sind erweitert worden.

Russel Hardin spricht von dem Trost, der von dem vertrauten Wissen um die Heimat ausgeht. Was er nicht ausdrücklich erwähnt, ist, dass Heimat kein einzelner, stabiler Ort sein muss.

Es sind Begegnungen mit Menschen, die uns von sich erzählen, Geschichten über die Mythen und Sagen, über den Argwohn, der sich anhäuft über Generationen, oder die Hoffnung, die nicht austrocknet, es sind Lieder oder Gewürze, die wir kennen lernen, das Licht der Dämmerung, wie es die Konturen der Gegenstände und Gestalten auf einmal schärfer aussticht, der Klang der Sprache, Bücher – all dies zusammen bildet die Erfahrung des Zuhauses aus, es ist vielschichtig, gebrochen, dynamisch.

Der Libanon ist ein Teil davon geworden.

Nicaragua (April 2001)

»Gewaltsam ist jede Handlung,
bei der man handelt,
als wäre man allein.«
Emmanuel Lévinas

Liebe Freunde,
Nicaragua?
Das ist zunächst einmal Wind!
Der Wind weht ständig und überall. Er begleitet uns auf allen Wegen und bald auch in Gedanken; tagein, tagaus schleicht er um Häuser und Ecken, umgarnt den Körper, verfängt sich in den Haaren, streichelt und kühlt die Schweißperlen auf der Haut.

Doch der Wind bringt auch den körnigen Staub: Er trocknet den Mund aus, knirscht sandig zwischen den Zähnen, beschwert den Atem und verschleiert die Augen.

Man hört den Wind auch nachts, wenn die Zweige der Büsche und Bäume gegen das Fenster des schäbigen Hotelzimmers schlagen. Es ist leise genug, dieses Klopfen, es reicht in den Schlaf hinein, ohne aufzuwecken, aber es ist auch laut genug: Es leistet Gesellschaft in der unbekannten Stille eines fremden Landes. Es fordert Aufmerksamkeit und bietet Schutz zugleich.

Verzweiflung 1

Die Zeit der Hoffnung auf eine tägliche Mahlzeit dauert auf den Straßen Managuas so lang wie die Rotphase einer Ampel. Es ist der Zeitraum zwischen Rot und Gelb, in dem der magere Bettler auf der kleinen Verkehrsinsel die ungeduldig wartenden Fahrer in ihren Autos um ein paar Cordobas bitten kann. Er hat keine Beine mehr. Mit reglosem Gesicht sitzt er in seinem Rollstuhl, doch als ich das Fenster öffne, beugt er sich mit dem Oberkörper nach vorn – die erwartungsvolle Geste eines Körpers, der nicht bewegt werden kann, eine indirekte Bewegung, die mit dem Kopf beginnt und dann den restlichen Rumpf hinter sich her zu ziehen scheint, zuerst den Brustkorb, dann die Arme, die den Rollstuhl in meine Richtung kurbeln. Nach wenigen

Zentimetern bleibt er stecken, reckt den Kopf nach vorn und zieht, aber das mechanische Gerät unter seinen Beinstümpfen sitzt fest und hält ihn zurück, er zuckt noch mal mit dem Kopf, zu schwach, ohne jede Wirkung auf den Körper und seinen Rollstuhl.

Die Straßen in Managua sind nicht für Rollstühle gebaut, tiefe Löcher haben sich in den Asphalt gefressen, feuchte Hitze, tektonische Erschütterungen und Beben haben Furchen und Krater gerissen. Eines seiner Räder hat sich verkeilt in einer Untiefe, und wohin er sein Fahrzeug auch zu wenden versucht, er bleibt stecken. Seine Arme können die Distanz zwischen der Stelle, wo er hängen geblieben ist, und meiner Hand mit den Geldscheinen nicht überbrücken. Und ehe ich dem Fahrer signalisieren kann, dass ich aussteigen will, zeigt die Ampel schon gelb und die Ungeduld der in der Hitze brütenden Fahrer hinter uns entlädt sich in einem Hupkonzert. Ich sehe nur noch, wie er seine Hoffnung aufgibt und rückwärts auf seine Verkehrsinsel der Ausgestoßenen rudert, weit weg von den Cordobas hinter jetzt wieder geschlossenen Fenstern, weit weg von einer Mahlzeit ...

Verzweiflung 2

Zum ersten Mal im Leben bin ich von einem Hund gebissen worden.

Der Hund gehörte Alberto.

Der Ort, an dem Alberto wohnt, hat keinen Namen. Er liegt jenseits der letzten Ansiedlung, die eines Namens wert ist, jenseits der letzten Bushaltestelle, sogar jenseits des letzten Stopps jener alten ostdeutschen Lastwagen, die Arbeiter und Bauern auf der Ladefläche transportieren.

Er lebt in einem geographischen Vakuum, einer vergessenen Gegend.

Die letzten Kilometer zu seiner Wellblechhütte muss Alberto zu Fuß gehen. Die ansonsten fast leere Hütte wird durch neun barfüßige Kinder belebt (vier sind seine eigenen und fünf die seiner Schwägerin, die eine Stelle in einer Fabrik nicht weit von

Managua hat). Es gibt zwei rostrote Stahlstühle, eine zusammengerollte Hängematte baumelt im Dunkel, eine verbeulte Tonne enthält abgestandenes Wasser, und von der losen Decke hängt eine einsame Glühbirne, die nicht funktioniert. Alberto nimmt einen Holzstock, verlässt das türlose Haus und schlägt an ein elektrisches Kabel, das schlapp über dem staubigen Lehmweg hängt. Das Licht in der Hütte geht an, flackert etwa zwei Minuten und wird dann allmählich schwächer. Es gibt nichts zu essen, wir reden im Stehen, draußen vor dem Bretterverschlag. Drinnen unter dem Blechdach hat sich die stickige Hitze des Tages angestaut.

Mitten in der Nacht taucht Albertos Hund auf.

Ein muskulöser, grau-brauner Mischling mit schwarzen Ohren, der sich windet und springt vor Freude, seinen Herrn Alberto im Garten anzutreffen. Auf einmal riecht er etwas Unbekanntes, reckt die Schnauze, dreht sich um sich selbst, und entdeckt das Fremde, mich, wie ich zwischen den Familienangehörigen stehe, als sei ich eine von ihnen – und urplötzlich, ohne knurrende oder zähnefletschende Vorwarnung, beißt er mich in die rechte Hand.

Erschrocken zieht Alberto den Hund beiseite und sagt entschuldigend: »Es tut mir Leid. Aber er kennt keine Gäste. Wer nicht gezwungen ist, unter solchen Bedingungen zu leben, wagt es nicht, dieses Gebiet zu betreten.«

Niemand in Nicaragua würde aus Neugier oder Freundschaft in eine Siedlung ohne Namen und ohne Straßen kommen. Kein Fremder würde sich freiwillig in die Gegenden der Favelas aufmachen, es sind Orte, die auf keiner Landkarte verzeichnet sind, unsichtbar für alle, die nicht hierher verdammt sind, abgegrenzt von allem und doch ohne Grenzen. Schwellen aus Scham verhindern Begegnungen.

Freundschaften und Besuche bleiben im selben Wendekreis des Elends, über die ausgefransten, staubigen Ränder der Hüttenansammlung hinaus tritt niemand eine Reise an – es sei denn zur Arbeit. In den frühen, noch kühlen Morgenstunden zieht eine kleine menschliche Herde hinaus, über die Wege zwischen den Blechhütten in die spurlose Weite der ausgetrockneten Gegend um ihr Dorf herum, vorbei an kilometerlangen Halden aus Plastiktüten und aufgetürmtem Müll, bis zum unmarkierten Posten an einem alten, Schatten spendenden Baum, an dem ein Lastwagen die Arbeiter aufladen und bis zur ersten Straße transportieren wird, an der ein offizieller Bus hält.

Woher auch sollte Albertos Hund wissen, was ein Gast ist?

Die Aufgabe

Wir flogen nach Managua, der Photograph Thomas Müller und ich, um einen Bericht über die Ausbeutung von Arbeitern in den »Zonas francas« zu schreiben.

In Zeiten des globalen Kapitalismus investieren Managementstrategen multinationaler Konzerne zunehmend in Marketingkampagnen und Corporate Identity. Im Rahmen dieser weniger an der Qualität der Ware als am Image orientierten Unternehmenskultur werden die Budgets für Material- und Personalkosten mit Vorliebe auf ein Minimum reduziert. Da rechtlich und gewerkschaftlich geschützte Arbeitnehmer im eigenen Land als teuer und »unflexibel« gelten, verlagert sich der Produktionsprozess ins billigere, unreglementierte Ausland.

In Freihandelszonen, ob auf den Philippinen, in China, Mexiko, Vietnam, Sri Lanka, El Salvador oder Nicaragua, sind in den neunziger Jahren gleichsam extraterritoriale Zonen entstanden, in denen Subunternehmer aus den USA oder Taiwan für Konzerne wie Wal-Mart, Gap, Nike, J.C. Penney oder Tom Tailor in so genannten »Sweatshops« produzieren ohne Intervention einer lokalen Staatsmacht, ohne auch durch nationale Arbeitsgesetze oder Steuer- und Sozialabgaben eingeschränkt zu sein.

Weltweit existieren mittlerweile an die 2000 solcher Sonderzonen, die durch bewaffnete private Sicherheitskräfte, meterhohe Stacheldrahtzäune und Mauern von der Außenwelt abgeschottet sind. Rund 27 Millionen Menschen schuften darin zu Bedingungen, die aus den Zeiten des Manchester-Kapitalismus zu stammen scheinen. Nach einer Studie von Charles Kernegan über

Sweatshops in China (aus dem Jahr 1998) zahlte beispielsweise You Li Fashion Factory in China für Arbeiterinnen, die sieben Tage pro Woche von halb acht Uhr morgens bis Mitternacht Markenwaren für das Label Esprit nähen mussten, 13 Cents pro Stunde an der Nähmaschine.

Im Mikrokosmos der »Maquila«, der Fabrik in einer Freihandelszone, in der Tausende nicaraguanische Arbeiterinnen für einen asiatischen Arbeitgeber taiwanesischen Baumwollstoff an japanischen Nähmaschinen unter chinesischer Aufsicht T-Shirts für amerikanische Billig-Warenhäuser produzieren, zeigt sich die Realität der vielbeschworenen Globalisierung des Kapitals, ohne dass dieser etwa durch eine Universalisierung des Rechts etwas entgegengesetzt würde.

Nach den bitteren Erfahrungen imperialistischer Unterdrückung, notorischer Unterentwicklung, jahrzehntelanger Diktatur durch General Somoza und seine Dynastie, militärischer und ökonomischer Intervention durch die Vereinigten Staaten im Bürgerkrieg der achtziger Jahre und weit verbreiteter Korruption unter Daniel Ortega sind auch die zwischenzeitlichen Hoffnungen der sandinistischen Revolution von 1979 längst vernichtet.

Nicaragua gilt der World Bank als das zweitärmste Land der westlichen Welt (nach Haiti). Um die enormen Auslandsschulden in Devisen abzubezahlen, haben neoliberale Regierungen im nach-sandinistischen Nicaragua unter dem Druck der fiskalischen Anforderungen durch den IWF den Ausverkauf des Landes begonnen.

Nicaragua, einst für seine natürliche, biologisch vielfältige Vegetation bewundert, kann es sich nicht leisten, seine Schätze aus tropischem Holz, Baumwolle und Mineralien behutsam zu behandeln. Von den geschätzten acht Millionen Hektar Regenwald im Jahr 1950 haben nicht mal mehr vier Millionen den Massenrodungen getrotzt. Experten schätzen schon jetzt, dass im Laufe der nächsten zehn bis 15 Jahre der gesamte Regenwald vernichtet sein wird.

Strenge Sparauflagen durch internationale Kreditgeber haben nicht nur zu massiven Kürzungen in den Sozialausgaben der Regierung und zu Massenentlassungen im Umfeld der Privatisierungen zahlreicher staatlicher Unternehmen geführt, sondern auch zur Lizenzvergabe für Fischerei und Bergbau an ausländische Investoren. Ökologische Standards wurden dabei ebenso ignoriert wie die Landrechte der indigenen Mitskito, Mayanga und Rama, die traditionell Gebiete des Regenwalds und der Minenregionen bewohnen. Obgleich die territorialen Ansprüche der indigenen Stämme verfassungsrechtlich geschützt sind, verkaufte die nicaraguanische Regierung Konzessionen und Land in Gegenden, auf die der Staat gar keinen Zugriff haben durfte.

Im nach-sandinistischen Nicaragua entstanden Jahr für Jahr unter den Regierungen von Violeta Chamorro und dem – mittlerweile der Korruption überführten – Arnoldo Alemán Sonderwirtschaftszonen, so genannte »Zonas francas«.

Wurden 1992 noch Waren im Wert von 12,8 Millionen Dollar aus Nicaragua ausgeführt, so exportierten die ausländischen Hersteller im mittelamerikanischen Staat im Jahr 2000 bereits Produkte im Wert von 250 Millionen Dollar.

Doch die vom Internationalen Währungsfonds (IWF) als angebliche Rettungsmaßnahme für das verarmte Land abgesegneten Freihandelszonen, die 40 000 Arbeitsplätze geschaffen haben, bringen der heimischen Wirtschaft keinen Profit. Materialien, Stoffe, Textilien, Maschinen, die im Herstellungsprozess verwandt werden, importieren die Unternehmer aus anderen Ländern, lokale Zulieferbetriebe oder natürliche Ressourcen werden nicht genutzt – alles, was Nicaragua beisteuert, ist die Billigware Mensch. Sonst nichts.

Die Maquilas

Das rote Licht blinkt. Gefahr im Verzug. Ein Fehler an der Maschine ist ein Unfall, ein Defekt, ist Sand im Getriebe des Systems. Reihe C gerät ins Stocken. Schon türmen sich die Hosen auf dem Tisch vor der »Musashi 21«, der modernen japanischen Nähmaschine. Normalerweise kann die Musashi innerhalb weniger Sekunden drei grüne und drei weiße Baumwollstücke in eine Gesäßtasche verwandeln. Aber das rote Licht alarmiert den chinesischen Techniker, und er eilt aufgeregt herbei, um die Massenproduktion in Gang zu halten.

700 Hosen am Tag, das ist die Norm. Noch vor ein paar Wochen waren es nur 500. Aber dann hatte Reihe C es geschafft: Auf der 100 Meter langen Strecke, vom ersten Tisch, wo der Jeansstoff nach vorgefertigten Formen ausgeschnitten wird, bis zum letzten, 37 Arbeitsgänge und Tische weiter, wo das Etikett in die fertige Hose genäht wird. 500 am Tag war die Vorgabe. Während der normalen Arbeitszeit von sieben bis 17 Uhr war das nicht möglich, deshalb mussten sie bis 21 Uhr Überstunden machen. Bezahlt wurde die Sonderschicht nicht. Es dauerte Wochen, dann hatten sie den Rhythmus, den Schnitt, die Norm.

Als sie die Norm erreicht hatten, wurde sie geändert. Das Mögliche ist nicht der Maßstab, unendlich scheint die Ressource Mensch den Herren in den neonbeleuchteten Stoff-Fabriken.

Jetzt liegt die Vorgabe bei 700 Hosen am Tag, und die werden sie heute nicht erreichen. Jede Minute, in der die kleine Lampe blinkt, kostet Geld. Der technische Defekt mag ein Unfall sein, aber er wird bestraft. Wer zurückbleibt, erhält weniger Geld. Es ist eine einfache Rechnung, und die 80 Frauen in der Reihe C müssen heute dafür bezahlen. »Das ist Diebstahl«, sagt die 25-jährige Nedia, die am Anfang der Reihe die Jeans bügelt. »Wir sind keine Arbeiterinnen, wir sind Sklavinnen.«

Draußen vor den Hallen, am Eingang von »Las Mercedes«, der größten Freihandelszone Nicaraguas mit über 28 000 Arbeitern und zehn Fabriken, schlafen die fliegenden Händler bei untergehender Sonne in ihren Hängematten, umgeben von einem Sortiment aus Matchboxautos, gebratenen Bananen und Lux-Seifen. Der Geruch von frittierter Schweinehaut und Schmalzgebäck zieht über die Stände. Sie warten auf den Feierabend. Ihr Geschäft beschränkt sich auf die 20 Meter zwischen dem Stacheldrahtzaun und dem gelben ehemaligen Schulbus, der mit laufendem Motor diesseits der Abgrenzung wartet, um die Frauen nach Hause zu bringen.

Die Arbeitslosenquote liegt in Nicaragua bei rund 60 Prozent, Geld zum Ausgeben haben nur diejenigen, die Arbeit haben (und auch die können eigentlich kein Geld ausgeben), und die

Zonas francas bieten Arbeit. Aber die Fabriken verschlingen mehr und mehr Lebenszeit – wenn die Schicht vorüber ist, haben die meisten Arbeiter weder Energie noch Zeit, um einkaufen zu gehen.

Die Freihandelszonen beanspruchen in Nicaragua nicht nur immer mehr Fläche (derzeit sind es 48 Fabriken in zehn solcher Zonen), sondern sie ziehen auch das Gewerbe der Händler aus dem ganzen Land an. Das Leben kristallisiert sich an den Rändern und Eingängen der Zonen, punktuell, wenn sich der Strom der Ware Mensch durch die Schleusen drängt.

So weicht nach und nach das Leben aus den Städten. Die Infrastruktur des Landes wird vernichtet durch die Zonen, intakte Dorfkulturen mit Geschäften für Lebensmittel, Haushaltswaren oder Handwerkszeug lösen sich mehr und mehr auf. Die verbliebenen Händler verkaufen ohne festgelegte Orte oder Zeiten. Die wenigen Minuten vor Schichtbeginn am Morgen, an den Grenzen der Zonen, wenn die Arbeiter müde und wortkarg an ihnen vorbeihuschen, und abends, nach einem qualvollen Tag in der Hitze der Hallen – das sind die Öffnungszeiten der Bauchläden und Stände der Händler.

Und sie warten auf Kundschaft.

Wenn die Schicht zu Ende ist und die Arbeiterinnen der Freihandelszone »Las Mercedes« die Straßen im Inneren der Zone beleben, ist es schon dunkel. Wie Steine in einem Lavastrom werden sie geschluckt und weggetragen, Geröll, das vorangetrieben wird und irgendwo landet.

Die Grenze der Zone wird von privaten Sicherheitsfirmen kontrolliert. Ein uniformierter Wächter steht am Gitter des Zauns und inspiziert jeden, der das Sperrgebiet verlassen will. Er stellt einen Fuß neben den Fuß des erschöpften Arbeiters, um die Kontrolle zu behalten und im Gleichgewicht zu bleiben, Beine gespreizt, die Arme weit vom Körper gestreckt stehen die ausgezehrten Männer und Frauen am Tor und lassen die Demütung über sich ergehen. Nachdem sie ihre Näherinnen 14 Stunden am Tag ausgebeutet haben, können die Firmen es nicht einmal unterlassen zu kontrollieren, ob eine der Arbeiterinnen eine Nadel, ein Stück Stoff oder eine Jeans gestohlen hat.

Die Arbeiter erhalten 20 US-Cent für eine Jeans, die in den Vereinigten Staaten für 21 Dollar 99 Cent verkauft wird. Das Geschäft mit der billigen Arbeit in Nicaragua boomt: Im Jahr 1993 exportierten die Unternehmen aus den Freihandelszonen Kleidung im Wert von 10,3 Millionen Dollar auf den amerikanischen Markt, 1996 war es schon ein Gegenwert von 67 Millionen.

Guillermina, Albertos Schwägerin, geht langsam in Richtung des Ausgangs. Sie kann sich von den Waren, die von den Händlern angeboten werden, nichts leisten. Bei »Fortex«, ihrem taiwanesischen Arbeitgeber, verdient sie 200 Cordobas in der Woche, und davon zahlt sie schon 91 Cordobas (pro Woche) für die eineinhalbstündige Busfahrt von ihrer Wohnung zur Fabrik und zurück. Heute holt ihr ältester Sohn Wilfred sie ab. Wilfreds Vater hat die Familie verlassen, und da vor Jahren zum Heiraten nicht genug Geld vorhanden war, hat Guillermina keinerlei Anspruch auf Unterstützung durch den Vater ihrer sechs Kinder.

Tagsüber kümmert sich Wilfred um die Geschwister.

Aber da gibt es nicht viel zu tun.

»Für mehr als eine Mahlzeit am Tag haben wir kein Geld«, sagt Wilfred; er beißt die Ecke eines Plastikbeutels ab, den ein Händler ihm für einen Cordoba verkauft hat, und saugt gierig das kühle Wasser aus der Tüte.

Er hat sich um eine Stelle in den Fabriken beworben, ohne Erfolg. Was er am liebsten machen würde? »Computer«, sagt er. Aber Computerkurse werden an Privatschulen erteilt und die kosten Geld, das die Familie nicht hat.

Wilfred ist erst 18. Er beklagt sich nicht einmal über sein Leben. Er spricht überhaupt kaum.

Worüber auch?

In dem Bus, der auf der Staatsstraße 266 nach Westen fährt, sitzen die Arbeiterinnen zusammengedrängt auf ihren Sitzen. »Unser Körper ist nicht für solche Arbeitszeiten eingerichtet«, sagt Alberto, und die Verzweiflung verleiht seiner Stimme besonderes Gewicht. »Wenn du endlich zu Hause ankommst, bist du so müde, dass du nicht einschlafen kannst.«

Fragt man die Frauen im Bus, was sie machen, antworten sie nie einfach nur, dass sie als Näherin oder Wäscherin bei »Chentex« oder »Roo Hsing« arbeiten, sondern: »Mir gehört die Gesäßtasche«, »mir die Naht am rechten Bein«, »mir die senkrechte Mittelnaht« – die Produktion heftet ihnen ihr Identitätsetikett an, die Arbeit verteilt sie auf die Zonen, die Nähte, die Taschen, den vorderen oder hinteren Teil der Hose.

Zeitschichten 1

Nicaragua kennt keine Adressen.

Straßennamen gibt es nicht in Managua, Ortsangaben werden durch ein Referenzsystem mit prominenten Orientierungspunkten umschrieben.

»Von der Kirche Santa Maria einen Block aufwärts und dann zwanzig Blocks nach Süden.« Oder »Vom Nationalpalast zwei Blocks aufwärts und fünf nach Norden.«

In einem Land mit hoher Analphabetenquote, in dem ohnehin nur wenige die Straßenschilder lesen könnten, ist das ein recht gutes Verfahren.

Nicaragua wurde im letzten Jahrhundert zwei mal von Erdbeben und zudem 1998 vom Hurrikan »Mitch« heimgesucht. Mitch verwüstete nicht nur Tausende Wohnhäuser und entwurzelte Hunderttausende Menschen, sondern zerstörte auch einen Teil der Gebäude, die als Bezugspunkte dienten.

So existiert nur mehr eine imaginäre Landkarte aus der Vergangenheit, die immer noch einen für Außenstehende ergänzungsbedürftigen Leitfaden für die Menschen bildet: Von da, wo *früher* die Kirche San Marco war, zwei Blocks abwärts und dann drei nach Süden.

Verabredungen nach Einbruch der Dunkelheit werden so für Fremde nahezu unmöglich, denn ohne Sonne lassen sich die Himmelsrichtungen schwer ermitteln …

»Geschichte ist ein konstruiertes Objekt, dessen Lage nicht durch gleichförmige oder leere Zeit gebildet wird, sondern durch die Gegenwart«, schreibt Walter Benjamin.

Der Blick auf Nicaraguas Vergangenheit verschiebt sich durch die Anschauung der Gegenwart.

Nicaragua, das galt einst vielen als jenes fast mythische Utopia mit einer irdischen Adresse, es war das »Noch-Nicht« von Ernst Bloch, das Land, in das viele aktivistische Freunde zu Projektarbeit gegangen waren. Schon vor unserem Reiseantritt schien es denkwürdig, ausgerechnet hierher zu fahren, um über Ausbeutung von Arbeiterinnen im 21. Jahrhundert zu berichten. Eine Form der Ausbeutung, die sich kaum von jener unterscheidet, die Marx für die Baumwollbranche im England des 19. Jahrhunderts beschreibt. Freihandelszonen gibt es auch in anderen Weltgegenden, auch dort fressen sie sich in den sozialen Verbund der jeweiligen Gesellschaften, aber in Nicaragua ist der Widerspruch von kultureller Erfahrung des Eigenen und Kolonialisierung durch das ausländische Kapital besonders krass.

Im Rekurs auf die sandinistische Vergangenheit Nicaraguas projizierte ich in die nicaraguanische Arbeiterklasse ein besonderes Widerstandspotential gegen neoliberale Siegeszüge. Eine Illusion.

Stattdessen lastet auf den Menschen in Nicaragua die Verzweiflung nur schwerer, eben weil sie über eine nutzlos gewordene Sprache der Freiheiten und Rechte verfügen, die sich nicht mehr vergessen oder unterdrücken lässt. Anders als in zahllosen anderen verarmten, unterentwickelten Ländern empfanden die Menschen hier keine formlose Sehnsucht nach einem ungenauen Besseren, sondern hatten eine sehr klare Vorstellung davon, was ihnen genommen war. Alle empfanden die Gegenwart nicht nur als beschwerlich, sondern als einen *Verlust*.

Zu alt für die Prostitution

Im Bus herrscht erschöpftes Schweigen.

»In der Fabrik ist jede Bewegung reglementiert«, erklärt Alberto. Die anderen im Bus beteiligen sich an unserem Gespräch und bestätigen Alberto. Selbst der Gang zur Toilette wird von den chinesischen Aufsehern, die zwischen den Reihen patrouillieren, willkürlich gestattet oder verboten. Einen Mundschutz gegen den feinen Staub der Textilien gibt es nicht. Trinken ist während der Arbeitszeit verboten, ungeachtet der Hitze in den Hallen. Gespräche zwischen den Näherinnen sind unerwünscht.

Wie Wolfgang Sofsky in »Die Ordnung des Terrors« erläutert, ist ein Sklave definitionsgemäß kein Mitglied der Gesellschaft. Sklaven verlieren nicht nur die Kontrolle über ihre Arbeit, sondern auch über sich selbst.

»Ich war schwanger und bin schwer gestürzt«, berichtet die 21-jährige Jeanette. »Sie ließen mich nicht ins Krankenhaus gehen. Sie haben es einfach nicht erlaubt.« Vier Tage arbeitete sie weiter, dann bekam sie Blutungen. Im Krankenhaus »Roberto-Huembes« in Ciudad Sandino verlor sie ihr Kind. Jetzt sitzt sie in ihrer winzigen Blechhütte, auf einem roten Plastikstuhl zwischen Bergen von Baby-T-Shirts, und starrt auf den kleinen Schwarz-Weissfernseher, der nachmittägliche Soap-Operas über die Querelen und Liebeleien blondierter Modelle ausstrahlt.

An den Wänden der Notaufnahme von »Roberto Huembes« blättert die Farbe ab, eine Krankenschwester im Vorzimmer langweilt sich und singt das Lied von Jose Luis Perales mit, das aus dem alten Grundig-Radio ertönt. Die 28-jährige Estela sitzt vor Dr. Juarez und berichtet über ihre Schmerzen.

Blasenentzündung.

Die übliche Diagnose bei den Arbeiterinnen aus den Zonas francas. Viele Frauen trinken einfach nicht genug, in manchen Fabriken, weil sie es nicht dürfen, in anderen, weil sie Angst haben, dass man ihnen nicht gestattet, zur Toilette zu gehen. Alle leiden an Wassermangel und deshalb oft auch an Blaseninfektionen.

Estela kann jetzt selbst über sich bestimmen. Bei Chao Hsing wurde sie zusammen mit 19 Kolleginnen hinausgeworfen. Anfangs hatten sie sich nach der Arbeit heimlich getroffen und über ihre Situation in der Fabrik diskutiert. Am Ende gingen Alberto und Estela zum Arbeitsministerium und beantragten offiziell die Gründung einer Gewerkschaft bei Chao. Gewerkschaftliche Arbeit ist in Nicaragua ein verfassungsmäßiges Recht. Zwei Wochen später schickte das Ministerium einen Inspekteur in die

Fabrik – offiziell mit der Begründung, die Papiere müssten kontrolliert werden. Seltsamerweise wurden aber nur Estela und ihre Gewerkschaftsmitbegründer (deren Namen auf dem Brief an das Ministerium standen) überprüft. Eine Woche später wurde Alberto gefeuert, und nach einigen weiteren Tagen verlor auch Estela ihren Job. Eine Begründung nannte der taiwanesische Chef nicht.

Im Bus sitzt auch Maribel Gutiérez, Mutter von vier Kindern. Sie sagt: »In Nicaragua hatten wir alles – Sturm, Korruption, erst haben uns unsere eigenen Leute bestohlen, jetzt bestehlen uns die Ausländer.« Sie ist 35 und meint: »Wir arbeiten, weil wir Hunger haben. Nur die jüngeren können es sich leisten, die Arbeit in den Zonas francas abzulehnen – die können als Prostituierte auf den Straßen arbeiten. Dafür sind wir zu alt.«

Die Möglichkeit, dass die Regierung die Rechte ihrer Bürger gegenüber den Praktiken der internationalen Investoren schützen könnte, kommt ihr offenbar nicht in den Sinn.

»Die Taiwanesen glauben, sie könnten machen, was sie wollen«, sagt der Gewerkschaftsführer Carlos Borje, »sie glauben, es sei ihr Land.« Ist es auch – innerhalb der Zonen regiert de facto niemand außer den ausländischen Unternehmern.

Chinesisches Nicaragua

Der chinesische Kleinstaat in Nicaragua will beschützt werden. Nur die violetten Bougainvilleen finden den Weg über die Mauer der chinesischen Enklave nicht weit vom Flughafen in Managua. Eine Stahltür verwehrt Zutritt und Einblick. Die 38-jährige Chu-Ching Feng wohnt seit drei Jahren in diesem Luxusghetto. Eine Agentur auf dem chinesischen Festland hat ihr die Stelle als Aufseherin bei Chentex angeboten, Arbeitserlaubnis und Visum für sich und ihre Kinder hat sie nicht, und ihr Mann lebt noch in China. Seit drei Jahren patrouilliert sie mit ihrer rosafarbenen, leicht verdreckten Schürze bei Chentex durch die Reihen und wacht über die Geschwindigkeit der nicaraguanischen Arbeiterinnen. Von ihrem neuen Zuhause hat sie noch nicht viel gesehen: weder die Armut in den Wellblechhüttensiedlungen noch die Schönheit der Vulkanlandschaft rund um den Managuasee. Chu-Chings Nicaragua reicht von dieser Enklave mit ihren chinesischen Kollegen, den asiatischen Restaurants darin und der Umfassungsmauer bis zu der wenige hundert Meter entfernten Zone und der Fabrik.

Ihr Spanisch ist so schlecht wie am ersten Tag, sie spricht immer noch von »Zonas flancas«, aber um die Frauen in der Fabrik zu unterdrücken, braucht sie nicht viele Worte.

Ob Chu-Ching jemals darüber nachdenkt, was sie dort eigentlich tut, ist nicht ganz klar. Es ist unklar, ob sie einfach glaubt, dies sei die beste Stelle, die sie bekommen konnte. Wer weiß, wie ihre Lebensverhältnisse in China aussahen. Vielleicht wäre sie nachdenklicher oder kritischer, wenn sie besser Spanisch oder Englisch spräche.

Es ist eine abgeschiedene Zone, wiederum mehrfach in sich gespalten in territoriale Zonen, soziale Zonen, kulturelle Zonen, Sprachzonen – und die Grenzlinien werden nicht übertreten.

Sollte ich die strengen Regeln der sozialen Unverträglichkeiten vergessen, genügte ein Blick auf den Gebissabdruck von Albertos Hund auf meinem Handrücken.

Es ist ein Klassenkampf, gekleidet in das Vokabular ethnischer Vorurteile: »Die Chinesen haben eine andere Mentalität«, sagt Steven K. Chang, Manager bei der Fabrik von Roo Hsing. »Wenn zwei Bekannte sich in China in einem Park begegnen, grüßen sie einander nicht. Das können die Leute in Nicaragua nicht verstehen.«

Die Nicaraguaner verstehen es tatsächlich nicht. Für sie sind Taiwanesen und Chinesen das Gleiche, alle sind »Chinos«, und »die einzigen Kontakte, die wir zu ihnen haben, sind aggresiv«, sagt die 25-jährige Nedia.

Anfangs waren alle Versuche, die Zonas francas zu betreten, gescheitert. Ein undurchdringlicher Sicherheitsring nach dem nächsten verhinderte jeden Zutritt. Anrufe beim Arbeitsministerium waren ebenso ergebnislos wie schriftliche Anfragen bei den Vorzimmerdamen asiatischer Manager. Aus schierer Verzweiflung und mit Hilfe von Thomas' guten Kontakten zum Flughafenpersonal mieteten wir einen klapperigen Hubschrauber, um das monströse Gelände der Freihandelszone Mercedes im Morgengrauen zumindest abzufliegen. Eine semi-legale und vor allem semi-vernünftige Aktion. Die Zone grenzte direkt an den Flughafen, Überflugsrechte gab es für gecharterte Hubschrauber nicht. Beim Rundflug über die abgeschirmte Zone kreuzte der Pilot permanent über die einzige Start- und Landepiste des Flughafens. Über unsere Kopfhörer schrien regelmäßig hektische Lotsen aus dem Tower, wir sollten gefälligst unsere Rotoren aus der Einflugschneise bewegen.

Um Thomas eine bessere Sicht zu ermöglichen, hatte zudem unser vergnügter Pilot die Seitentür des Helikopters aus den Angeln gehoben. Kurz vor dem Start drückte er uns umsichtig eine Rolle Pflaster in den Schoß, mit dem Hinweis, die Sicherheitsgurte seien doch schon etwas brüchig, so ein Klebeband könne gute Dienste leisten …

Nach einigen Tagen gelang es schließlich doch, in die berüchtigten Fabriken zu kommen. Kurioserweise gewährte der taiwanesische Manager von Chentex, dem notorisch aggressivsten Textilproduzenten in Nicaragua, ein Interview – und ließ zu sich in die Firma bitten.

Es war, als würde man Dante in den tiefsten Kreis der Hölle begleiten: Wir mussten von einer Sicherheitszone zur nächsten, von einem Ring zum anderen vordringen. Wir passierten den Haupteingang, den Stacheldraht, ließen eine Befragung durch den Wächter und die Kontrolle unserer Pässe über uns ergehen, durchquerten den Eingang von Chentex mit einer verschlossenen Stahltür und einem bewaffneten Wächter, und am Fabriktor erhielten wir nach einer weiteren Sicherheitsüberprüfung besondere Ausweise, mit denen wir das Werk betreten durften.

Bei Chentex war an diesem Tag gerade eine neue Bestellung für Jeans eingegangen.

20 000 bis 25 000 Paar Jeans kann das Werk am Tag herstellen, sechs Millionen im Jahr für große amerikanische Einzelhändler wie Kohl's, J. C. Penney und Wal-Mart.

Kou-Chuen Yin ist 40 und läuft auf der Galerie in der ersten Etage der Chentex-Fabrik hin und her. Er ist Vizemanager des

Unternehmens und promovierter Tierarzt. Sein Spezialgebiet als Veterinär: Die Kreuzung und Behandlung von Schweinen, und es scheint, als würde er die dabei erworbenen Fachkenntnisse ganz freimütig auf die menschliche Spezies anwenden.

»In China arbeiten wir die ganze Nacht, aber die asiatischen Methoden können wir in Nicaragua leider nicht anwenden«, klagt er. »Wenigstens gibt es hier bessere Arbeiterinnen als in Mexiko – dort sind sie einfach nur faul.«

Yin spricht mit uns, obwohl Chentex bereits in der »New York Times« an hervorgehobener Stelle als übles Beispiel für Sklaverei in den Freihandelszonen genannt wurde, obwohl zeitgleich ein Gerichtsverfahren gegen ihn läuft und er gerade frühere Arbeiterinnen aus seiner Fabrik verklagt hat, die einer angemeldeten Gewerkschaft angehörten und einen legalen Streik organisieren wollten (Yin hat sie nicht nur gefeuert, sondern lässt sie wegen »Sabotage und Terrorismus« gerichtlich verfolgen).

Dennoch macht der Manager keinen Versuch, die Ausbeutung, die Verweigerung grundlegender Rechte, den Konflikt mit den Gewerkschaften zu verschleiern. Er braucht nicht einmal Fragen als Vorlagen für seine Tiraden gegen die faulen Arbeiterinnen, die schrecklichen Kommunisten und die Sandinisten, die nichts seien als eine verkommene Horde von Revolutionären. (»Sie als Deutsche wissen doch, wie schwierig es ist, mit diesen Kommunisten umzugehen – sie glauben, dass alle Menschen gleich seien, aber das ist unmöglich.«)

Es ist verblüffend. Das ganze Gespräch stützt sich auf seine unausgesprochene, rassistische Unterstellung, dass »wir« aus den Industrieländern doch wüssten, wovon »wir« reden. Er suggeriert einen grundsätzlichen Konsens zwischen uns, »wir« Kapitalisten wissen doch, wie man die Welt regiert, und »wir« wissen, dass man den schmutzigen kommunistischen Gewerkschaftern zeigen muss, wo es langgeht.

»Hier in Nicaragua sollten sie dankbar sein, dass wir gekommen sind«, sagt er. »Wir sind gekommen, weil die Regierung uns um Hilfe gebeten hat. Wir wissen noch nicht einmal, ob wir hier Geld verdienen können.«

Er lügt.

In Wirklichkeit hat Taiwan seit 1992 insgesamt 180 Millionen Dollar als Entwicklungshilfe an Nicaragua gegeben, ein Bruchteil dessen, was die Geschäfte mit den Sweatshops in den Freihandelszonen über die Jahre erbracht haben. Und was noch wichtiger ist: Das Land »spendete«, so heißt es, 14 Millionen für den Präsidentenpalast und das Gebäude des Außenministeriums in Managua – kein Wunder, dass die liberale Regierung mit dem taiwanesischen Kapital optiert und gegen die eigenen Bürger vorgeht.

Allen Drohungen und Risiken zum Trotz klagen die Gewerkschafter um Carlos Borje oder Pedro Ortega weiter die Rechte jedes einzelnen Arbeiters ein.

Bei den Managern der ausländischen Firmen kursieren bereits schwarze Listen mit den Namen der »Unruhestifter«, die in keiner der Fabriken ihre Anstellung behalten. Die Praxis kommt einem Berufsverbot gleich, denn weder die nationalen Gesetze noch die internationalen Abkommen wie NAFTA (in denen das Recht auf Versammlungsfreiheit, Gewerkschaftsarbeit und Streik verankert ist) schützen die Arbeiter in den Zonen.

»Hier zeigt sich das unmenschliche Antlitz der Globalisierung«, sagt Charles Kernaghan, Leiter des amerikanischen Komitees für Arbeit. »Wenn die Gewerkschaft hier scheitert, ist das auch für viele andere Orte ein schlechtes Vorzeichen.«

Bei seinem letzten Aufenthalt in Nicaragua bekam Kernaghan zu spüren, wie viel Hilfe von der Regierung des Landes zu erwarten ist: Er saß schon in San Salvador im Flugzeug, das nach Managua starten sollte, da verweigerte die nicaraguanische Regierung ihm die Einreise. Nach einer halben Stunde des Verhandelns kamen sechs Sicherheitskräfte in die Maschine und »begleiteten« ihn in San Salvador aus dem Flugzeug. Aktivisten, die sich für die Rechte der nicaraguanischen Arbeiter einsetzen, sind in Nicaragua nicht erwünscht.

Die schwarze Silhouette von Augusto Cesar Sandino überragt den Loma de Tiscapa, den zum Denkmal deklarierten Nationalpark, einen Berg aus Vulkanstein im Zentrum von Managua.

Die Statue des nicaraguanischen Freiheitshelden mit dem Hut überblickt und überdauert die Geschicke seiner Nachfahren im ewigen Zirkel der reformierenden und der zerstörenden Gewalt.

Carlos Borje spaziert mit uns die Serpentinen hinauf und erzählt die Geschichte von Sandino, eine Geschichte, die wieder und wieder neu erfunden und verändert wird in der kollektiven Erinnerung, die sich aus den Einzelstimmen zusammensetzt. Der Mythos Sandino, den seine Gegner wie Anhänger gleichermaßen schüren. Alle berufen sich auf die sagenumwobene Gestalt, die einen, um den Kampf gegen amerikanischen Einfluss, gegen korrupte Despoten und Ausbeutung der verarmten Landbevölkerung fortzuführen, die anderen, um eben jenes Erbe Sandinos zu verhindern.

Borje sucht den Anfang des Kreislaufs, er fragt sich, ob es die geographische Lage Nicaraguas ist, die es seit seiner Entdeckung im 16. Jahrhundert für Ausländer so interessant gemacht hatte, oder ob es seine Bodenschätze waren? Ob es die Persönlichkeit und Biographie Sandinos selbst ist, der gegen die konservative Regierung und die amerikanischen Marines in den zwanziger Jahren agitierte?

»Aber hier auf dem Hügel«, sagt Borje und streicht sich über den tiefschwarzen Schnauzbart, »haben zunächst nur die Diktatoren geherrscht.« Er nickt dem uniformierten Wächter neben der Statue zu, der sich in der Gesellschaft des stummen, stählernen Sandino langweilt, und Borje hebt an mit seiner Erzählung: Wie Anastasio Somoza Garcia 1937 mit Hilfe der (durch amerikanische Militärs trainierten) Nationalgarde den widerständigen Liberalen Sandino hatte hinrichten lassen, wie anschließend der autoritäre Familienclan über Jahrzehnte Nicaragua dominierte und terrorisierte.

Als Borje die Machtübernahme durch Anastasio Somozo

Debayle zu schildern beginnt, zieht er die Schultern in die Höhe, als erwarte er noch die Schläge der Schergen des Despoten. »Der Tiscapa symbolisiert die Schreckensherrschaft des Diktators, der sein militärisches Hauptquartier mit seinen berüchtigten Bunkern und Folterkammern in dem Park einrichten ließ,« erzählt Borje, und dann nennt er die Namen der Oppositionellen, die in den Verliesen auf dem Berg ermordet wurden.

Eigentlich waren wir nur auf den Tiscapa gestiegen, um die Aussicht zu bewundern und einige Photos von Borje zu machen – und nun wird der Spaziergang zu einer Geschichtsstunde im Schatten Sandinos.

Für Borje ist der Exkurs überlebenswichtig, ohne die Anekdoten und Mythen der nicaraguanischen Geschichte könnte der Gewerkschaftsführer nicht jeden Tag wieder in sein kleines, dunkles Kabuff gehen und den entlassenen Arbeitern zuhören. Er kann ihnen nichts bieten außer seiner Rede von der Revolution, der vergangenen oder der, die noch aussteht, wie ein ewig uneingelöstes Versprechen. Und deswegen erzählt Borje hier oben auf dem Berg über Managua von der sandinistischen Vision, weniger uns, den Fremden, als sich selbst.

Wie endlich 1979 die Guerilla, die unter dem Namen des ermordeten Freiheitskämpfers aus den dreißiger Jahren kämpfte, den Letzten der Somoza-Dynastie aus dem Amt jagte. Wie selbst Waffen- und Geldlieferungen aus den Vereinigten Staaten den Sieg der marxistischen Sandinistischen Front nicht verhindern konnten. Von den Alphabetisierungskampagnen erzählt Borje stolz und mit etwas lauterer Stimme, damit der heimlich lauschende Polizist unter der Statue auch alles verstehen kann.

Während westliche Regierungen und selbst die amerikanische Administration unter Jimmy Carter den Sandinisten zunächst freundlich begegneten (und, anders als die Sowjetunion erstaunlicherweise, sofort 8 Millionen Dollar Nothilfe zusicherten), wendete sich das Urteil des nördlichen Nachbarn schon 1980 mit dem Einzug der Republikaner ins Weiße Haus: Auf Wirtschaftssanktionen folgte bald die Propaganda von der angeblich bedrohlichen Entstehung eines Zweiten Kuba in Nicaragua,

Kalte-Kriegs-Visionen von einer sowjetischen Hochburg in nächster Nähe der Vereinigten Staaten bereiteten rhetorisch den Weg einer Militärhilfe für die »Contras« in Nicaragua und den anschließenden grausamen Bürgerkrieg.

Den traurigen Rest können wir ergänzen.

Auf dem Tiscapa lässt sich die jüngste Geschichte Nicaraguas ablesen: Unter Violetta Chamorro wurde das verhasste Symbol der Diktaturen Nicaraguas zum Nationalpark erklärt. Noch 1956 war Chamorros Ehemann in den Kammern des Tiscapa inhaftiert und gefoltert worden, nun sollten der Tiscapa als Denkmal der Befreiung dienen und die Silhouette des Übervaters Sandino Managua überragen.

Heute betreiben taiwanesische Investoren eine unerwartete »Demilitarisierung« am Fuße des historischen Arreals: Eine gigantische Shoppingmall und das renovierte Hotel Intercontinental sollen von der neoliberalen Eroberung Nicaraguas zeugen.

Als Borje schließlich bei der Gegenwart angelangt ist, verlangsamt sich seine Erzählung.

Er wiegt nicht nur jedes Wort, sondern überlegt auch, wie es sich einreiht in frühere Sätze, er verwendet nicht schlicht Begriffe, die soziale oder politische Verhältnisse bezeichnen, sondern Zitate, die eine Tradition nachklingen lassen und Erinnerungen evozieren.

Von den vorschnellen Analysen des europäischen Gastes lässt sich der Gewerkschafter nicht drängen. Jedes zeitgenössische Ereignis bettet er ein in eine Entstehungsgeschichte der Unterdrückung, die es langsam und präzis zu erzählen gilt. Mit jedem Satz über die Geschichte scheint er an Tempo zu verlieren, als ob Trauer über die Ohnmacht der Entrechteten ihm Zunge und Lippen beschwerte.

Er klingt ein wenig verstaubt, wie er da so spricht über die rechtsfreie Eroberung Nicaraguas durch ausländische Investoren, das Vokabular der politischen Ökonomie, das seine Sprache durchzieht, wirkt veraltet, hölzern, ein Diskurs aus den siebziger Jahren mit jenen Schablonen, die sich bei uns schon abgeschliffen haben.

Man muss ihm eine Weile zuhören, mit der Geduld eines unwissenden Fremden, man muss durch Nicaragua gereist sein, das uferlose Unrecht wahrgenommen haben, um seinen zeitlosen Rhythmus zu verstehen.

Die beklemmende, beinahe peinliche Altertümlichkeit der Sprache, in die er seine Klage kleidet, rührt von den Sorgen, nicht von seiner Wortwahl. Die Konflikte, mit denen Borje ringt, sind alte, dieses Jahrhunderts unwürdig. Nicht seine Sprache ist stecken geblieben, sondern die soziale Lebenswirklichkeit.

Nur den Reisenden aus Europa verstört diese Ungleichzeitigkeit des Gleichzeitigen.

Der Niedergang des Ostblocks hat uns abgebracht von den Analysen ökonomischer Verhältnisse, Kapitalismuskritik ist aus der Mode gekommen, überlagert von Diskussionen um Anerkennung kultureller Identitäten oder mittlerweile von den Fragen nach staatlicher und außerstaatlicher Gewalt. Selbst die Globalisierungskritiker scheuen häufig die klassischen Begriffe politischer Ökonomie wie den Geist aus der Flasche. Begriffe wie »Ausbeutung«, »Sklaverei«, »Streikrecht« scheinen den gelangweilten Zuhörer nur mehr zu amüsieren wie veraltete Moden und Frisuren.

Und dann ist da diese Langsamkeit.

Selbst wenn Borje von dem Unrecht in den Maquilas spricht, wünscht man sich mehr aktiven Zorn herauszuhören. Jede eilige Betriebsamkeit ist ihm abhanden gekommen in den Jahren des Widerstands. Wie Hiob scheint er jede weitere niederschmetternde Botschaft gleichmütig aufzunehmen, nichts überrascht ihn mehr, und die Empörung des ausländischen Gastes erheitert Borje. »Es ist gut, Wut noch artikulieren zu können,« sagt der Gewerkschaftsfunktionär auf dem Weg nach unten in die Stadt, »aber es bedarf mehr noch der Ausdauer.« Seine behäbige Freundlichkeit mindert keineswegs sein Engagement, seine kritische Haltung ist auch in der permanenten Erfahrung des Leids nicht abgestumpft.

Für Carlos Borje zählt noch jede einzelne Grausamkeit, er will noch jedes Detail, jede Handlung registrieren, ganz gleich, wie viel es davon auch geben möge.

In der Gegenwart von Borje erinnerte ich mich an eine Zeile

in Felix Mendelssohn-Bartholdys 2. Symphonie, dem Lobgesang, in dem es heißt: »Wer zählet unsere Tränen in der Zeit der Not?«

Borje zählt noch – wie ein Buchhalter des Unrechts.

Alberto dagegen wandert durch den Staub die letzten Kilometer zu seiner Hütte. Die Hoffnung auf einen Sieg der Arbeiter hat er längst aufgegeben.

»Hier in Nicaragua hatten wir schon alles«, sagt er. »Zur Zeit der Sandinisten mussten wir Russisch lernen, dann war es Englisch für die Amerikaner und Contras, und jetzt ist es wohl an der Zeit, Taiwanesisch zu lernen …«

Kosovo 2 (Oktober 2000)

»Eine Quelle der Gewalt
ist die Vorstellungskraft.«
Wolfgang Sofsky

Liebe Freunde,

ich bin aus dem Kosovo zurück und noch leicht desorientiert.

Alles scheint anhaltend geeicht auf die dortige Erlebniswelt: Haut und Nerven sind durchlässig, überempfindlich, jederzeit reizbar in der Erwartung herannahender Gefahren. Körper und Wahrnehmung sind noch konditioniert durch die permanente Bedrohung. Jede Bewegung, jedes Geräusch im Sichtfeld wird registriert und eilig geprüft. Es ist sonderbar, wieder in einer so stillen Umgebung zu sein. Selbst die konsumistische Hektik Berlins erscheint plötzlich irritierend langsam und reibungslos; ich empfinde, sehe, fühle wie durch einen dicken, schweren Vorhang. Alles wirkt abgedämpft. Ohne Grenzkontrollen, Checkpoints, Stacheldrähte, Geschrei, laute Folkloremusik und Armeefahrzeuge, die mich bis gestern noch umgaben, fühle ich mich wie taub.

Noch eingestimmt auf die Feindlichkeit des Nachkriegs-Kosovo ist schon die schiere Möglichkeit, gedankenverloren über eine Straße zu schlendern, ein unschätzbarer Luxus.

Rückkehr wohin?

Ein Jahr nur war vergangen seit den Reisen durch die kriegsverwüstete Provinz mit ihren Flüchtlingsströmen, den Massengräbern und verbrannten Häusern, erst den albanischen, dann den serbischen; ein Jahr nur war vergangen, seit die Sieger freudestrahlend auf dem Marktplatz von Prizren getanzt hatten über das Ende des ethnischen Mordens.

Und nun fuhren wir zurück ins Kosovo, um die ersten freien lokalen Wahlen in der befriedeten Teilrepublik zu erleben.

Unwirklich erschien auf einmal das alte Kosovo und unwirklich das neue gleichermaßen.

Die Geschichten waren komplizierter geworden, die Bilder weniger grell, die Grenzen weniger klar gezogen. Der Schmerz war real und eingebildet, die emotionale Landschaft vielschichtig, die scheinbare Normalität trügerisch. Auf einmal gab es »Offizielle« – Politiker, Polizisten, UNMIC-Beamte, Parteimitglieder –, die die Diskussionen beherrschten, es dominierte eine offizielle Sprachregelung, ein virtuelles Drehbuch, das das kollektive Denken und Sprechen organisierte – man musste die Ränder finden, die Bruchstücke des individuellen Lebens und der Sprache, um zu verstehen, was sich wirklich ereignete.

Letztes Jahr konnten wir einzelnen Menschen zuhören, die uns von sich erzählten, ihre Erlebnisse, den Ablauf der letzten Tage, Wochen, Monate – je nachdem, wann man sie aus ihren Häusern vertrieben hatte (je weiter nördlich im Kosovo sie gewohnt hatten, desto länger war ihre Flucht nach Albanien und ihre Erzählung). Es waren detaillierte, epische Schilderungen dessen, was ihnen widerfahren war.

Ein Jahr danach scheinen die Erfahrungen der Kosovo-Albaner aus jüngster Zeit banal normal, kaum erwähnenswert. Sie sprechen nicht mehr über ihre individuellen Erlebnisse, sondern über ihre kollektiven Ansprüche, über die Interpretation des früheren Leidens und über ihre Sehnsüchte für die Zukunft. Dabei bestimmen alte Schmerzen und ihre Opferrolle in der Vergangenheit das Selbstbild und ihre Entwürfe für die Zukunft.

Die Gegenwart liegt im toten Winkel ihrer Wahrnehmung.

Dass die Verfolgten von gestern, die Kosovo-Albaner, heute die dominierende, geschützte Gruppe sind, während die Unterdrücker von damals, die Serben, heute isoliert in Ghettos dahinvegetieren, wollen die früheren Opfer nicht sehen.

Die Vergangenheit bleibt lebendig, wird wiederholt, zum Gegengewicht für die Zukunft gemacht – die Gegenwart jedoch wird ausgeblendet.

Gewiss, bei der Rückkehr ins Kosovo gab es auch euphorische Augenblicke, versöhnliche Momente auf dieser Reise der Enttäuschung:

Wie die Kosovo-Albaner am Wahltag stundenlang vor den Wahllokalen Schlange standen, zum Beispiel. Sie kamen schon um sieben Uhr morgens, Paare, die einander bei der Hand hielten, als könnten sie sich so nur zügeln in ihrem Bürgereifer, ein bisschen ängstlich andere, ungläubig, ob ihnen dieses Geschenk der freien Wahl ihrer Repräsentanten wirklich zuteil werde.

Ich erinnerte mich daran, wie sie in Nordalbanien ausgesehen hatten, die vielen tausend Menschen im Schlamm und später in Zelten, ohne Besitztümer und ohne Hoffnung, in schäbigen Wollpullovern, mehrere Schichten übereinander, weil sie nur das mitnehmen konnten auf der Flucht, was sie gerade am eigenen Leib trugen, ich erinnerte mich, wie sie einander ähnelten in ihrer Trauer, auf der Suche nach einem Laib Brot, einem Stück Seife oder einem verwundeten Verwandten.

Welch ein Unterschied, sie jetzt am Wahltag in ihrer freudigen Erregung zu sehen, stolz, wieder individuiert nach Status und Vermögen, nicht nur Verlusten; wie sie vor Schulen und Gerichten und Verwaltungsgebäuden standen, leise flüsternd, als könnten sie von den ausländischen Wahlhelfern und internationalen Beobachtern noch vertrieben, als könnte ihnen in letzter Sekunde ihr neues Recht wieder genommen werden.

Viele wussten nicht, welche Wahlmöglichkeiten sie eigentlich hatten, wussten nicht, dass sie der Wahl auch hätten fernbleiben können. Die Organisation der OSZE war ein Desaster: Es gab nicht genügend Wahllokale, das Identifizierungsverfahren war lächerlich kompliziert (eine Folge der serbischen Schikane von 1999, den flüchtenden Kosovo-Albanern alle Ausweispapiere, Nummernschilder und Führerscheine abzunehmen), niemand war vorbereitet auf die aufgeregte Vorfreude der Menschen.

Die Geduld der Erstwähler war erstaunlich: Wie sie da vor den verschlossenen Türen standen, eifrig und glücklich über ein Privileg, das den meisten von uns in den gesättigten Demokratien des Westens eher wie eine nutzlose Pflicht erscheint. Und ihre Eleganz: Alle waren in Sonntagskleidung erschienen, eine Geste des Respekts vor sich selbst und dem langen, verlustreichen Weg bis zu diesen Wahlen.

Gleichzeitig war ihre Geduld auch taktischer und nicht allein emotionaler Natur. Sie wollten gute Schüler sein, artig, wie der Westen sie haben wollte, sodass sie die Belohnung für ihre Leistung, ihre Hausaufgaben bekommen würden: die Unabhängigkeit ihrer nach wie vor vom verhassten Jugoslawien abhängigen Provinz.

Alle wussten: Jedwede Gewalttätigkeit hätte ihrem Ansehen geschadet, sie hätten ihre demokratische Glaubwürdigkeit eingebüßt – und die Aussicht auf internationale Anerkennung beschädigt.

Nach dem Krieg/nach der Wahl

Priština hat sich in diesem einen Jahr gewandelt: von einer hässlichen, grauen, halb zerstörten, halb leeren Siedlung zu einer hässlichen, grauen, halb zerstörten, überquellenden, lebhaften Stadt. Die Cafés sind voller Männer, die bedeutungsschwere Reden schwingen. Es gibt Internetcafés und Bars mit Namen wie »St. Pauli«, »Blair« oder »Toni«, raubkopierte CDs von Sting und U2, selbst Foreigner laufen diesen Herbst ebenso gut wie gefälschte Marlboro-Zigaretten mit dem Schriftzug »Kosova«.

Das »Grand Hotel« hat eindeutig keine Grandezza, aber es ist vorläufig der einzige Ort, wo man richtige Badezimmer und gelegentlich auch eine freie Telefonleitung findet. Es wird von UÇK-Veteranen und einigen obskuren Typen betrieben. Die Ausländer, die dort übernachten, meiden die Hotelbar, in der albanische Geschäftsleute herumlungern und zweifelhafte Transaktionen abwickeln. Fließendes Wasser gibt es nur zu bestimmten Stunden, aber anders als im letzten Jahr bleiben wenigstens die Aufzüge nicht mehr stecken. In jedem Zimmer steht ein monströses Fernsehgerät, und in der Schreibtischschublade des Zimmers liegt ein Pornomagazin, das in einem Land, in dem keine Telefonleitung funktioniert, »Telefonsex mit reifen Frauen« anpreist …

Auf den Straßen von Priština, insbesondere auf der Mutter-Theresa-Straße, präsentieren die Buchhändler alte Kriegsmemorabilien. Ihre Klapptische sind voller Tagebücher von UÇK-Kämpfern, Geschichtsbüchern über albanische Märtyrer und Helden. Auf meine Frage, was sich gut verkauft, lachen die Händler: Das alte Zeug bringt nichts ein, das englisch-albanische Wörterbuch ist der Bestseller nicht nur unter den jungen Kosovaren.

Die Mythen der Vergangenheit sind brauchbar nur bei Gesprächen in rauchigen Kneipen über einem Glas scharfem Raki – aber Englisch ist Landessprache im UN-verwalteten Kosovo, und jeder vernünftig bezahlte Job in der Provinz erfordert Sprachkenntnisse vor jeder anderen Qualifikation.

Die Provinz wird regiert und überrollt von Horden internationaler Helfer. Institutionen und Organisationen überziehen das Land, jede halbwegs intakte lokale Struktur wird erstickt unter Konferenzen, Regeln, Meetings der megalomanen Bürokratie.

»Was ist der Unterschied zwischen der albanischen Mafia und der UN-Verwaltung im Kosovo?«, lautet ein gern zitierter Witz dieser Tage. »Die albanische Mafia ist gut organisiert«.

Abends nach der Wahl blieben die erwarteten Feiern aus, keine ausgelassenen Wahlpartys, keine hupenden Autokorsos mit feiernden Menschen, keine Schüsse, kein Gesang. Alles war auf eine fast unheimliche Weise ruhig. Nach der Wahl herrschte eine Stimmung wie bei der »Zigarette nach schlechtem Sex«: gelangweilte, geschäftsmäßige Zufriedenheit, dass alles vorüber ist.

Die Wahlen waren absolviert, sie waren friedlich verlaufen, und nun verlor das große Ereignis sogleich an Bedeutung. Auf einmal wurde es sichtbar als das, was es war: ein Ritual der Blendung, eine Geste der internationalen Gemeinschaft, die unentschlossen die Provinz aus einer gewalttätigen Vergangenheit der Apartheid zwar erlösen (und sich aus der peinlichen Rolle des tatenlosen Zuschauers von Miloševics Kriegsspektakel befreien) wollte, aber nun doch nicht wirklich demokratische Prozesse zuzulassen bereit war.

Selbstbestimmung der mehrheitlich albanischen Bevölkerung im Kosovo würde zur Unabhängigkeit der Teilrepublik Jugoslawien (oder in den Angstvisionen einiger amerikanischer Strategen zu einem Großalbanien) führen, und deswegen sollte es nur bedeutungslose kommunale Wahlen geben.

Das Phantom der Sezessionskriege spukt seit langem über die Flure der Machtzentralen zahlreicher multiethnischer, multikonfessioneller Großmächte und lehrt die Regierenden das Fürchten. Aus Angst vor einer Zersplitterung mühsam gekitteter Nationalstaaten (wie Indien beispielsweise) wird jeder einzelne Fall potenzieller Unabhängigkeitsbestrebungen auf der Welt unterdrückt – auch dann, wenn es demokratische, friedliche Bewegungen sind, die entgegen internationalen Zusicherungen behindert werden, auch dann, wenn es keine ethnisch-rassistischen Begründungen sind, die für eine Sezession hervorgebracht werden, sondern pragmatische, selbst dann, wenn den anderen kulturellen, ethnischen Identitäten Minderheitenrechte zugesichert werden, ein multiethnischer Staat also auch nach einer Unabhängigkeit erhalten bliebe – die Furcht vor der Sezession geht um.

Unterschiedlichste historische und kulturelle Bewegungen werden über einen Kamm geschoren, sodass die terroristischen Machenschaften der einen Separatistengruppe die friedlichen Forderungen einer anderen gar nicht erst zur Geltung kommen lassen.

Und so wird das Kosovo als Zwittergestalt aufrecht erhalten, und die Kosovo-Albaner verbleiben im Verbund mit dem Rumpfstaat des implodierenden Jugoslawien.

Serbische Enklaven im neuen Kosovo

Als wir in Gracanica eintreffen, sind die schwedischen KFOR-Truppen am Checkpoint schlecht gelaunt. Sie mögen es nicht, wenn Journalisten sich Notizen machen. Der Posten ist von Sandsäcken und Stacheldraht umgeben, heute haben die Soldaten einen miesen Tag, aus welchem Grund auch immer. Sie fragen nach meinem Pass, meinem Presseausweis, meiner KFOR-Akkreditierung. Es ist nie genug.

Ihnen missfällt meine Haltung – und wenn ich an ihrer Stelle wäre, würde sie mir wahrscheinlich auch nicht gefallen: Ich neige leider dazu, bei willkürlicher Schikane durch Grenzposten, Flugpersonal, Soldaten und Polizisten die Beherrschung zu verlieren.

Als Strafe für meine widerborstige Miene zieht sich die Kontrolle gleich noch mal in die Länge. Absichtsvoll langsam und akribisch untersucht nun einer von ihnen das Auto: überprüft den Kofferraum, die Innenverkleidung, die Türen, sogar die schmutzigen Fußmatten, bevor sie uns endlich passieren lassen.

Gracanica ist ein großartiges Kloster aus dem 14. Jahrhundert, serbische Architektur im schönsten byzantinischen Stil. Drei Rundbögen mit schmalen hohen Fenstern fordern den Besucher auf einzutreten, drinnen im andächtigen Dunkel bebildern wunderbare Fresken und Ikonen aus dem 16. und 17. Jahrhundert die Gebete der Gläubigen.

Immer wieder zerstört und immer wieder aus Trümmern und Ruinen aufgebaut, symbolisiert Gracanica den gläubigen Serben Verwundbarkeit und Überleben ihrer Gemeinde zugleich. An der südlichen Wand der Sakristei steht eine Inschrift, mit der Widmung des Königs Milutin: »Ich sah die Verwüstung und Zerstörung der Kirche des heiligen Theotokes von Gracanica, und ich ließ sie von ihrem Grundstein wieder aufbauen.«

Ein Plakat am Haupteingang zeigt die Karikatur eines Jägers mit Gewehr: »Bitte keine Waffen in der Kirche.«

Heute soll Alexandras Taufe stattfinden, doch die Sechsjährige fürchtet sich vor der bedeutungsschweren Zeremonie. Sie trägt Jeans, Turnschuhe und eine bunte Jacke und scheut sich, aus dem behüteten Innenraum zwischen den Beinen ihrer ganz in schwarz gekleideten Eltern hervorzutreten. Es gibt keine Gemeinde, keine Angehörigen, keine Freunde, die diesen Tag mit Alexandra feiern könnten.

Gracanica ist eine Enklave, ein Ghetto mit 6000 serbischen Eingeschlossenen. Auf der Hauptstraße gibt es einen Markt, auf dem vier Bauern Tomaten, Blumenkohl und Zwiebeln verkaufen, die Bewohner des Ghettos verlassen ihre Enklave nicht.

Die verbliebenen Serben wagen sich nicht einmal zum Supermarkt in der nahe gelegenen Stadt. Priština ist fünf Kilometer entfernt, aber das Risiko, als Serbe erkannt zu werden, scheint zu hoch. Sie leben von den kläglichen Produkten, die sie auf ihren Feldern ernten, und von den Hilfsgütern der UNMIC (der internationalen UN-Verwaltung für das Kosovo).

In der Kirche spricht mich zögernd eine junge Frau an, leicht unterwürfig, wie es sich mittlerweile für die eingeschüchterten Serben ziemt – daran lassen sich traurigerweise auch die individuell gänzlich unschuldigen Serben im Kosovo erkennen, an ihrem demütigen Gebaren, das bemüht ist, alle Gesten der früheren Vormachtsstellung zu kaschieren. Sie heißt Tamara.

Sie erkundigt sich, ob ich etwas über die einzelnen Ikonen erfahren möchte, und freut sich, als sie jemanden gefunden hat, der sich für die orthodoxe Kultur interessiert. Mit leiser Stimme, um die Taufzeremonie von Alexandra nicht zu stören, erzählt sie mir, von Bild zu Bild wandernd, von Mythen und Geschichten der Bilder und ihrer Maler.

Den serbisch-orthodoxen Heiligen auf den Gemälden im Innenraum fehlen die Augen. »Als die Türken die Gegend eroberten, kratzten sie an den Augen die Farbe ab«. Wir erfahren etwas über die zahlreichen türkischen Angriffe auf das Kloster zwischen 1379 und 1382, denen schließlich auch die Kuppel des Gebäudes zum Opfer fiel.

Tamaras Englisch ist ein wenig eingerostet, aber ordentlich. Sie spricht langsam, so langsam, als habe sie jahrelang nicht geschlafen, und sieht älter aus, als sie vermutlich ist. Sie ist müde, entsetzlich müde – vom Krieg und seinen Folgen.

Ihre Brille hat ein schwarzes, unförmiges Gestell und zentimeterdicke Gläser. Das rechte Auge ist ständig in Bewegung. Das linke kann sich auf den Gesprächspartner richten, aber das rechte sucht nach einer anderen Wirklichkeit, die es nicht finden kann – Heimweh ohne Heimat.

Sie ist orthodoxe Christin und glaubt an den göttlichen Willen. Das Schicksal der Serben im gegenwärtigen Apartheidsystem des Nachkriegs-Kosovo scheint ihr eine Strafe Gottes für die Verbrechen, die die Serben an den Kosovo-Albanern begangen haben.

Tamara ist 32 Jahre alt und unterrichtet Chemie an der medizinischen Fakultät in einer nahe gelegenen Stadt. Sie stammt aus Nis in Serbien und ist erst vor zwei Monaten hierher gezogen, weil sie in Jugoslawien keine Stelle finden konnte. Obgleich sie dieselbe ethnische Herkunft hat, sind ihr viele der Serben im Kosovo doch fremd. Manche ihrer serbischen Nachbarn in der Enklave verharren in einem starren Nationalismus, den sie in ihrer Heimat in Nis schon lange nicht mehr erlebt hat. Sie stammt aus einer regierungskritischen Medizinerfamilie, ihre Eltern lehnten Milošević nicht erst seit der Revolution in Belgrad ab, erzählt sie stockend, sondern schon zuvor, als die serbischen Zivilisten dem nationalistischen Kriegstreiber noch zujubelten.

Die Verbrechen der serbischen Armee und der paramilitärischen Einheiten im Kosovo räumt sie unaufgefordert ein, der Unwillen ihrer Landsleute, über das Unrecht gegenüber der albanischen Bevölkerung auch nur nachzudenken, verstört sie.

Doch ihre kritische Haltung gegenüber Milošević, den ethnischen Säuberungen und den uneinsichtigen serbischen Kosovaren schützt Tamara keineswegs vor den Auswirkungen, die mit der kollektiven Bestrafung der Serben einhergehen. Sie bleibt Serbin und wie die anderen bleibt sie eingeschlossen in das Ghetto, durchdrungen von Angst vor den Albanern, vor Angriffen, vor der Nacht.

Tamara ist die ideale Übersetzerin für unsere geplanten Reisen in die serbischen Gebiete des Kosovo, und am folgenden Tag kann ich sie überreden, für mich zu arbeiten. Die 120 DM, die ich ihr für einen Tag Dolmetschen anbiete, entsprechen ihrem Monatsgehalt.

In Gracanica führt uns Tamara zu Pater Sava, Sprecher der serbischen Gemeinde und kritischer Geist unter den Serben im Kosovo, der in Gracanica eine Insel der Heterogenität geschaffen hat. Im Klosterbüro, das gleichzeitig als Wohnzimmer dient, sitzt ein Geistlicher am Computer. Er spielt ein Videospiel, und über seinen Kopfhörer dröhnt Carlos Santana. Hinter ihm hängt ein Ölgemälde, das einen serbischen Aufstand gegen die Türken im Jahr 1894 zeigt, und daneben eine »Landkarte der ethnischen Verteilung« der KFOR.

Pater Sava hat an der Universität Belgrad Anglistik studiert und spricht ein so ausgezeichnetes Oxford-Englisch, dass man ihn ohne den langen, rötlichen Bart und die schwarze Kutte für ein Mitglied des englischen Königshauses halten könnte.

Er setzt sich dafür ein, dass ein Vertreter der Albaner und der Serben gemeinsam den Orten der Massaker einen symbolischen Besuch abstatten sollen. Der serbische Repräsentant müsse die Verbrechen seiner Volksgruppe eingestehen und eine offizielle Entschuldigung aussprechen – allerdings nur dann, wenn anschließend beide eine zerstörte serbisch-orthodoxe Kirche aufsuchten, wo der Albaner dann die verbrecherische Verwüstung serbischer Kulturstätten verurteile (zwischen Kriegsende und Oktober 2000 allein wurden 90 Kirchen durch Minen und Handgranaten zerstört).

In diesem Land reden alle von Entschuldigungen. Ständig. Beide Seiten verlangen permanent von der anderen Entschuldigungen, als könnten Worte die Taten zurücknehmen, als würden sodann die Wunden verheilen und die Klagen der Opfer verstummen.

Manchmal frage ich mich, ob sie diese symbolischen Gesten nur fordern, weil sie damit rechnen können, dass die andere Seite sie zurückweist, sodass alle in ihrem Zustand des Unrechts verharren können.

Wenige nur, wie Pater Sava, bemühen sich, den Zirkel der Anwürfe zu durchbrechen, wenige nur begreifen, dass es keine Hierarchien des Leids geben kann, wenn das Kosovo eine gemeinsame Zukunft haben soll.

Doch kreative Ideen, die gleichzeitiges oder gemeinsames Handeln von Albanern und Serben vorschlagen, verlieren sich noch in der Leere zwischen den Zonen und Ghettos einer kriegsversehrten Provinz.

Reisen zwischen den Zonen

Die ersten vier albanischen Fahrer in Priština sagen Nein, als wir erklären, wir wollten mit einer serbischen Dolmetscherin reisen. Aber einen serbischen Fahrer findet man im kosovo-albanischen Priština nicht. Der Fünfte willigt ein, fordert aber einen überhöhten Preis.

Wir fahren nach Norden und holen Tamara in Kosovo Polje in der Schule ab, wo sie unterrichtet.

Kosovo Polje ist eine vorwiegend albanische Stadt, es gibt nur ein serbisches Viertel namens Bresje. Die Grenzen sind nicht eindeutig gezogen, und so kann sich Tamara nie völlig sicher fühlen. Sie kann auch nicht wissen, in welcher Sprache sie sich, wenn sie unauffällig bleiben will, verständigen soll. Es gibt ein paar KFOR-Soldaten, die tagsüber zumindest einen Hauch von Ordnung versprechen. Nachts ist Tamara ausserhalb des Ghettos Freiwild.

Sie ist vom Unterricht so erschöpft, dass sie kaum sprechen oder gehen kann. Auf dem Weg vom Schulgebäude zum Auto erzählt sie: Zwei Schüler hatten während der Chemiestunde notorisch gestört, sie habe sie schließlich hinauswerfen müssen. »Die sehen keinen Sinn im Lernen«, erklärt sie. »Sie wissen nicht, wozu sie lernen sollen. Wofür, in diesem Land?«

Eine Antwort kann sie nicht geben.

Einmal im Auto, reden der Fahrer und Tamara kein Wort miteinander. Tamara kann kein Albanisch, und der Fahrer will nicht Serbokroatisch sprechen, die Sprache der ehemaligen Unterdrücker. Um jede unerwünschte Nähe zu vermeiden, sitzt Tamara bei mir und dem Photographen auf dem Rücksitz, und Joanne Mariner von Human Rights Watch, die uns wie im letzten Jahr begleitet, nimmt vorne neben dem Fahrer Platz.

Im Wagen ist es still, bis auf unserer rechten Seite ein massives Denkmal auftaucht.

Wir fragen Tamara, ob dieses Mahnmal an das Jahr 1389 erinnert, an die entscheidende Schlacht auf dem Amselfeld, an jenen Mythos, der die verwundete serbische Anhänglichkeit an das Kosovo nährt.

Tamara kennt das Denkmal nicht, sie weiß nichts von *dem* Symbol für den serbischen Anspruch auf das Kosovo. Sie, die Serbin, die hier arbeitet, hat dieses Denkmal nie gesehen, und ohne zu zögern (und bevor wir sie zurückhalten können) fragt sie den albanischen Fahrer auf Serbokroatisch, was das für ein Monument sei …

Wir erstarren alle im Wagen.

Angstvolle Stille.

Die gesamte Geschichte des ethnischen Hasses, des Krieges, der erlittenen Schmach auf dem Amselfeld, des Zyklus aus Tod und Vertreibung steht zwischen Fahrersitz und Rückbank.

Der Fahrer starrt erst in den Rückspiegel, dann über die Schulter hinweg nach hinten, ungläubig, wer diese Frau mit den unförmigen Brillengläsern und dem fliehenden Auge wohl sei, die es wagt, ihn auf Serbokroatisch nach dem Symbol der serbischen Unterdrückung zu fragen.

Dann bricht es aus ihm heraus.

In Serbokroatisch, der verbannten Sprache.

Bewegungslos verfolgen wir den unverständlichen Dialog zwischen den ungleichen Figuren. Nervös, ob der Wortschwall hinfort jede gemeinsame Unternehmung unterbinden, ob die wechselseitige Verachtung ihrer jeweiligen Gruppen jede Verständigung unmöglich machen werde, ob der proletarische, geschäftstüchtige albanische Fahrer und die intellektuelle, gläubige Serbin, dieses unwahrscheinliche Paar, ausgerechnet in unserer Gegenwart in einem klapprigen, rostigen Auto miteinander sprechen könnten.

Eine halbe Stunde reden sie ununterbrochen, vergessen uns vollständig, während wir versuchen, zumindest aus den Gesichtern die emotionale Färbung des Gesprächs herauszulesen.

Schließlich erlöst uns Tamara und übersetzt: Sie habe dem Fahrer entschuldigend erklärt, dass sie das Mahnmal nicht kenne, weil sie aus Serbien sei.

Doch noch ehe sie weitersprechen kann, zieht der Fahrer sie zurück ins Gespräch.

Zwei Stunden später vertraut unser Fahrer Tamara an, er habe seit über vier Jahren ein außereheliches Verhältnis mit einer serbischen Frau. Seine Geliebte habe ihn während des ganzen Krieges unterstützt, habe ihm Lebensmittel und Kleidung in sein Versteck in Priština gebracht – und nun sei er an der Reihe, ihr zu helfen und sie im serbischen Ghetto zu unterstützen.

Wir fahren nach Mitrovića, der geteilten Stadt im Norden des Kosovo.

Mitrovića verläuft diesseits und jenseits des Flusses Iber: Das Nordufer ist serbisch, das Südufer albanisch. Es gibt eine einzige Brücke von einem Sektor zum anderen, aber nur Journalisten, KFOR-Soldaten und Selbstmordkandidaten passieren den Zaun, den spanische Soldaten bewachen. 90 000 Albaner stehen 11 000 Serben gegenüber, die Stadt und ihre Bevölkerung ist gespalten durch den Iber und durch die Erfahrung des Krieges. Anfangs versuchten noch die internationalen Soldaten, mit kleinen Schutzpatrouillen albanische Mütter zum Einkaufen in die erhaltenen Geschäfte auf die serbische Nordseite zu begleiten – mittlerweile haben sie auch das aufgegeben.

Wir lassen unseren albanischen Fahrer am südlichen Ende der Brücke zurück, nehmen Tamara in die Mitte und gehen mit ihr die 20 Meter bis zum Niemandsland. Auf einem Schild steht »Willkommen in Hollywood – Restaurant 40 Meter rechts.«

Dieses Gebiet gilt als »Zone des Vertrauens«, wie es offiziell genannt wird – ein zynischer Scherz.

Wir überqueren die Brücke, und Tamara ist erstmals seit Reiseantritt in Sicherheit.

Hier leben nur sehr wenige Albaner, ansonsten ist das Gebiet von Mitrovića an nördlich vorwiegend serbisch.

Wenn das Kosovo wirklich geteilt werden sollte, dann würde es hier geschehen. Der Iber stellt eine fast natürliche Grenze zwischen dem albanischen und dem serbischen Kosovo dar – wenn da nur nicht im Süden die kleinen serbischen Enklaven und Ghettos wären: Gracanica, Orahovac, Kosovo Polje und andere.

Nord-Mitrovića ist eine eigenständige Stadt, lebhaft, nahezu autark, voller Geschäfte mit einem breiten Angebot an Konsumartikeln. Mangel, Angst oder Einschränkungen wie in den südlichen isolierten Enklaven sind nicht zu erkennen.

Mit dem serbischen Mutterland im Rücken (das heißt im Norden) fühlen sich die Menschen verbunden und beschützt. Konflikte mit dem albanischen Kosovo entzünden und entladen sich vornehmlich an der Brücke über den Iber.

Alle, denen wir begegnen, sind freundlich und gesprächsbereit. Gäste vom anderen Flussufer in serbischer Begleitung sind selten.

Nur als ich eines der hübschen, kleinen rosa Ferkel streichle, die auf einem offenen Lieferwagen zusammengedrängt liegen, schaut mich der grimmige Bauer ein wenig misstrauisch an. Vermutlich kann er Gedanken lesen. Ich erwäge nämlich, eines dieser niedlichen Schweinchen, die im Stroh vor sich hin schlafen, zu stehlen. Ich könnte es unter den Arm klemmen und damit über die Brücke auf die andere Seite rennen, wo die Muslime kein Schweinefleisch essen ... aber der misstrauische christliche Bauer lässt mich nicht aus den Augen, und so tätschle ich das haarige Ferkel nur und folge artig Tamara, die uns einen neuen Wagen organisiert hat.

Wir fahren weiter nach Norden.

Es ist eine wunderschöne Landschaft in gelb und rot, die Laubfärbung hat ihren Höhepunkt erreicht.

Unser Ziel ist Leposavic, ein kleiner Ort in den Bergen, 20 Kilometer vor der serbischen Grenze und früher ein Zentrum des Widerstandes gegen Milošević. Nenad Radosavlevic, der Gouverneur der Kleinstadt, hat als Einziger die serbischen Bewohner aufgerufen, zur Wahl zu gehen. Während alle anderen serbischen Gemeinden die Wahlen boykottierten, forderte er dazu auf, sich registrieren zu lassen und wählen zu gehen.

Radosavlevic sieht aus wie Clint Eastwood – stahlblaue, flache Augen und ein Jeanshemd in derselben Farbe – und versteht mehr Englisch, als er zugibt. Die Antworten beginnt er schon, bevor noch die Übersetzerin die Frage zu Ende formuliert hat.

»Um die Wahlen ging es nicht. Die sind nicht wichtig. Es ging um die Historiker und die Statistik. In 50 Jahren, wenn alle Serben aus dieser Region vertrieben sind, sollen die Historiker wissen, dass wir hier waren.«

Von allen Serben, die uns begegnet sind, erinnert er als Einziger an das friedliche Zusammenleben von Albanern und Serben vor dem Krieg, von der Widernatürlichkeit des angeblich ewigen Hasses unter den Kosovaren. »Wir waren Nachbarn und hatten keinerlei Probleme,« sagt Radosavlevic, »bis irgendein Dummkopf sich entschlossen hat, die Dörfer der Albaner anzuzünden.«

Doch moderate Stimmen können sich in dem Chor der Radikalen nicht durchsetzen.

Wenige Serben folgten Radosavlevics Aufruf zur Wahl, viele ließen sich einschüchtern von den extremistischen Milošević-Anhängern.

Der berüchtigte Serbenführer Oliver Ivanovic aus Nord-Mitrovića (der sich mittlerweile natürlich als glühender Anhänger der neuen Regierung in Belgrad ausgibt) organisierte in Leposavic Demonstrationen gegen Radosavlevic und verbreitete unter den Bürgern solche Angst, dass wenige wagten, die Sabotage zu sabotieren und zur Wahl zu gehen.

Weil die UN-Verwaltung aber die serbische Minderheit im Kosovo nicht ohne Repräsentation lassen wollte, bestimmten Kouchner und die UNMIC einfach serbische Vertreter für die serbischen Gemeinden, auch wenn deren Bewohner gar nicht gewählt hatten.

Radosavlevic wurde auf diese Weise Gouverneur von Leposavic – er nahm die Ernennung an und wollte als erste Amtshandlung sogleich mit albanischen Gemeinden ins Gespräch kommen. Pater Sava und Radosavlevic sind Hoffnungsträger für den Kosovo. Sie sind Verschwörer an den Rändern des Landes, an den Rändern ihrer ethnischen Gruppen und ihrer Enklaven, und sie bringen die offizielle Kartographie der Zonen und Grenzen durcheinander.

Als wir nach Nord-Mitrovića zurückkommen, ist es schon dunkel. Tamara hat Angst.

Wir müssen auf die gegenüberliegende, südliche Seite fahren, zu denen, die für Tamara »die anderen« sind. Sobald wir die Grenze überquert haben, organisieren wir einen albanischen Fahrer, und Tamara verstummt wieder.

Wir verschweigen, in welcher Gegend wir Tamara absetzen müssen, sondern erklären dem Fahrer, er möge uns nach Priština chauffieren. Erst kurz vor Kosovo Polje bitten wir ihn abzubiegen und dirigieren ihn dann weiter.

Als wir in das Serbengebiet von Kosovo Polje kommen, wird er wütend und verweigert die Weiterfahrt. Mit Freundlichkeit und Geld halten wir ihn davon ab, uns mitten in der Nacht auszusetzen. Als deutlich wird, dass wir mit dem Wagen Tamara nicht bis nach Hause begleiten können, da der Weg zu Fuß und allein in der Nacht aber zu gefährlich für eine junge Serbin ist, ruft Tamara mit dem Handy ihren Freund an und bittet ihn auf Englisch um Hilfe. Er möge sie an der orthodoxen Kirche abholen.

Wir halten an der eingezäunten Kirche am Straßenrand, aber dort ist niemand.

Joanne verwickelt den zunehmend ungeduldigen Fahrer in ein ablenkendes Gespräch, und ich laufe mit Tamara durch die finstere Nacht.

Schließlich wird uns klar, dass es zwei Kirchen geben muss und wir am falschen Ort stehen. Unter wilden Drohungen und Beschimpfungen bringt Joanne den Fahrer dazu, mit laufendem Motor zu warten, während Tamara und ich den Treffpunkt suchen. Als wir endlich dort ankommen, bricht Tamaras Freund bei unserem Anblick in Tränen der Erleichterung aus.

Wir verabschieden uns und gehen auseinander.

Beim Abendessen in Mitrovića hatte Tamara uns nach unseren Adressen, Telefonnummern und einer Buchempfehlung gefragt. Nach einigem Nachdenken, was für sie passend sein könnte, schrieb ich sie auf: »Fluchtstücke« von Anne Michael und »Schande« von J. M. Coetzee. Als ich in der Dunkelheit zum Auto gehe, wird mir klar, dass sie die Bücher nicht bekommen wird: Eine Buchhandlung gibt es in dem Ghetto nicht, und ohne einen ausländischen Begleiter kann sie die ethnischen Grenzen nicht passieren ...

Bücher 2

Linda war in Priština meine albanische Dolmetscherin. Sie sprach ausgezeichnet Englisch und übersetzte schnell und genau.

Ich war den ganzen Tag mit ihr zusammen, interviewte albanische Intellektuelle, Schriftsteller, Journalisten, Politiker, Menschen auf der Straße, Polizisten, alte und junge Männer. Ich befragte sie zu den Wahlen, der Zukunft, dem Krieg, zu ihrer Einschätzung der Serben, zu Ibrahim Rugova und zu der Unabhängigkeit.

Stundenlang arbeiteten wir zusammen und wechselten kein persönliches Wort. Am Ende fragte ich, was sie in ihrem »normalen Leben« beschäftige.

»Philosophie.« Wir mussten beide lachen, als sie hörte, ich sei promoviert in Philosophie.

Linda studierte an der Universität von Priština Soziologie und Philosophie. Zurzeit schlug sie sich mit Hegels Phänomenologie herum ... Sie erklärte mir, die Professoren an ihrer Hochschule seien alte Kommunisten aus der Zeit in den achtziger Jahren, als sie noch unterrichten durften. Sie behandelten keine zeitgenössischen Texte, weil es in der Bibliothek keine neuere Literatur gebe.

Und dann brach es plötzlich aus ihr heraus: »Ist das zu glauben? Erst vor zwei Monaten habe ich erstmalig Michel Foucault lesen können? Können Sie das glauben? Sein Buch hat mein Leben verändert – und vor zwei Monaten wusste ich noch nicht einmal, dass es existiert ...«

Linda war in die Türkei gefahren, um »Die Archäologie des

Wissens« zu kaufen, das Einzige, was sie bisher von Foucault gelesen hatte.

Von den anderen Werken wusste sie zwar, konnte die Bücher aber nicht beschaffen.

Während wir durch die Straßen von Priština liefen, fragte sie mich aus nach dem Leben des französischen Philosophen und seinen anderen Büchern, und langsam gehend, zwischen schreienden Straßenhändlern und dem Dieselgestank der Autos, sprachen wir über die Schriften und die Wirkungsgeschichte Foucaults, Linda fragte nach, suchte nach Verbindungen zwischen »Archäologie des Wissens« und »Ordnung der Dinge«, und sie schimpfte so laut, dass die Passanten sich nach uns umschauten: »Das ist Menschenrechtsverletzung – wenn man ohne seine Schriften leben muss.«

Ihre Professoren haben Linda eine Stelle an der Universität angeboten, aber sie will lieber nach New York gehen, um dort weiter zu studieren – und um die anderen Bücher von Foucault kaufen zu können.

Kein Vergessen, kein Vergeben

Die vergewaltigten Ehefrauen aus Velika Krusa und Krusa e Male demonstrieren für ihre verschwundenen Männer. Die abziehenden Serben hatten sie am Ende des Krieges als Geiseln mitgenommen, und seither sind sie verschollen: Ob sie in serbischen Gefängnissen vor sich hin vegetieren oder längst verscharrt wurden in anonymen Massengräbern, weiß niemand.

Die Witwen auf Widerruf stehen in Priština vor dem Regierungsgebäude, doch die Vorübergehenden senken nur den Blick.

Die Frauen wirken wie aus einer vergangenen Zeit mit ihren Kopftüchern, ihren grauen und braunen Mänteln – sie passen nicht mehr in diese lebhafte, glitzernde Stadt mit ihren anpassungsfähigen, jungen Leuten. Dicht nebeneinander stehen die Frauen auf dem Bürgersteig wie eine verängstigte Schafherde, suchen den Schutz der anderen, umarmen gegenseitig ihre Ängste und Trauer. Niemand beachtet sie, keiner empfängt sie.

Aber all jene Politiker, die nicht bereit sind, mit den verzagten Frauen zu sprechen, erwähnen nur allzu gern ihr Schicksal, wenn sie es in ihren Reden über Unabhängigkeit und die Unmöglichkeit einer Aussöhnung mit serbischen Zivilisten instrumentalisieren können.

Die Geschichte der Frauen ist von allgemeiner politischer Bedeutung – die Frauen selber dagegen sind es nicht.

Das Verbrechen, das an ihnen begangen wurde, ist von Nutzen, die Opfer des Verbrechens jedoch werden übergangen: Niemand möchte an ihren Schmerz erinnert werden, ihr Anblick stört das allgemeine Streben nach Normalität.

Nur eine liebenswürdige Aktivistin kümmert sich um die alten Frauen, die so schrecklich enttäuscht sind, weil ihnen niemand zuhören mag – stundenlang sind sie mit dem Bus aus dem Süden des Kosovo hierher gefahren, und jetzt schert sich keiner um sie. Sie sind so müde und gedemütigt, dass sie nicht einmal die Schilder hochheben, auf die sie die Namen ihrer Männer geschrieben und die sie mit vergilbten Photos versehen haben.

Die Geschichte von den Geiseln, von den albanischen Gefangenen in Serbien, ist Sand im Getriebe aller Aussöhnungsversuche.

Als Koštunica im Herbst endlich Flora Brovina freiließ, die bekannteste Gefangene, zuckten die Kosovo-Albaner nur mit den Schultern, leugneten die Bedeutung dieser Geste, die sie selbst gefordert hatten, und riefen nach den anderen Gefangenen …

Wieder im Kosovo zu sein, war deprimierend.

Ein Jahr nach dem Krieg gibt es nicht nur territoriale Ghettos, sondern auch geistige Enklaven. Es ist ein Land der Verbitterung, Zustände der echten und eingebildeten Ungerechtigkeit werden am Leben erhalten.

Auf albanischer Seite fand ich niemanden, der eingeräumt hätte, dass das Schicksal der Serben in den Ghettos grausam, ungerecht und traurig ist – als Antwort hörte ich immer nur die Forderung nach Unabhängigkeit und die Bitte um mehr Zeit.

»Wir verstehen dich ja«, sagte Ramiz Kelmendi, ein eleganter, kultivierter Intellektueller von 70 Jahren und Mitbegründer von

Rugovas LDK, »aber es ist noch zu früh. Sieh dir doch an, was die Serben angerichtet haben. Die internationale Gemeinschaft hat es eilig, das so genannte neue Belgrad anzuerkennen, und wir haben hier immer noch nicht unsere Unabhängigkeit.«

Nach zehn Jahren der Apartheid, elf Monaten der Vertreibung und vier Monaten des Mordens sind die Albaner immer noch von Angst überwältigt. Sie wollen nicht über die Rechte der Serben sprechen oder über einen zukünftigen Vielvölker-Kosovo, so lange sie nicht die Unabhängigkeit von Serbien erlangt haben.

Interessanterweise ist ihre Ablehnung der Serben selten rassistisch motiviert. Sie sind voller Zorn gegen die Täter – und weil das Kriterium für Täter und ihre Taten ethnischer Natur war, lehnen sie sie kollektiv ab. Zugleich betonen die Kosovo-Albaner stets, die unschuldigen Serben könnten selbstverständlich im Kosovo bleiben.

Aber jeder Versuch, sie zu dem Eingeständnis zu drängen, die Angriffe auf serbische Kirchen und Menschen müssten ein Ende haben, scheitert. Es bewegt sie nicht einmal zu einer Antwort, sie wiederholen nur immer wieder ihre Forderung nach Unabhängigkeit.

Eine Wahrheitskommission (vergleichbar der in Südafrika) zur Aufklärung der Verbrechen unter serbischer Regentschaft, aber auch der Übergriffe in der Nachkriegszeit unter den früheren UÇK-Kämpfern und unter den Albanern wäre hilfreicher gewesen als das behelfsmäßig eingerichtete Justizwesen. Die internationale Verwaltung hatte sofort nach dem Krieg 300 albanische Staatsanwälte und Richter eingestellt im Bemühen, ein Gerichtswesen mit Bewohnern der Region aufzubauen. Ein netter Gedanke …

Die Richter wurden in den sechziger oder siebziger Jahren ausgebildet und hatten seit den Achtzigern kein Recht mehr gesprochen. Nach Angaben von Rolf Welberts, Leiter der Menschenrechtsabteilung bei der OSZE, fehlen den Richtern grundlegende Qualifikationen: »Sie sind mit den Rechten eines Angeklagten einfach nicht vertraut«, sagt er. »Es ist allgemein üblich, dass die Angeklagten ihren Verteidiger vor dem ersten Verhandlungstag nicht zu Gesicht bekommen.«

Schwerer noch wirkt die traurige Gewissheit, dass die Richter unter ethnischen Gesichtspunkten nicht fair sind. Nur die wenigsten albanischen Staatsanwälte oder Richter wagen es, frühere UÇK-Kämpfer wegen ihrer Verbrechen zu verfolgen – sie sind zu verängstigt und verbittert, als dass sie Anklagen wegen Verbrechen an Serben ordnungsgemäß untersuchen würden. Die wenigen internationalen Richter (ich glaube, es sind neun), die man als Verstärkung eingeflogen hat, reichen nicht aus, um dieses Unrecht zu korrigieren oder gar zu ahnden.

Power

Edita Tahiri ist offiziell außenpolitische Beraterin von Ibrahim Rugova und die einzige hochrangige Frau in der LDK.

Früher hat sie trotz Rugovas striktem Pazifismus den gewaltsamen Widerstand unterstützt und ist bei fast allen Parteigenossen in der LDK oder früheren UÇK-Kämpfern verhasst. Außerdem scheint sie der maskulinen politischen Elite der Teilrepublik verdächtig allein stehend.

Wir holen sie ab in einem Café, in dem sie kettenrauchend zwischen den schwarzgekleideten Parteifunktionären sitzt und diskutiert. Zwischendurch kommen Passanten oder bedürftige Fremde zu ihr und bitten um Rat und Hilfe. Für unser Gespräch will sie Ruhe haben, also gehen wir die paar Schritte zu ihrem Büro. Dort sitzt sie zunächst hinter einem massiven Holzschreibtisch, dann rückt sie näher heran, als würde sie uns so besser anstecken können mit ihrer Liebe zum Kosovo. Sie rührt in der bereits leeren Moccatasse mit einem kleinen Löffel, als könnte sie die Geschicke ihres Landes so schneller vorantreiben.

Edita Tahiri redet von ihrem Lebenstraum: der Unabhängigkeit.

Sie traut dem jugoslawischen Präsidenten Koštunica nicht, die neue Regierung in Belgrad müsse erst noch beweisen, wie demokratisch sie wirklich sei. Zoran Djindjić ist ihr lieber – sie hat Respekt vor seinem Mut, sich um des Kosovo willen gegen Milošević zu stellen.

Sie spricht offen über die Verbrechen der UÇK-Veteranen und über die mafiosen Strukturen, die manche von ihnen in bestimmten Regionen des Kosovo aufgebaut haben. Sie weiß, dass es Gespräche zwischen Koštunica und albanischen Vertretern geben wird, aber sie will nicht die Erste sein, die ihm die Hand schüttelt.

In diesem Krieg geht es um Symbole, um Zeitpunkte und darum, nicht als Erster nachzugeben.

Aber Edita Tahiri entwickelt auch Konzepte für die zukünftige Verfassung eines halb unabhängigen Kosovo (sie stellt sich eine begrenzte Unabhängigkeit mit dem Status eines Protektorats vor, ähnlich wie in Osttimor), die den Serben verfassungsmäßige Rechte garantiert.

Während sie sich gerade in Rage redet, fällt plötzlich der Strom aus, und wir sitzen im Dunkeln. Aus dem Stockfinstern spricht eine Stimme ungerührt weiter: »Wussten Sie, dass ich früher Elektroingenieurin war?«, fragt Tahiri, und ich merke nur, wie sie unter dem Tisch bei meinen Füßen herumfummelt und irgendetwas sucht. »Strom ist auch eine Macht, die mit Unabhängigkeit zu tun hat«, fährt sie fort, geschickt mit der Doppeldeutigkeit des englischen »power« spielend, und zieht eine kleine Taschenlampe hervor. Sie stellt das Licht auf den Tisch, grinst und erklärt, dass auch die Elektrizitätswerke des Kosovo unter albanische Direktion gestellt werden sollten.

Doch ihr politisches Engagement reicht tiefer, ist mehr als nur ein aufgeklärtes Eigeninteresse, rechtsstaatliche Ordnung muss nicht nur die Albaner, sondern alle Kosovaren beschützen: »Wir brauchen Institutionen, die sich um Vergangenheit und Zukunft kümmern«, sagt sie, »damit die Leute nicht glauben, sie könnten Verbrechen selbst bestrafen.«

Ihre Sekretärin klopft an die Tür und tritt ins Zimmer mit einer kleinen Kerze in der Hand, aber Tahiri zeigt stolz auf die kleine Stablampe.

Sie wünscht sich, dass die serbischen Delegierten, die von Kouchner als Vorsteher der serbischen Gemeinden eingesetzt wurden, konstruktiv mitarbeiten. Sie ist die Erste, von der ich das höre.

»Vergangenes historisch artikulieren heißt nicht, es erkennen, wie es denn eigentlich gewesen ist. Es heißt, sich einer Erinnerung bemächtigen, wie sie im Moment einer Gefahr aufblitzt«, sagt Walter Benjamin. Die Menschen türmen immer noch die Trümmer der Vergangenheit auf und unternehmen keinen Versuch zu formulieren, »was wirklich geschehen ist«, »wie es wirklich war«. Aber im Kosovo hängen die Menschen so an ihrer Vergangenheit, dass sie nicht bemerken, dass die Gefahr längst vorüber ist.

Während der ersten Tage im Kosovo begriff ich nicht, warum ich nie eine direkte Antwort auf meine Fragen nach dem Schicksal der Serben erhielt, warum die Rede über die Ghettos nichts mit den Ghettos zu tun hatte.

Stets war die Reaktion entweder Schweigen oder ein Vortrag darüber, wie wichtig die Unabhängigkeit sei.

Der albanische Engel der Geschichte lässt die Erinnerung an die Vergangenheit zurück und starrt darauf – er bewegt sich rückwärts gewandt in Richtung Unabhängigkeit.

Sie sehen ihre Erinnerungen im Licht einer echten oder eingebildeten Gefahr der serbischen Vorherrschaft – und sprechen nie über das, was sich vor ihren Augen abspielt. Sie sprechen nie über die Gegenwart, die derzeitige Vorherrschaft der Albaner und die Unterdrückung der Serben.

Den Blick starr auf die Vergangenheit gerichtet, fürchten sie die Rückkehr zum serbischen Mutterland und der serbischen Unterdrückung – und nehmen die eigenen Fortschritte kaum wahr.

Je entfernter die Gefahr ist, je geringer ihre Ängste sind, desto größer wird ihr Gesichtsfeld, desto schärfer ist ihre Wahrnehmung und desto umfassendere Pläne schmieden sie.

Das ist die Zukunft, und ich hoffe, sie wird eher früher als später beginnen. Pater Sava, Edita Tahiri, Tamara, Nenad Radosavlevic haben mittlerweile begonnen, Trümmerteile beiseite zu räumen … eines nach dem anderen.

Rumänien (August 2001)

»Im Anfang war die Ähnlichkeit«.
Edmond Jabès

Liebe Freunde,

normalerweise fühle ich mich auf Reisen an den Rändern der Welt besonders wohl.

Ich liebe es, fremd zu sein, mich verwandeln zu müssen, Gewürze, Rituale und Überzeugungen anderer kennen zu lernen und die eigene Herkunft zu vergessen.

Sobald ich auf irgendeinem entlegeneren Flughafen der Welt eintreffe, bin ich glücklicher, freue mich über die andersartigen Lichter und Farben, genieße es, in überfüllten Bussen herumzureisen, in den Trabantenstädten an den Peripherien in Steinwüsten spazieren zu gehen, durch einsame, ausgedörrte Landschaften zu fahren, provisorische Dörfer in Grenzgebieten aufzusuchen, Unbekannten zu begegnen und, manchmal, von ihnen auf- und angenommen zu werden wie ein streunender Hund.

Aber schon nach zwölf Stunden in Bukarest wollte ich nur noch weg.

Zum ersten Mal weckte das, was ich sah, nicht das Bedürfnis, mehr zu sehen, sondern lediglich den Fluchtinstinkt.

Der Auftrag

Der Photograph Vincent Kohlbecher und ich waren nach Bukarest geflogen, um für eine Geschichte über Kinderhandel (sexuelle Ausbeutung, illegale Adoptionen) zu recherchieren.

Nach einem Bericht des US-Außenministeriums an den amerikanischen Kongress aus dem Jahr 2001 werden weltweit jedes Jahr ungefähr ein bis zwei Millionen Menschen verkauft, die meisten davon Frauen und Kinder. Menschenhandel zum Zweck der Prostitution und Zwangsarbeit gehört zu einem der am schnellsten expandierenden Bereiche internationaler Kriminalität. Er gilt hinter Drogen- und Waffenhandel als drittgrößte Einnahmequelle für das organisierte Verbrechen.

Die jährlichen Profite belaufen sich bereits auf Milliarden Dollar.

Die Kinder Rumäniens verschwinden auf dem Schulweg, man holt sie aus Waisenhäusern, ihrem Elternhaus oder von der Straße. Nicht immer ist Gewalt nötig, um sie ins neue Elend zu treiben.

Hunger und Armut ersetzen oftmals jeden Zwang: Kinder, die weiterverkauft werden sollen an Bordelle, Clubs, verschoben in die Pornoindustrie, werden nicht nur entführt, sondern auch mit Lügen über lukrative Jobs als Babysitter oder Hausmädchen im paradiesischen Ausland angelockt.

Bei Straßenkindern reicht vielfach die Aussicht auf eine warme Mahlzeit, manchmal schon die Verheißung von Süßigkeiten. In der ländlichen Provinz Moldava sind Familien mit sieben Kindern keine Seltenheit. Diana, Leiterin einer Frauenunterkunft in Iash, der Hauptstadt von Moldava, berichtet, wie Mütter ihre Töchter für 50 Dollar an Menschenhändler verschacherten. Die Mädchen wurden dann an das nächste Bordell weiterverkauft. »Manchmal beneiden die Geschwister sie sogar«, sagt Diana.

Menschenhändler sind Aasgeier auf dem Schlachtfeld globaler Verzweiflung: Sie leben von Elend, Unwissenheit und Krieg. Sie fallen über Regionen her, kurz nach den Bombenabwürfen einer »humanitären Intervention« oder irgendeines anderen Krieges. Sobald die Soldaten der internationalen Truppen, die einen brüchigen Frieden stabilisieren sollen, in Vietnam, Bosnien, Mazedonien oder dem Kosovo in ihre neu gebauten Kasernen eingerückt sind, schaffen weitsichtige Geschäftsleute die Mädchen als »Sexfutter« heran.

Weil die Sexkundschaft sich zwar nicht um die verstörten Opfer ihrer Geilheit kümmert, im Aidszeitalter aber doch um ihre eigene Gesundheit besorgt ist, muss die Ware immer jünger werden. Die uniformierten und uninformierten Freier glauben irrigerweise, Kinder könnten noch nicht mit HIV infiziert sein. Und so werden die Menschenhändler dazu gedrängt, immer jüngere Mädchen auf den Markt zu bringen. Perverserweise ist es gerade die »hygienische Unschuld« von Kindern, die dazu führt, dass sie jedwede Unschuld in den dreckigen Bordellen und Bars der Krisengebiete verlieren.

Bukarest

Ich hatte nur falsche Bilder von Rumänien im Kopf. Die einzigen authentischen Photos, die mir einfielen, waren jene vom 21./ 22. Dezember 1989, als ein realitätsblinder Ceaucescu zu den Demonstranten sprach, die ihre 30-jährige Furcht vor dem kommunistischen Despoten verloren hatten; wie er auf dem Balkon seines Palastes stand, fassungslos, vielleicht ahnend, dass selbst der Ausnahmezustand ihn nicht mehr würde retten können.

Abgesehen davon, assoziierte ich Rumänien unbewusst stets mit den düsteren Farben, den verwaschenen Grau- und Brauntönen, die die Bilder von Krzysztof Kieslowskis Warschau dominieren (»Ein kurzer Film über das Töten«).

Es war kalt in meinem eingebildeten Bukarest, und es regnete ständig. Mein Bukarest hatte keinen Duft, keine Atmosphäre, es war eine Ansammlung hässlicher, stalinistischer Bauwerke.

Stattdessen war das echte Bukarest auf den ersten Blick prachtvoll: voller Parks und Gärten, mit breiten, vornehmen Straßen, gesäumt von großen alten Bäumen, wie die Soseaua Kisseleff, geprägt von einer atemberaubenden Architektur mit neoklassizistischen Gebäuden wie das rumänische Athenäum; mit Villen aus der Zeit der Jahrhundertwende.

Die Stadt empfing uns mit phantastischem Sommerwetter. Eine heiße Sonne verursachte kleine Bläschen im aufgeweichten Asphalt der Straßen. Die Menschen in der rumänischen Hauptstadt waren gut gelaunt.

Grundlos. Selbst für Weißbrot bildeten sich lange Schlangen auf den Bürgersteigen, die Auslagen in den Metzgereien waren blitzblank geputzt und leer, nur Konserven füllten die Regale in den düsteren Geschäften. Trotzdem herrschte eine sommerliche Heiterkeit allenthalben.

Wir wohnten – in eklatantem Widerspruch zu der Lebenswirklichkeit der Menschen um uns herum – in einem jener typisch aseptischen Hotels, die auf der ganzen Welt gleich aussehen; der gleiche nutzlose Komfort, die gleiche Innenarchitektur: Ein klobiger Fernseher dominiert den ganzen Raum, der Schreibtisch steht immer direkt vor einem Spiegel, als ob der moderne narzisstische Mensch sich beim Arbeiten am Computer nie aus den Augen verlieren dürfte. Die Seiten des Neuen Testaments in der Nachttischschublade kleben druckfrisch aneinander, weil nie jemand versucht hat, das in falsches Leder gebundene Buch zu öffnen. Das Bettlaken ist aus Polyester, so dass man sich bei schnellen Bewegungen die Ellenbogen verbrennt. Die Decken sind wie vernagelt am Fußende. Die Mappe mit Briefbögen und -umschlägen ist nie, aber auch wirklich nie aufgefüllt. In der Minibar die unvermeidlichen Chips, das Badezimmer gehalten im ewig gleichen Gelb, und die Lux-Seife kommt merkwürdigerweise überall auf der Welt aus Russland.

Ich hatte einen Fahrer, der kein Wort sprach, einen Dolmetscher, der überhaupt nichts tat, so lange er nicht seine abgewetzte olive-beige Baseballmütze auf dem Kopf hatte, und ein rostiges Auto, dessen Motor nie ansprang, außer wenn wir es nicht eilig hatten.

Großartig.

Liberté toujours

Augustin ist frei.

Befreit von den Schlägen seines Vaters, befreit aus der Kälte, die er spürte, wenn der ihn zur Strafe stundenlang im Schnee vor dem Elternhaus im Garten stehen ließ, befreit von der Sehnsucht nach seiner verstorbenen Mutter, befreit auch von allen Erinnerungen, die schmerzen könnten.

Augustin ist 17, und er wohnt auf der begrünten Verkehrsinsel mit Büschen und Mulden unweit der Ampel an der U-Bahn-Station Grozavesti in einem Außenbezirk von Bukarest.

Er kann sich nicht erinnern, wann er zu Hause weggelaufen ist, kann sich nicht mehr erinnern, seit wann er auf der Straße lebt, und er weiß auch nicht, wann er aus seinem ersten Unterschlupf im Großstadtdschungel, dem Nordbahnhof, geflohen ist – wegen der Überfälle, der Morde, der Pädophilen.

Augustin weiß nicht, seit wann er auf diesem schmutzigen Flecken Erde lebt, weit weg vom Zentrum von Bukarest, inmitten einer Satellitenstadt, gleich neben der Ampel und unter der riesigen Reklametafel, auf der Gauloises-Zigaretten »liberté toujours« versprechen.

Eine leichte Brise trägt Hefegeruch von der rund 50 Meter entfernten Brotfabrik jenseits des Flusses Dimbovica heran, aber Augustin bemerkt den angenehmen, verführerischen Duft nicht. Seine Freiheit sucht er in dem abgewetzten Plastikbeutel, den er sich vor den Mund presst – die Tüte ändert Form und Größe, wenn er hektisch atmet wie ein Tier, das mit dem Tod ringt.

Doch Augustin ringt mit dem Leben, und »Aurolac« (ein Lack, der zum Anstreichen von Heizkörpern und Rohrleitungen verwendet wird) hilft ihm dabei, seine Erinnerungen zu vergessen, seinen Hunger, seine Angst.

Wenn er spricht, bewegen sich seine Augen schnell, er kann den Blick kaum fixieren. Geistig ist er immer unterwegs, er will etwas sagen, will dem Gesagten ein gewisses Gewicht verleihen, aber jedes Mal, wenn er einen Satz fast beendet hat, ist die Konzentration schon weg, und er weiß nicht mehr, wie er sich im Irrgarten all der Worte hat verlieren können.

Er erinnert sich nicht mehr, was er eigentlich kundtun wollte und wo er in seinem Satz gerade stecken geblieben ist; dann presst er hektisch den Plastikbeutel auf Mund und Nase und inhaliert, kurzatmig: Es klingt wie das Knistern von Geschenkpapier, ein-aus-ein-aus, und wieder starrt er mich an, als müsste ich wissen, was er mir sagen will, und dabei ist unklar, ob Augustin überhaupt weiß, wo er ist.

Sein Gesicht wirkt geschwollen, aufgedunsen wie durch die Einwirkung von Cortison, er hat dicke blonde Haare und schmiert sich mit den dreckigen Fingern ständig neuen Schmutz in die geröteten Augen. Dann kommen andere aus der Gruppe näher, aus diesem Stamm, der auf dem armseligen Grünstreifen unter der blauen Gauloise-Freiheit lebt.

Sie alle wollen sich am Gespräch beteiligen, nur ein einbeiniges Mädchen bleibt zurück im Dunkeln. Im Gras sitzend, reckt sie hin und wieder ihren Oberkörper hoch, um etwas zu sagen, aber es erreicht uns nicht. Vor dem Stumpf, der früher ein ganzes Bein war, liegt ein brauner Hund und schläft ungerührt.

Augustin ist wütend, auf sich, auf die anderen, auf seinen Kopf, in dem sich die Worte nicht aneinander reihen wollen, auf die Ablenkungen, auf das Nachlassen der Wirkung des Aurolac. Wir bitten die anderen, sich fern zu halten, damit Augustin nicht zu nervös wird.

Nur Romana, seine Schwester, darf neben ihm stehen bleiben. Sie ist damals mit ihm von zu Hause weggelaufen, weil sie Augustin nicht allein lassen wollte. Drei Jahre älter ist sie und Analphabetin. Auch Augustin kann weder lesen noch schreiben. Eine Schule haben die Geschwister nie besucht.

Ihre Sprache gleicht dem Versuch, in einem leeren Fluss zu angeln.

Sie werfen ihre Gedanken aus, und nur hin und wieder bekommen sie zufällig ein Wort zu fassen, das die Bedeutung dessen einfängt, was sie ausdrücken wollen.

Während wir reden, tauchen immer wieder die Silhouetten der anderen aus dem Dunkel der Büsche auf, plötzlich umarmt mich jemand und murmelt Worte, die ich nicht verstehe, drückt sich ein schmutziger Körper an mich, offenbar begierig, einen anderen Körper zu spüren.

Es ist keine der kurzen westlichen Mittelschichtumarmungen, die kaum gehaucht und nie gebraucht sind. Die Kinder halten richtig fest, drücken den Kopf gegen meine Brust oder Schulter und wollen berührt werden.

Nein, niemand hat mir das Geld aus der Tasche gezogen, niemand hat nach meinem Portemonnaie oder Handy gegriffen.

Es war eine Begrüßung. Nichts weiter. Ein wortloses Zeichen der Zustimmung.

Diese Gleichzeitigkeit – hier die archaischen Lebensumstände, ein selbstzerstörerischer Drogenkonsum, das raue Gehabe, die auf der Straße gereifte Selbständigkeit und dort in unvermitteltem Gegensatz die weichen Berührungen, das Eingeständnis der

Verletzlichkeit und Bedürftigkeit – war eines der schmerzlichsten Erlebnisse der Reise.

Augustin erzählt von den Nächten, die sie im Nordbahnhof verbracht hatten, und wie sie belästigt wurden. Als Romana seinem Bericht etwas hinzufügen will, dreht er sich um und schreit sie an: »Taci«, »halt's Maul«, er schreit und schreit, als habe sie ihn erstochen.

»Ta-ci«, so laut und lange, bis seine Stimme heiser klingt.

Dann wendet er sich wieder zu uns, als sei nichts geschehen. Aber er hat den Faden verloren und ist durcheinander.

Wütend auf sich selbst, schreit er sie noch einmal an. Wir wiederholen seine letzten Worte, und er fährt fort. Als wir Romana etwas fragen, flippt Augustin wieder aus und brüllt: »Ta-ci.«

In seinem Buch »Anils Geist« beschreibt Michael Ondaatje eine Pflanze in der Wüste. Sprüht man Wasser auf ihre Blätter, kann man den Geruch von Kreosot einatmen. Die Pflanze gibt dieses Gift ab, wenn es regnet – damit hält sie sich alles vom Leib, was zu sehr in ihrer Nähe wachsen könnte, und erhält sich so ihren eigenen kleinen Wasservorrat.

Weil es sauber ist

Florin lebt unweit vom Bahnhof Brancoveanu in einem Außenbezirk von Bukarest. Gleich neben dem Eingang zur U-Bahn gastiert ein Jahrmarkt, wo arabische Musik und Illusionen, Fahrten mit dem eher winzigen Riesenrad und klebrige, rosafarbene Zuckerwatte angeboten werden.

Es ist ein heißer Sommertag. Florin und seine Clique lungern auf dem Platz vor dem Vergnügungspark herum. 17 seiner 25 Jahre hat Florin auf der Straße zugebracht.

Seinen Vater hat er vor ein paar Jahren zum letzten Mal gesehen: Er stand auf der anderen Straßenseite und erkannte den Sohn nicht einmal mehr. Viele Jahre haben Florin und seine Freunde am Nordbahnhof im Zentrum von Bukarest gelebt. »Da kamen regelmäßig Ausländer und holten Kinder. Zuerst gaben sie ihnen etwas Warmes zu essen, dann brachten sie sie ins

›Hotel Stalingrad‹ gleich gegenüber vom Bahnhof, missbrauchten sie, und wenn sie fertig waren mit ihnen, wurden die Kinder wieder auf die Straße geworfen«, erzählt Florin. »Manche haben die Kinder auch für immer mitgenommen.«

Die Welt der Straße gleicht einem Land ohne feste Grenzen, Florin und seine Freunde sind erfahrene Bürger darin: Sie beherrschen die Regeln, die Codes, die Sprache, sie erfinden Rituale und beschützen sie gegen Verfall, als ob schon Generationen vor ihnen diese Lebensform entworfen hätten und als ob die frühe Sterblichkeit sie nicht hinwegraffen würde, bevor sich eine Tradition auch nur etablieren könne.

Sie beschützen sich gegenseitig und sind nicht mehr auf Wanderschaft. Anders als Tausende obdachlose Jugendliche ist Florin nicht mehr unterwegs, sondern hat sich in Brancoveanu niedergelassen.

Lange schon hat er den Glauben verloren, sein Leben könne sich eines Tages ändern, er hegt keine Illusionen mehr.

Er träumt nicht mehr von einem festen Wohnsitz mit einer Eingangstür, die man abschließen kann, oder von einem Job, der länger als einige Stunden dauert und mehr bringt als ein Paket Windeln oder ein Sandwich in dem nächstgelegenen Geschäft, von einem Zuhause, in dem man die Jahreszeiten nicht spüren muss und zu dem die Polizei ohne richterlichen Bescheid keinen Zutritt hat.

Er hat seine Überlebensstrategien entwickelt und perfektioniert. Das ist schon viel.

Die Straße lehrt nicht automatisch alle Tricks des Überlebens. Das ist eine ebenso blödsinnige Vorstellung wie die, Blinde könnten besonders gut hören, Schwarze besonders gut tanzen oder Frauen seien emotional intelligenter.

Nein, manche Straßenkinder sind nur überwältigt, verängstigt, hilflos – und bleiben es.

In jeder vagabundierenden Gemeinschaft sind die älteren Jugendlichen bemüht, den Neuen die unentbehrlichen Grundlagen des Überlebens beizubringen. Manchmal lernen die Jüngeren schnell und passen sich an. Manchmal bleiben sie jedoch ewig ungeschickt und bedürftig. Sie werden verbannt in die niedrigsten Ränge einer Gruppe, unnütz und abgelehnt vegetieren sie schließlich dahin, von den anderen nur mehr hin und her geschubst wie ein ungeliebtes, altes Möbelstück.

Hin und wieder arbeiten Florin und Laurentiu als Reinigungskräfte für die Eigentümer eines Kioskes. Florin schnüffelt keinen Lack mehr und legt auch Wert auf seine Kleidung. »Wenn man auf der Straße lebt, muss man auf sich achten«, erklärt Laurentiu, »sonst stirbt man.« Dabei tätschelt er seinen athletischen Körper unter dem makellos weißen T-Shirt. Wie Florin, so hat auch Laurentiu eine eigene Familie, mit der er auf der Straße lebt. Seine Frau ist wieder schwanger und »wird bald ihre zweite Abtreibung machen«, sagt Laurentiu, ohne in dieser Äußerung einen Anlass für Erklärungen oder Rechtfertigungen zu sehen.

Als wir mit Laurentiu zwischen lauter fröhlichen, wohlgenährten Kindern über den Jahrmarkt gehen, fallen mir die Narben an seinem Arm auf. Dicke, mehrere Millimeter hohe, weißliche Narben. Verschiedene Formen und Farbabstufungen weisen auf ein unterschiedliches Entstehungsdatum hin. Es sind rund zwanzig waagerechte Linien, dicht nebeneinander wie das Relief von Kiemenspalten eines Hais. Ähnliche Wunden finden sich auch auf den Armen anderer Straßenkinder. »Ach, so ein alter Unsinn …« murmelt er und weicht aus.

Auf die Frage an Florin, wo er lebt, übersetzt Mihai »unter der Erde«.

Ich vermute, dass er den U-Bahn-Schacht meint, aber Florin insistiert: »Nein, nein, ich lebe unter der Erde« und unterstreicht seine Aussage mit einer unmissverständlichen Geste. Wir bitten ihn, uns die Stelle zu zeigen, und gehen ein paar Meter auf einem Streifen mit ausgetrocknetem Rasen bis zu einem Gully ohne Deckel. Eine schmale Eisenleiter führt in sein Zuhause tief in der Unterwelt. Es dauert mindestens eine halbe Minute, bis sich die Augen an die alles verschlingende Dunkelheit gewöhnen und langsam Schemen und Konturen aus dem Schwarz aufscheinen.

Ein apokalyptischer Anblick.

Der Raum ist ein Schacht, unerträglich heiß, etwa 1,50 Meter hoch und 80 Zentimeter breit, aber Kilometer lang. Der Schweiß rinnt schon nach wenigen Minuten in Strömen. Rechts erkennt man ein monströses Heißwasserrohr. Darüber ist Florins »Bett«.

Undurchdringliche Finsternis außer der einen Lichtsäule, die durch den Gully fällt. Eine feuchte Hitze geht von dem Rohr aus. Und dann diese winzigen Betten aus der Pappe ehemaliger Bananenkisten, die auf der oberen Fläche des rostigen Rohrs übereinander geschichtet sind. An der Wand neben dem Kopfende hängt ein »Mel C«-Poster.

In diesem Loch wohnt Florin mit seiner Freundin Daniela – und Roberta, seiner 18 Monate alten Tochter.

Ein paar Meter weiter durch dunkles Ungewisses, über plattgetretenes Erdreich und stehende Urinpfützen, in der nächsten Nische hinter einem Querrohr, ist das Zuhause von Laurentiu.

Florin ist stolz, für seine Familie eine so sichere, warme Unterkunft ergattert zu haben. Im Winter spendet der runde Stahlschlauch genug Wärme gegen den tödlichen Frost auf den Bürgersteigen der Hauptstadt. Im Sommer ist die stickige Hitze zwar unerträglich, aber die subterranen Gänge und Schächte bieten Deckung vor den Razzien der Polizei.

Trainan Basescu, der Bürgermeister von Bukarest versetzt die Straßenkinder seit Monaten mit einer grausigen Kampagne gegen wilde Hunde in Schrecken. Anstatt gegen die urbane Verwahrlosung und die ausufernde Obdachlosigkeit vorzugehen, jagt der Politiker eine Sondereinheit der Polizei durch die Gassen, um sie von den angeblich tollwütigen Vierbeinern zu bereinigen. Tausende Hunde werden vor den Augen verstörter Fußgänger gefesselt, erwürgt oder mit Magnesiumphosphat-Injektionen ins Herz getötet.

200 000 herrenlose Hunde soll es geben, und Florin und seine Freunde fragen sich schon jetzt, welche Opfer der Straße sich der Bürgermeister als Nächstes suchen wird – und ob Brigitte Bardot und die anderen internationalen Tierschützer ähnlich aufgeregt protestieren, wenn das Stadtbild von dreckigen Zweibeinern gesäubert werden soll.

»Hier ist es sicher«, sagt Florin, und dann erzählt er, sie hätten sogar eine Dusche, und zeigt in die endlose Tiefe: »Ungefähr zwei bis drei Kilometer weiter im Kanalsystem.«

Nun streikt der Übersetzer Mihai. Er weigert sich, uns auf dem Weg durch die dunklen, engen Durchgänge zwischen den riesigen Heißwasserrohren zu begleiten.

Florin wortlos ausgeliefert, begeben wir uns auf die Reise ins Labyrinth.

Einen knappen Kilometer kriechen wir bei brütender Hitze durch die Dunkelheit. Nur Florins batterieschwache Taschenlampe tanzt wie ein Glühwürmchen vor mir auf und ab. Florin geht in der Dunkelheit voraus, aber die Stablampe hält er umsichtig hinter sich, um den Weg zu erleuchten. Wie ein Tier der Nacht bewegt er sich behände in seiner Unterwelt, seinem Reich aus verwinkelten Gängen und Schächten. Wie ein guter Dirigent, der seinen Musikern immer einen Auftakt voraus ist, kündigt er die Biegungen der Heißwasserleitungen und die tief hängenden Querrohre rechtzeitig an.

Hätte er mich allein gelassen, ich wäre verloren gewesen.

Schließlich gelangen wir zu einem kleinen Rad an einem halbhoch hängenden Rohr. »Das ist die Dusche«, sagt er in gebrochenem Englisch und lächelt. Ich gebe mir Mühe, ein beeindrucktes Gesicht zu machen, und hoffe, dass die Dunkelheit das Misslingen verbirgt.

Dann dreht er an dem Rad.

Nichts.

Er entschuldigt sich und erklärt, die Straßenarbeiter hätten diese Woche das Wasser abgestellt, er vermute, es sei noch nicht wieder in Betrieb.

Wir danken ihm für die Exkursion zu seinem Badezimmer, und kriechen wieder zurück. Als wir schließlich in der kleinen Nische unter dem Gully ankommen, sieht er mich erwartungsvoll an und sagt stolz: »Ich habe Ihnen doch erzählt, dass es hier sauber ist.«

Wortschatz

In Rumänien komme ich mit meinem Wortschatz für Gerüche an Grenzen, das Vokabular erweist sich als völlig unzureichend für das Kaleidoskop der Düfte: der Gestank in den Abwasserkanälen, in den Ruinen der Außenbezirke von Bukarest, in den Romasiedlungen gleich neben den Müllkippen, in jenen Gebieten, »where the streets have no names« (der alte Song von U2), die Gerüche in den billigen Bordellen am Bahnhof, in der U-Bahn, in der medizinischen Station des Waisenhauses.

Nach einer Weile lassen sich minimale Schattierungen und feine Unterschiede ausmachen, zum Beispiel in der Wahrnehmung menschlicher Ausdünstungen: Getrockneter Schweiß auf dem Körper riecht anders als getrockneter Schweiß in den Kleidern, es gibt diesen süßsauren Geruch eines ungewaschenen alkoholisierten Körpers, den Duft von Erde an einem Körper, es gibt den beißenden Geruch einer Mischung aus Wärme, Schweiß und Urin, es gibt den Geruch von billigem Parfum, feuchten Bettlaken und Sperma.

Waisen

Rumänien eignet sich in vielerlei Hinsicht so gut wie kaum ein anderes Land für Menschenhandel – ob zum Zweck illegaler Adoptionen oder sexueller Ausbeutung.

Die Schatten des familienpolitischen Terrors der Ära von Nicolae und Elena Ceaucescu reichen noch weit in die Gegenwart der postkommunistischen Gesellschaft. Im Vollzug des schmerzhaften Übergangs in eine westlich-kapitalistische Staatsform geraten 100 000 verlassene Kinder unter die gegeneinander laufenden Räder der Geschichte.

Unter Elena Ceaucescu wurde Fruchtbarkeit per Gesetz verordnet – Abtreibungen und Verhütung jeder Art unter Strafe gestellt. Pflichtgemäß stieg allein zwischen 1966 und 1967 die Geburtenrate in Rumänien von 273 687 auf 527 764. Gynäkologische Zwangskontrollen sollten gewährleisten, dass die Frauen nicht illegal verhüteten. Doch während die Mütter gezwungen werden konnten, ungewollte Kinder zu gebären, konnten die Babys (wie ein anonymer Autor in einem Artikel des »New York Review of Book« im Jahr 1986 bemerkte) nicht zum Überleben gezwungen werden: Die Kindersterblichkeitsrate stieg zur selben Zeit um 145, 6 Prozent. In der Folge landeten 60 000 ungewollte Kinder in Waisenhäusern und 30 000 später in Pflegefamilien, die erst nach dem Sturz Ceauscescus zugelassen wurden. Vorher gab es das Konzept »Pflegefamilie« nicht, weil das Modell dem kommunistischen Regime als zu individualistisch und privatistisch galt.

Obdachlosigkeit und städtische Verwahrlosung sind in Rumänien keineswegs Kinderkrankheiten der postkommunistischen Ära, sondern verschleppte Pathologien des alten Regimes: Im März 1987 hatte Nicolae Ceaucescu im Rahmen eines so genannten ländlichen Urbanisierungsprogramms 8000 Dörfer, vornehmlich in Transsylvanien, vernichten lassen. Die Bewohner wurden zwangsumgesiedelt in mehrstöckige Wohnblocks – angeblich stolze Beispiele für die Verwirklichung der agrarindustriellen Visionen Ceaucescus. Doch viele der mehrheitlich ungarischen Opfer landeten auf der Straße.

Die turbulenten Jahre nach dem Sturz des Regimes brachten im Jahr 1999 Massenentlassungen von allein 83000 Menschen im Bergarbeiter-Sektor mit sich, hinzu kamen ab Januar 2001 instabile und unklare Eigentumsverhältnisse – eine Folge juristisch komplizierter Restitutionsverfahren. Der dramatische Verfall des Lebensstandards bei exorbitant steigenden Preisen führte zwangsläufig zu dem Ergebnis, dass sich zahlreiche Familien ihr Zuhause nicht mehr leisten konnten und obdachlos wurden.

Wie viele Kinder heute wie Augustin oder Florin auf der Straße leben, weiß niemand – unter den derzeitigen Umständen sind sie nicht einmal eine Statistik wert.

Wenn Kinder verschwinden, werden sie manchmal nicht einmal vermisst. Bei einer Inflationsrate von 40 Prozent, einem durchschnittlichen Monatseinkommen von 100 Dollar und einem Durchschnitt von fünf Kindern pro Familie werden die Jungen und Mädchen häufig nur als Belastung empfunden.

Am ersten Tag in Rumänien bot mir jemand ein Kind zum Kauf an!

Wir waren abends in den Park in der Nähe des Bahnhofs gegangen. Dort lebten etwa 20 oder 30 Sinti und Roma anscheinend konfliktfrei neben einer unübersichtlichen Gruppe wilder Straßenkinder. Sie hatten Decken unter Bäumen ausgebreitet, manche verwendeten Pappkartons als Matratzen, die gegen die Kälte des Bodens dämmen sollten, andere hatten sich Höhlen gegraben: Wie Fuchsfamilien lagen sie eingerollt in Löchern im Boden. Vincent unterhielt sich mit den Jugendlichen und photographierte sie an einem Ende des Parks, während ich auf dem schmalen, eingezäunten Weg stromerte.

Auf der Wiese lief ein kleiner, vielleicht dreijähriger Romajunge, der einen gelben Baumwollpullover hinter sich über das Gras zog und zu mir aufschaute.

Seine Mutter sah vermutlich nur diese Szene, nicht mehr als einen Blickwechsel. Doch sie glaubte genug Interesse wahrgenommen zu haben, um mir das Geschäft vorzuschlagen: »10 Dollar«, sagte sie. Dann, als sie meine Begriffsstutzigkeit bemerkte, wiederholte sie etwas aufmunternder, als gelte es einen besonders saftigen Schinken anzupreisen: »10 Dollar«, und schon zog sie den Jungen am Unterarm (auf der Haut des Jungen waren ähnliche Narben wie bei Laurentiu) näher zu mir herüber.

Ich schüttelte nur den Kopf und wusste nicht, wie schauen, damit dieses Kind mit seinen aufgeschürften Knien und dem langen Ärmel in der Hand nicht glaubte, es gefalle mir nicht. Wie sollte ich ihm signalisieren, dass mich der Kaufakt, nicht seine Person, anekelte.

Eine Woche später schon schien mir meine Empörung über diese Szene vollkommen verlogen. Was sich mir als einzig angemessene Reaktion dargestellt hatte, wirkte nachträglich nur fahrlässig und feige. Während es zunächst ethisch unmöglich erschien, ein Kind zu kaufen, ganz zu schweigen davon, es in mein Nomadenleben zu entführen, zerschellte diese Erstwelt-Moral an den Erfahrungen, die ich nach nur sieben Tagen in der Kanalisation, in den Bordellen, in den Polizeistationen von Bukarest machen musste.

Für 10 Dollar hätte ich das Kind besser schützen können vor dem, was ihm nun vermutlich blühen würde.

Wer weiß, wer das Geld an meiner statt bezahlen wird.

Ein rumänisches Waisenhaus ist ein Zug ins Nirgendwo, eine Zeitkapsel, in der Kinder ohne Kindheit verwaltet werden. Gewiss, heutzutage bekommen sie zu essen und verhungern nicht; wenn sie krank sind, erhalten sie Medikamente. Sie können zur Schule gehen, und wenn sie Glück haben und nett und adrett aussehen, wenn sie noch jung genug sind und gemäß den Pygmalion-Phantasien kinderloser Paare aus dem Westen »nicht rumänisch«, sondern »anständig« wirken, noch verkauft werden.

Damit ein Kind von einem Paar aus dem Westen adoptiert werden kann, muss es erst im Waisenhaus auf einer Liste registriert worden sein, bevor es dann bei der nationalen Adoptionsbehörde auf deren Liste eingetragen wird.

Allein im Jahr 2000 kam es in Rumänien zu 4352 legalen internationalen Adoptionen. Weltweit gibt es 100 Agenturen und Vereinigungen, die Adoptionen rumänischer Kinder vermitteln. Nach Schätzungen von Behördenvertretern sind rund 15 Prozent davon auch an illegalen Adoptionen beteiligt. Natürlich kann der Verein, der internationale Adoptionen vermittelt, mit einer großzügigen »Spende« dafür sorgen, dass ein Kind, das im Waisenhaus landet, zunächst *nicht* registriert wird und *dann* ganz oben auf der nationalen Liste erscheint.

Die Agenturen erhalten in der Regel etwa 5000 DM für den ganzen Papierkram, den sie erledigen – also für das, was sie *wirklich* tun. Dazu gehören Schreibarbeiten, Visabeschaffung, die Koordination mit den Behörden und anderes – hier und da bitten sie dann aber auch um Spenden von ein paar tausend Dollar für virtuelle oder illegale Zusatztätigkeiten.

Derzeit gibt es offiziell keine Adoptionen. Nach harter Kritik einer Kommission des Europäischen Parlaments, die vom »systematischen Ausverkauf rumänischer Kinder« sprach, und nach der Drohung, Rumänien werde nicht in die EU aufgenommen, stellte die Regierung sämtliche Adoptionen ein und versprach, das Verfahren zu reformieren.

Wer nicht jung und hübsch ist und von einer Familie aus dem Westen ausgesucht wird, bleibt im Waisenhaus. Wer vor den Misshandlungen oder auch nur der Langeweile nicht davonläuft, kann bis zum 18. Lebensjahr weiterhin in der Einrichtung leben.

Dann jedoch werden die Waisen hinausgeworfen, ganz gleich, ob sie noch zur Schule gehen, Arbeit und Unterkunft haben – oder nicht.

Genug Zeit, um eine Lektion zu lernen

Die Gebäude stehen nicht neben, sondern mitten in einer Müllhalde. Überall quellen Plastikbeutel hervor, aufgeweichte Polster faulen auf einem verdörrten Rasen, der vermutlich niemals grün war, zerbeulte Dosen und verbogene Kleiderbügel rosten vor sich hin. Darüber thronen sechs fünfstöckige Häuser, mit zerborstenen Scheiben einige, mit bunten, dichtbehängten Wäscheleinen von Fenster zu Fenster andere, ohne Heizung und Strom alle – desolat und vergessen. Ein Ort ohne Adresse. Schon lange liefert hier kein Postbote mehr, nicht einmal Mahnungen, die staatliche Gasversorgung kontrolliert Anschlüsse nicht, und die Lastwagen holen den Abfall niemals ab, der sich zu futuristischen Gebilden auswächst, zwischen denen Kinder und Ratten streunen.

Nur eines der Häuser, keineswegs in besserem Zustand als die anderen, ist befestigt: Ein verriegeltes Tor kontrolliert den Zugang, und ein mehrfach gerollter Stacheldraht umgibt das verkommene Areal der »Nicht-Zigeuner«.

Sie leben am Abgrund, in der elendsten Peripherie der Stadt Bukarest, hinter grauen Fassaden und kahlen Fensterzeilen, und die letzte Anstrengung im Überlebenskampf besteht darin, sich zu unterscheiden von denen, die sich in nichts unterscheiden von ihnen.

Niemand verlangt Einlass in ihre Zone, niemand betritt freiwillig diese Gegend, es gibt nichts zu stehlen, es gibt nichts zu schützen hinter dem feindseligen Draht außer dem Glauben an die Hierarchie der Ärmsten.

Im Treibsand des sozialen Abstiegs versprechen nur noch Abgrenzungen letzten Halt.

Vermutlich wäre es niemandem aufgefallen, dass unter den namenlosen Roma auch Vergessene anderer ethnischer Herkunft leben, vielleicht wären auch die Roma als Roma nicht sichtbar geworden, wenn sie den Zaun nicht gebaut hätten.

Aber jetzt zeigt die Grenze nur, wie nahe sie mit den Roma wohnen und wie eng sie mit deren Schicksal verflochten sind.

Anstatt Unterschiede einzuziehen, verdeutlicht der Stacheldraht gerade den gemeinsamen sozialen Absturz. Was als symbolische Macht gebaut war, strahlt nur mehr verzweifelte Ohnmacht aus.

Angesichts der permanenten Übergriffe auf Roma in den neunziger Jahren wäre es eigentlich näher liegend gewesen, diese hätten einen Zaun zum Schutz vor den »Nicht-Zigeunern« errichtet.

Die Roma in Rumänien waren nach dem Sturz Ceaucescus mehreren Wellen der Gewalt ausgesetzt. Zu Tausenden flohen sie nach Westeuropa, vor allem nach Deutschland. 1992 handelte die Bundesrepublik die Repatriierung von 42000 Rumänen in das angeblich stabilisierte Land aus. Mehr als die Hälfte der Ausgewanderten, die nun zwangsweise nach Rumänien zurückgebracht wurden, waren Romafamilien, die seither in pogromartigen Übergriffen Opfer in ihrer dritten Heimat wurden.

Absurderweise sollte das Modell des eingezäunten Ghettos im Ghetto kurze Zeit später noch prominent werden. Im Oktober 2001 schlug Ion Rotaru, Bürgermeister von Piatra Neamt, vor, die Roma der Stadt in einem abgesonderten Viertel unter Aufsicht der Sicherheitskräfte zu stellen.

Ahmet ist schlank und groß. Betrachtet man ihn unvoreingenommen, nicht abgelenkt durch die äußere Erscheinung, dann kann man ihn sich als jungen Intellektuellen in Oxford oder

Cambridge vorstellen. Er hat die langsamen, sanften Bewegungen eines Menschen, dessen Finger gewohnt sind, behutsam die dünnen Seiten alter Bücher umzublättern. Ahmets Vater war Palästinenser, seine Mutter Israeli. Der Vater war gestorben, die Mutter hatte ihn schon als Baby ausgesetzt und war nach Italien gezogen. Einen Kontakt konnte er nie zu ihr herstellen.

»Ich habe meine Großeltern in Israel besucht«, sagt Ahmet trocken, »sie wollten nichts über mein Leben wissen, nichts über meine Interessen oder wo ich herkomme. Sie wollten nur den genetischen Test als Beweis – weil sie wollten, dass ich *nicht* ihr Enkel bin.«

Er war es.

Aber das spielte keine Rolle mehr. Was nützte ihm eine Familie, die keine sein wollte.

Und so kehrte er nach Rumänien zurück.

Sein ganzes Leben hat Ahmet in rumänischen Waisenhäusern verbracht, dort fand er doch ein provisorisches Zuhause, einen stabilen Ort mit Freunden und einen Schreibtisch, an dem er lesen konnte von einem anderen Leben.

Bis er vor ein paar Monaten 18 wurde und das Waisenhaus ihn ordnungsgemäß hinauswarf.

Es kümmert niemanden, dass er die Schule noch nicht beendet hat, dass er die Miete für eine Wohnung nicht bezahlen kann, dass er weder Pass noch Arbeitsplatz hat.

»Wenn man 18 wird, beginnt das Ende des Lebens«, erklärt Ahmet den Teufelskreis. »Die Zahl besagt, dass man von jetzt an kein Waisenkind mehr ist. Man steht auf der Straße, und von dort kommt man nie wieder runter – denn wer stellt schon jemanden ein, der nicht einmal einen festen Wohnsitz hat?«

In der Romasiedlung am Stadtrand hat Ahmet ein kleines, schmutziges Zimmer bezogen. Auch wenn die Wohnungen an diesem Niemandsort noch Eigentümer haben, so wagt doch keiner mehr, für die ausgehöhlten, abrissreifen Gebäude Miete einzutreiben .

Ahmet besäße gern ein Vorhängeschloss für die lose Tür aus

Sperrholz. Den zwielichtigen Gestalten, die durch das lichtlose Treppenhaus schleichen, traut Ahmet nicht.

Mit den Roma in der Siedlung dagegen verträgt sich Ahmet blendend, ab und an teilen sie Brot und Suppe mit dem Jungen ohne Familie.

Belustigt beobachtet Ahmet, wie auf dem Asphalt vor den Häusern eine Roma-Mutter mit ihren Kindern einen bunten Teppich schrubbt: Bürsten an Händen und Füßen, auf allen Vieren über den Vorleger gebeugt, wird die Seifenlauge lustvoll überall hin verteilt.

Ahmet lebt mit zwei ebenfalls elternlosen Freundinnen zusammen. Sie haben sich in einem Sommerlager für Waisenkinder kennen gelernt und die gesamten Ferien über ihr Leben als Obdachlose geplant. Sie teilen sich zwei kleine Zimmer ohne Heizung. Nachts wagen sich die Mädchen nicht mehr auf den Flur. Auf einem winzigen Tisch haben sie ihre Habseligkeiten ausgebreitet: eine Packung Zigaretten, ein Stück Ziegenkäse und einen Liter Milch für die 15 Monate alte Tochter einer der beiden.

Zwei Stunden verliert Ahmet jeden Tag allein für die Anreise zur Schule, aber der Unterricht scheint das einzige verbliebene Ziel in seinem Leben, das er realistischerweise noch erreichen kann.

Für seine Hausaufgaben reicht der Platz nicht in dem dunklen Loch im vierten Stock, so setzt sich Ahmet mit seinen Büchern auf den Bürgersteig zwischen den Häusern. Mit Unterbrechungen kann er dort arbeiten, immer etappenweise, solange sich der Gestank des Mülls aushalten lässt. Wenn der Brechreiz zu stark wird, legt Ahmet die Arbeit wieder beiseite.

»Die Leute glauben, man würde sich daran gewöhnen, aber das stimmt nicht.« Er grübelt. »Naja, vielleicht«, fügt er hinzu und blickt auf seine Hände in seinem Schoß hinunter, »ich nehme an, ich habe von jetzt an mein ganzes Leben, um diese Lektion zu lernen.«

»In Rumänien gibt es keine illegalen Adoptionen«, sagt Oberst Mircea.

Er gehört der Abteilung zur Bekämpfung des organisierten Verbrechens im Innenministerium an, und seinen vollen Namen möchte er nicht nennen.

»Es gibt in Rumänien auch keinen Menschenhandel. Offiziell nicht«, sagt er lächelnd, »und doch bin ich jeden Tag zwölf Stunden damit beschäftigt, ihn zu bekämpfen ...«

Das rumänische Strafgesetzbuch kennt das Delikt »Menschenhandel« nicht. Also machen die Behörden Jagd auf »Prostituierte« und »Zuhälter«.

»Wir müssen kreativ sein«, sagt Mircea und ist schon stolz, wenn er mal einen Schmuggler wegen gefälschter Papiere anklagen kann.

Was das bedeutet?

Wenn es die juristische Kategorie »Menschenhandel« nicht gibt, dann gibt es auch das Verbrechen nicht. Ohne Verbrechen kein Opfer. Ohne Opfer keine Gewalt.

Mit anderen Worten: Alles geschieht freiwillig.

Niemand hat demnach die Kinder gezwungen, ihr Zuhause zu verlassen, niemand hat sie gezwungen, die Grenzen zu passieren, niemand hat sie angelogen, niemand hat sie geschlagen, als sie ins Auto steigen sollten, niemand hat sie zusammen mit all den anderen in diese Wohnungen gesteckt, sie haben sich freiwillig ausgezogen, haben sich wie Vieh in eine Reihe vor niemandes Blicken aufgestellt, und die Kinder haben selbst entschieden, welches Fleisch sich am besten verkaufen lässt, und sie sind freiwillig in diese Autos gestiegen, die von niemandem gefahren wurden, sie haben sich mit Vergnügen zwischen die feuchten Laken in irgendeiner heruntergekommenen Bar in Mazedonien gelegt, und niemand hat sie mit dem Kopf gegen die Wand gestoßen, als sie fliehen wollten, niemand hat sie an den Haaren aus dem Badezimmer gezerrt, wo sie sich übergeben mussten, und sie haben sich freiwillig jeden Tag von 15 Männern vögeln lassen, die so alt waren wie ihre Väter, das alles war so, weil sie es selber so wollten.

Und da sie keine Opfer sind, weil es ja keinen Menschenhandel gibt, sind sie schlicht Prostituierte.

Und Prostitution *ist* ein Verbrechen, und »Prostitution« existiert im Strafgesetzbuch, und *sie* begehen das Delikt der Prostitution – also sind *sie* Verbrecher im juristischen Sinn, und nicht die Menschenhändler, denn die gibt es ja nicht in Rumänien.

So lautet das Gesetz, so ist die Realität, und so werden die Mädchen behandelt.

Bogdan und die Menschenjagd auf den Straßen von Bukarest

Abends, 20 Uhr. Im Polizeihauptquartier ist die zehnköpfige »Noteinsatztruppe« der Abteilung zur Bekämpfung des organisierten Verbrechens in Bukarest bereits versammelt.

Die furchteinflößende Einheit gleicht eher einem Antiterrorkommando, das ein entführtes Flugzeug stürmen soll, als einer Patrouille zum Schutz vor Menschenhandel.

Schwarze Kampfanzüge, Gewehre, Gummiknüppel und dunkle Jacken, aus denen rücklings Handschellen und seitwärts Taschenlampen heraushängen. Die Männer tragen gepolsterte Spezialhandschuhe zum Einschlagen von Fensterscheiben, massive Bein- und Ellenbogenschützer. Sie haben sich schwarze Wollmützen über das Gesicht gezogen.

Es scheint dringend geboten, sich bekannt zu machen, schon damit sie einen später nicht verwechseln.

Die Mission der Nacht ist eine Razzia in einem illegalen Etablissement im Zentrum der Stadt. Alle strotzen vor Energie. Kumpelhaftes Gelächter, anlasslose Körperlichkeiten bereiten jeden Einzelnen auf die geforderte Gewalt der Nacht vor. Als ob die Energie vorab aufgeladen würde in den Fasern ihrer durchtrainierten Körper, damit sie sich später eruptiv entladen kann. Schon in den kahlen, neonbeleuchteten Räumen der Polizeistation steigert sich der lustvolle Hype, wird vorab die Entgrenzung simuliert.

Im gesichtslosen Tarnanzug werden sie später als Individuen nicht mehr zu erkennen sein, also versuche ich, mir Einzelheiten einzuprägen: Bogdan trägt eine Brille, das ist einfach; Laurin, ein früherer Basketballer, überragt die anderen um Kopflänge, Dimitri trägt lange schwarze Haare und einen Pferdeschwanz, Florin spricht Englisch und soll später ständig an meiner Seite bleiben. Die restlichen Männer bleiben gesichtslos. Die Rollen im brutalen Spiel sind bald verteilt. Bogdan erklärt ruhig, was ablaufen wird, Dimitri fungiert als Rammbock, der Türen und Fenster so schnell wie möglich zerstört, um den anderen den Zugriff zu ermöglichen, Laurin ist der Jäger, der flüchtende Zuhälter und Kontaktmänner verfolgt, Florin, der Kommunikator, soll mit den Mädchen sprechen und herausfinden, ob sich noch irgendwo jemand versteckt.

Die Kämpfer verteilen sich auf drei Wagen. Ein unauffälliges Zivilfahrzeug mit dem Einsatzleiter, der über ein Walkie-Talkie Anweisungen gibt, und zwei Kleinbusse; seitlich der vorderen Türen stehen zwei Männer auf einem kleinen Trittbrett, eine Hand umklammert den inneren Fensterrahmen. Sie rasen wie die Galionsfiguren am Bug eines Schiffes durch die Nacht.

Die ersten Opfer sollen die »Anreißer« auf der Straße sein, die den Handel einfädeln und die Kunden dann zum Bordell bringen. Erst danach soll die eigentliche Razzia die Freier und Zuhälter im Puff überrumpeln.

Das geforderte »Überraschungsmoment« der Aktion dient als Alibi für sinnlose Geschwindigkeit, also rasen die Wagen mit 130 Stundenkilometern durch die Straßen von Bukarest. Noch bevor die Autos zum Stehen kommen, springen Laurin und Dimitri von der Plattform und nehmen zwei Lockvögel und die potenziellen Sex-Käufer fest – das Ganze dauert etwa 15 Sekunden, dann sitzen vier völlig überwältigte und schockierte Männer hinten in einem der Busse. Weiter geht's – zum Bordell.

Das Haus Nummer 21 in der Bibor-Straße in Bukarest besteht aus einer kleinen Gasse mit zwei lang gestreckten Gebäuden auf beiden Seiten. Wie ein Pferdestall. Mit rechteckigen Boxen für die Mädchen. Dimitri braucht fünf Sekunden, um die hölzerne Eingangstür aufzubrechen, und nach weiteren fünfzehn hat Laurin den letzten Kunden geschnappt, der in Unterhosen über den Hinterhof fliehen wollte.

Überall herrscht hysterisches Chaos, ein paar spärlich bekleidete Mädchen versuchen, sich in der letzten Ecke hinter einem
Kühlschrank zu verstecken, Hundegebell hallt durch die Nacht,
ein Kunde behauptet, er habe nur Propangas geliefert, und beginnt zu stottern, als er die Gasflasche vorzeigen soll, die er
hier angeblich mitten in der Nacht verkauft hat. Zwischen den
Stiefeln der Polizisten laufen ein paar verängstigte Kleinkinder
herum.

Hier erinnert nichts an die Bordelle in deutschen Rotlichtvier-
teln. Das Haus Nummer 21 hat nichts »Professionelles«: Da sind
zwei alte Paare, die in einem der Boxenzimmer nebenan wohnen. Als das Einsatzkommando ihre Türen aufbricht und herein-
stürmt, sitzen sie um den Tisch, essen eine magere Hühnersuppe
und sehen sich eine Star-Wars-Folge aus den achtziger Jahren
an. Mit dem Geschäft in den Verschlägen um sie herum, bei
dem es vermutlich lauter zugeht als in ihrem Fernseher, haben
sie nichts zu tun.

Ein anderes Paar ist bereits zu Bett gegangen und starrt die
schwarz gekleideten Männer mit kleinen, roten Augen an. Überall sind Kinder, in der Gasse zwischen den Ställen liegt ein Fuß-
ball, hinter eine der Türen hat jemand ein grün-gelbes Gummi-
krokodil gequetscht, und alles wirkt so familiär, weit entfernt
von der Transaktion, die hier abgewickelt wird: Geld gegen Ver-
fügungsgewalt über Körper.

Alles ist ärmlich. Es riecht nach Schweiß, billigem Parfüm und
Verzweiflung. Wir stehen zwischen bibbernden Mädchen und
schreienden Polizisten, ein kleines Kind versteckt sich zwischen
meinen Beinen, krallt sich mit unterkühlten Fingern in meinem
Oberschenkel fest, und ich kann nicht begreifen, wie jemand in
diesem Umfeld eine Erektion anstatt einer Depression bekommen kann.

Der ganze militärische Angriff auf dieses Bordell ist völlig
unverhältnismäßig – aber Dimitri und seine Freunde blicken
zufrieden drein, als sie ihre Jagdtrophäen in die Busse pressen
und eilig zum Hauptquartier fahren: 15 Mädchen, die Hälfte
davon unter 18, drei nicht aus Rumänien, fünf Kunden ohne
Papiere, drei Anreißer, zwei Zuhälter und ein nicht identifizier-

ter Bursche ohne Papiere. Sie werden in die Halle des Polizeireviers gestoßen und müssen sich in einer Reihe aufstellen. Es gibt keine Stühle, kein Licht, kein Wasser. Zuhälter, Kunden und Mädchen müssen zusammenbleiben – hier macht man keinen Unterschied zwischen erwachsenen und minderjährigen Prostituierten, zwischen verschleppten Mädchen und ihren Peinigern, zwischen Opfern und Tätern.

24 Stunden dürfen sie qua Gesetz festgehalten werden, und bis die Nacht vorüber ist, sollen so viele Geständnisse zusammenkommen wie möglich.

Das ist das Einzige, was interessiert.

Menschenhandel existiert nicht in Rumänien, also werden die frierenden Gestalten in der Halle des Polizeiquartiers ohne Ausnahme als Kriminelle behandelt, für jeden wird ein passendes Delikt geschneidert.

Als wir im Begriff sind zu gehen, fragt uns der Leiter der Einheit, ob wir nicht auch den Rest der Nacht mitmachen wollen.

»Wir sind die Müllabfuhr«, erklärt Laurin. »Jetzt sammeln wir in den Straßen von Bukarest den menschlichen Abschaum ein.«

Bisher haben wir nur den ruhigen, sanften Anfang miterlebt. Jetzt beginnt die eigentliche Menschenjagd. Bis vier Uhr morgens rast die Truppe durch die Straßen von Bukarest, nimmt jeden fest, der sich zur falschen Zeit am falschen Ort aufhält.

Es gibt keine Verhöre, kein Gespräch – wer es wagt, vor den Männern davonzulaufen, wird bei der Festnahme zu Boden geworfen oder mit Warnschüssen zum Stehenbleiben gebracht.

Dimitri und Laurin stürmen hinter ahnungslosen Straßenkindern her, die zufällig spät abends noch wach sind und gerade am Eingang einer U-Bahn-Station stehen.

Stunde um Stunde jagen sie Zuhälter, Anreißer und verängstigte Mädchen, sie treiben sich an, hetzen, aufgepeitscht, dürstend nach Beute, nach sich selbst, angetrieben von der eigenen Lust, von der obskuren Vision reiner Straßen, bestätigt durch die panische Angst, die sie auslösen mit ihrer Erscheinung, ihrer Macht, ihrer Gesichtslosigkeit hinter den Mützen.

Irgendwo in der Nähe eines kleinen Parks sehen die Polizisten eine Prostituierte am Straßenrand stehen. Sie wenden den

Wagen und rasen auf die leicht bekleidete Gestalt zu, die ins Gestrüpp abtaucht. Laurin springt hinaus und läuft hinter ihr her ins Dunkel. Plötzlich hören wir lautes Schreien. Aus dem Gebüsch eskortieren bereits zwei Polizisten das Mädchen zum Auto, und zwei andere halten einen Roma, anscheinend ihren Zuhälter, fest. Seine Hände sind mit Handschellen hinter dem Rücken gefesselt, bewegungslos starrt er so auf das Messer, das einer der Vermummten unserer Einheit ihm gerade aus der Tasche gezogen hat, und bleibt stumm, als der ihn anschreit: »Und was wolltest du damit?«

Dann der erste Schlag. »Was wolltest du damit?« Nochmal. Der nächste Schlag. Es gibt keine Antwort mehr, die die Eskalation noch stoppen könnte, kein Geständnis, keine Erklärung, die Frage will keine Antwort, ist nur noch die Ouvertüre für die Gewalt.

Immer und immer wieder schlägt der gesichtslose Polizist mit voller Kraft dem wehrlosen Roma ins Gesicht, in die Nieren, in den Magen.

Alles verzerrt sich, er schlägt und schlägt die Angst aus seinem eigenen Leib, er schlägt die Bedrohung durch das Messer, das der andere gar nicht mehr hält, nieder, er prügelt, zeitversetzt, als ob der andere angreifen könnte, er schlägt ein auf die eigene Angst, auf die eigene Allmacht, den Hass auf die Roma in jedem Schlag.

Ich stehe daneben und sehe zu.

Gelähmt.

Gern würde ich behaupten, dass ich etwas anderes getan hätte. Die alte Furcht stieg auf, durchfuhr den ganzen Körper wie ein Anästhetikum, lähmte alles. Ich tat gar nichts. Gleichsam im Schockzustand hörte ich das Stöhnen und Schreien des Roma, dieses dumpfe Prasseln der Schläge mit behandschuhten Fäusten auf Kopf und Rücken, als käme es von weit weg, aus einer anderen Welt.

Es dauerte mindestens zwei Minuten, bis der innere Krampf, die Blockade nachließ – dann packte ich den zweiten Polizisten, die schwarze Gestalt neben mir, am Arm und sagte: »Stopp.« Nicht laut. Kaum mehr als geflüstert. Es dauerte alles unendlich lange, das Staunen über den Ausbruch, die Angst vor dieser berstenden Gewalt in dem wuchtigen Körper, vor dem Schläger, der außer sich war und schlug und schlug, der dem immer verzweifelter schreienden Roma eine Waffe in den Nacken setzte und ihn ohne Unterbrechung anbrüllte, als gebe es etwas, das der andere sagen könnte, als habe es der wimmernde, gefesselte Junge in der Hand, sich zu erlösen aus seiner Situation.

»STOP.« Endlich war die Stimme zurück. »STOP«, der ebenfalls erstarrte Kollege neben mir löste sich und beendete den Exzess. An den Handschellen wurde der weinende Zuhälter durch das Gebüsch gezerrt zum wartenden Bus.

Ob die Polizisten einen rumänischen Zuhälter anderer ethnischer Herkunft so misshandelt hätten? Ich wollte herausfinden, wer der Schläger unter der Wollmütze war. Das einzige Merkmal der unidentifizierbaren Gestalt im Kampfanzug war seine Taschenlampe, die anders als bei den anderen aus seiner Jackentasche vorne ragte.

Zurück beim Polizeirevier stolpern alle ins Hauptgebäude. Vincent begleitet die ungleichen Figuren die Treppen hoch, als plötzlich von den Wagen im Hof unverständliches Schreien und Fluchen herüberdringt.

Alles drängt sich an der Rückseite des Kleinbusses, wütend zerren die Männer einen Jungen aus dem Wagen, der sich mit einem versteckten Messer die Arme verletzt hat. Die Rücksitze sind voller Blut, es bleiben Flecken zurück, eine unnötige Spur der sauberen Nacht. Zehn bis fünfzehn tiefe Schnitte klaffen in dem Unterarm des Jungen: »Das machen sie immer«, sagte Laurin. »Sie haben Angst und sie wissen nicht, wie sie es anders ausdrücken sollen, wie sie Aufmerksamkeit erregen sollen.«

Nur Bogdan kümmert sich um den Jungen.

Er hat die Maske abgenommen und einen Verband geholt. Langsam redet er auf den verstörten Jungen ein, beruhigend, während er behutsam den blutenden Arm versorgt – aus der Jacke, vorne, ragt die Taschenlampe …

Dies hatte ich bis zum Morgen des 11. September 2001 geschrieben, in den letzten Tagen meines Urlaubs in New York.

Heute erscheint alles, was ich über Rumänien berichtet habe, bedeutungslos. Niemand interessiert sich mehr dafür. Alles ist überlagert durch die Anschläge in New York und die darauf folgenden Vergeltungskriege.

Vielleicht werden wir eines Tages an diese Orte ohne Trost zurückkehren – derzeit, so scheint es, sind sie wieder einmal verschwunden von unserer politischen Landkarte.

New York/Pakistan/ Afghanistan (September 2001 – Februar 2002)

No Soldiers in the scenery
no thoughts of people now dead
as they were fifty years ago
young and living in a live air
young and walking in the sunshine
bending in blue dresses to touch
something
today the mind is not part of the
weather.«

Wallace Stevens

Liebe Freunde,

manchmal ergreift mich selbst zu Hause ein unbestimmtes Heimweh, manchmal geht eine Reise auch nach der Rückkehr nicht zu Ende, manchmal verändern sich die Blickwinkel so häufig, dass ich die Orientierung verliere.

Ich bin Berufsreisende, eine Nomadin, und weiß, wie ich Kleidung, Gewohnheiten, Sprache oder Gesten ändern kann; eine Fremde, deren Fremdheit unsichtbar werden muss, damit sich Menschen mir anvertrauen.

Ich reise in ferne Länder und nehme an Hochzeitsfeiern Fremder teil, an Begräbnissen und Abschiedsszenen, man lädt mich in Klassenzimmer und Entbindungsstationen ein, ich werde von Fremden willkommen geheißen und bitte sie um Hilfe, Tee, Geduld oder etwas zu essen, wie ich es selbst bei Freunden selten wage.

Ich negiere die anerzogene Idee einer ausgewogenen Gegenseitigkeit und lerne, mich zu verabschieden, ohne Adressen auszutauschen, ohne das falsche Versprechen eines Wiedersehens.

Dann kehre ich nach Hause zurück, und es ist an mir, etwas zurückzugeben: Und ich schreibe …

Allein: Seit dem 11. September bin ich nicht recht zurückgekehrt.

Ursprünglich im Urlaub in New York, war ich am Tag der Anschläge bei Joanne Mariner, der Anwältin von Human Rights Watch, die ich in den Flüchtlingslagern in Albanien 1999 kennen gelernt hatte. Groteskerweise informierte uns eine E-Mail aus Deutschland über das, was unweit unserer Wohnung gerade geschehen war.

Als wir auf die Straße rannten, brannten bereits beide Türme.

Drei Wochen später kehrte ich für ein paar Tage nach Berlin zurück.

Dann flog ich gemeinsam mit Markus Matzel nach Pakistan, kam für einige Wochen zurück nach Berlin, reiste erneut nach

Pakistan, anschließend nach Afghanistan, blieb dort zusammen mit Thomas Grabka, kehrte nach zwei Wochen für eine Weile zurück und flog dann zu Beginn des neuen Jahres noch einmal gemeinsam mit Sebastian Bolesch nach Pakistan und Kaschmir.

Und während all dieser Wochen und Monate hier und dort bin ich doch nie aus New York herausgekommen.

Ich hatte geglaubt, ich könnte zurückkehren, meinen Koffer auspacken, mich wieder in die Normalität des Lebens in einer westlichen Großstadt schleichen, meine Freunde wiedersehen.

Ich dachte, es würde sein wie immer am Anfang: dass ich im Zwielicht verschiedener Orte, Gemeinschaften, Lebenswelten verbliebe, dass ich das Erfahrene überwände, indem ich mich zurückzöge und auf die nächtlichen Träume von Gewalt und Verzweiflung wartete. Irgendwann würde es mir gelingen, die Bilder und den Auftrag beiseite zu legen.

Das ist das übliche Verfahren, meine erlernte Form, zu reisen und nach Hause zu kommen, ein- und auszuatmen, zuzuhören und zu schreiben, wegzufahren und wiederzukommen.

Nur dieses Mal versagte das Prinzip.

New York – ein Klagelied

Die meisten Freunde in meiner intellektuellen Umgebung verwandelten sich am 11. September, gleichsam über Nacht, in Islamexperten, Zentralasienexperten, Terrorismusexperten, Milzbrandexperten.

In den Medien schien es, als seien alle journalistischen Fachleute für Bioethik und Reformstau am 11. September zu Islamspezialisten umprogrammiert worden.

Ich selbst dagegen war vor allem sprachlos.

Ich glaube, ich hatte monatelang keinen einzigen vernünftigen Gedanken.

Alle ideologischen oder historischen Erklärungsversuche schienen verzerrt, die theoretischen Analysen der Konfliktforscher oder der Apologeten des Kampfs der Kulturen voreilig.

Alle versuchten, den Schock des 11. September in handliche Theorien zu verpacken, aber diese verzweifelten Versuche ähnelten den Bemühungen eines frierenden Kindes unter einer zu kurzen Bettdecke.

New York ist zu einer solch kollektiven Erfahrung geworden, die Medien haben die Bilder so häufig wiederholt, dass selbst die bloßen Bildbetrachter glauben, sie seien authentische Zeugen gewesen, und die wahren Zeugen mitunter an der Tatsächlichkeit des Erlebten zweifeln.

Der 11. September ist überfrachtet mit Interpretationen und Kommentaren, der Tag ist tausendfach photographiert, erzählt und nacherlebt, eine mediale Dauerzitation, in der sich bestimmte Bilder durchsetzen.

Die kleinen, individuellen Begegnungen und Szenen, die abseits liegen vom mittlerweile offiziellen Diskurs, vergisst man nach und nach selbst. Es ist, als ob man sich nur an das erinnern könnte, was auch die anderen alle schon berichtet haben.

Wusstet Ihr, dass ein Trauma das Gedächtnis taub machen kann?

In meiner Erinnerung verbindet sich kein Geräusch mit dem Augenblick, als die Türme einstürzten: Ich kann mir das Bild vor Augen rufen, aber da ist keinerlei Lärm, kein tosender Krach, wenn die Betonmassen zusammenstürzen.

In meinem Gedächtnis ist es still.

Akustische und visuelle Wahrnehmung haben sich entkoppelt. Aus Selbstschutz habe ich anscheinend jene Wahrnehmung ausgelöscht, die für einen akustisch veranlagten Menschen wie mich die schmerzlichere wäre. Das Bild der einstürzenden Türme ist unwirklich, aber der Lärm würde sich unerträglich einprägen wie das Kreischen von Kreide auf einer Schultafel.

In den ersten Stunden, als wir auf der Straße waren und als die Türme zunächst brannten und dann einstürzten, flüchteten alle nach Norden. Wir liefen in entgegengesetzter Richtung, und niemand wusste, was los war; wir sahen Menschentrauben rund um ein Radio, das jemand auf ein Fensterbrett gestellt hatte. Irgendwo stand ein kleiner Fernseher auf einer Feuerleiter, und

alle auf der Straße starrten gebannt auf die Berichte über das Un-
glaubliche.

Auf diese Weise erfuhren wir, dass das Pentagon angegriffen
worden war, das Weiße Haus evakuiert und so weiter ... Und
keiner wusste, was noch kommen würde, ob es Krieg war oder
ein Terroranschlag, und wenn ja, von wem, also hörten die Leute
Radio, als könne es ihnen die Welt erklären und ihr wieder einen
Sinn zurückgeben.

Es war ein Déjà-vu-Erlebnis, denn es evozierte die Bilder
aus dem Flüchtlingslager in Tirana. Die eleganten New Yorker
glichen auf einmal jenen schmutzigen Kosovo-Flüchtlingen in
Albanien, wie sie im Schlamm ihres Lagers saßen und sich um
ein Radio drängten, Nachrichten hörten und jeden Tag darauf
warteten, dass Milošević nachgeben, sich zurückziehen oder getötet werden würde.

Der einzige Unterschied zu Albanien bestand darin, dass die
Menschen in New York nicht die gleiche Sprache sprachen: Die
Nachrichten aus dem Autoradio wurden übersetzt, wurden von
einem zum anderen weitergereicht wie frisches Brot, und jeder
konnte sich ein Stück abbrechen; so wurden die Informationen
ins Chinesische, Spanische, Vietnamesische übertragen.

»Estamos en una situación de guerra«, schrie eine Frau und
schlug die Hände vors Gesicht, und selbst die nicht spanisch
Sprechenden verstanden diesen Satz an diesem Morgen.

Während alle New Yorker von der *Einzigartigkeit* des Ereig-
nisses schockiert waren, von dieser Katastrophe, die nicht ihres-
gleichen hatte –, war ich vor allem verblüfft, wie schlagartig die
New Yorker in Aussehen und Verhalten den Opfern von Gewalt
in anderen Regionen der Welt *ähnelten*.

Viele Kommentatoren haben die Frage gestellt, warum den
Opfern des Angriffs auf das World Trade Center eine so weit verbreitete Solidarität entgegengebracht wurde. Warum waren die
Menschen auf der ganzen Welt von den Bildern der Tragödie so
gefesselt? Warum waren sie stärker involviert als nach den Massakern von Srebrenica, Ruanda oder Tschetschenien?

Nach Ansicht mancher hatten die Bilder vom Angriff auf
das World Trade Center vor allem deshalb eine so starke Wir-

kung, weil sie *uns* betrafen, weil sie ins Herz *unserer* Kultur zielten.

Ich glaube das eigentlich nicht.

Nach meiner Überzeugung wurden die Bilder immer und immer wieder abgespielt, weil darin die einzige Möglichkeit lag, an einen Massenmord ohne Leichen zu erinnern, und weil wir den Anblick dieser Bilder ohne Leichen ertragen konnten.

Die Opfer des Verbrechens waren unsichtbar, verschüttet, verbrannt, verloren am Schauplatz der Gewalt.

Wir konnten den Anblick ertragen, weil keine Leichen zu erkennen waren, kein Tod, kein Blut, sondern »nur« die Zerstörung von zwei Gebäuden.

Das Zurschaugestellte war so »sauber«, so unblutig, wie ein Massenmord überhaupt nur sein kann.

Wie soll man also trauern, wie sich erinnern, wie dem eigenen Verlust Ausdruck verleihen? Die Bilder der brennenden Türme, der erschöpften, staubbedeckten Retter, des Zusammenbruchs der Hochhäuser – all das wurde immer und immer wieder gezeigt.

Aleida und Jan Assman beschreiben in ihrem Text »The Body of the Deceased« den Totenkult im alten Ägypten: Wenn ein Mensch gestorben war, legte man ihn nicht sofort ins Grab, sondern man brachte ihn in einen Raum, wo er von Spezialisten einbalsamiert und mumifiziert wurde. Das dauerte nicht weniger als siebzig Tage.

Etwas Ähnliches wiederfuhr den Toten nach dem Angriff auf das World Trade Center: Man bestattete sie nicht sofort (wie auch? was auch?), sondern brachte sie in einen anderen Raum – den Raum unserer Medien.

Dort hielten wir sie eingebunden in ihren Geschichten solange am Leben, bis wir ihren Tod verarbeiten konnten, eine Form und ein Bild finden konnten, um uns an sie zu erinnern.

Der Tag

Es ist ein strahlender Spätsommermorgen in Manhattan, ein wundervoller Tag, als Gary Sarang, 27, um 6 Uhr 50 den Fahrstuhl im World Trade Center betritt. Aus den Fenstern der Büroräume von Morgan Stanley im 61. Stock des South Towers kann er den klaren, blauen Morgen bewundern. Es ist der zweite Tag eines Finanz-Trainings-Seminars von Morgan Stanley, für das der gläubige Sikh aus Freemont, Kalifornien, am Sonntag in die Metropole eingeflogen worden war.

»Wir hatten gerade eine Kaffeepause um 8 Uhr 45 und freuten uns über die Unterbrechung, als wir plötzlich Papier vor unseren Fenstern flattern sahen,« erzählt Gary kurz danach und rückt den schwarzen, hochgewickelten Turban zurecht. »Da war all dieses Computerpapier, das vor unseren Augen durch die Luft wirbelte wie bei einer Parade – aber es war eben Computerpapier. Wir dachten erst an einen Scherz, aber dann sahen wir den Rauch aus dem anderen Tower kommen.«

Eine Minute später stürzt ein Beamter in die Büroräume und fordert die Finanzexperten auf, das Gebäude zu verlassen. Die Seminar-Teilnehmer bewahren die Ruhe. Keiner schreit, keiner bricht in Panik aus, alle bewegen sich zu den Nottreppen und beginnen den Abstieg aus dem 61. Stock.

Es bleibt ihnen wenig Zeit, bis die nächste Maschine in ihr Gebäude, den zweiten Turm des World Trade Center rast: Um 9 Uhr 03 reißt die Boeing einen gigantischen Krater in das Gebäude und die Menschen in den Tod.

»Wir waren gerade ungefähr im 39. Stock angekommen, wir waren vielleicht eine Viertelstunde oder zwanzig Minuten diese Treppen hinuntergelaufen, als wir den Knall hörten. Das ganze Gebäude begann zu schwanken, die Menschen schrien und weinten und fielen übereinander. Die Feuerwehrleute liefen aufwärts und wir abwärts. Ich habe Angst gehabt, ich habe sonst nie Angst. Wir dachten, das Gebäude bricht auseinander. Als ich endlich draußen war, sah ich, wie Menschen aus dem Tower sprangen. Sie ließen sich einfach aus dem Fenster fallen. In den Tod. Überall war Blut. Es war das Schrecklichste, was ich je in meinem Leben gesehen habe. Ich kann noch gar nicht glauben, dass ich es geschafft habe aus dem 61. Stock.«

Gary Sarang steht an der Telefonzelle jetzt an fünfter Stelle, vor ihm andere Überlebende, die verzweifelt versuchen, ihre Familien zu erreichen und zu beruhigen. »Meine Eltern sind in Indien, meine Familie in Kalifornien. Ich werde hier solange stehen bleiben, bis ich sie erreicht habe.«

»Ich habe mein Zeitgefühl verloren«, sagt Joe Disorbo, 46, und zeigt auf den weißen Streifen an seinem gebräunten linken Handgelenk, wo vormals eine Uhr die Bräunung verhinderte, »irgendwann zwischen heute Morgen und der Ewigkeit ist meine Uhr verschwunden. Ich weiß nicht mehr.« Disorbos rechtes Ohr blutet, und auf seinem Hemdkragen hat sich das Geronnene bereits mit der Asche aus Asbest und Staub zu trockenen Klumpen vermischt. Ab und an schüttelt sich der Ingenieur der »Port Authorities«, einer der Verkehrsbehörden der Stadt, die zwei Stockwerke im South Tower des World Trade Center belegte. »Ich bin um 8 Uhr 30 ins Büro gekommen. Ich habe mir einen Kaffee geholt. Dann fühlte es sich plötzlich wie ein Erdbeben an, vor dem Fenster sah man überall Gebäudeteile, die durch die Luft flogen. Wir wollten das Gebäude schnell räumen, aber wir befanden uns im 72. Stock – wir haben ewig gebraucht, bis wir endlich unten waren, dann gab es einen Schlag, einen unglaublichen Knall, und das Gebäude bebte, und wir waren noch drinnen, und alles war voller Staub und wir konnten gar nichts sehen, es war alles in diese Farbe getaucht, ich werde das nie vergessen, dieses klebrige Weiß, wie nach einem Vulkanausbruch.

Ich bin irgendwann gestürzt, ich kann mich gar nicht erinnern, ich habe nur das Blut an meinen Knien gesehen. Dreizehn Jahre habe ich jetzt in dem Gebäude schon gearbeitet. Bei dem ersten Anschlag damals, 1993, war ich nicht da, und jetzt hat es mich wieder eingeholt.«

Er stockt und taucht wieder hinab in die Erinnerungstiefen und sagt schließlich: »Mein Kaffee, der muss noch auf dem Schreibtisch stehen … doch … mein Kaffee, den ich frisch gebrüht hatte … ich habe ihn vergessen … den gibt es jetzt auch nicht mehr.«

In der Mitte der Church St., Downtown, kurz unterhalb von Canal Street, steht ein Mann, der seinen Namen nicht nennen will, aber Staub und Blut auf seinem Hemd und seinen Brillengläsern bezeugen die Erlebnisse der letzten Stunden.

»Rauch und Gebäudeteile verfolgten uns. Es war wie im Krieg. Wir liefen den Broadway hoch und dann sahen wir diese unwirklichen Bilder: all diese Schuhe, Hunderte von Schuhen, überall auf der Strasse, und Computerpapier, überall, über und über bedeckt mit Asche. Es war wie ein Schneesturm ohne Kälte. Es war nicht kalt. Es war heiß.«

Um zehn Uhr am Morgen gleicht Downtown Manhatten einer verwüsteten Stadt. Polizeieinheiten versuchen Block um Block zu evakuieren, eine blau-schwarze Wand aus schwitzenden, staubüberzogenen Beamten bewegt sich langsam Richtung China-Town. Mütter rennen weinend durch die Straße und versuchen zu ihren Kindern in den Tagesstätten im Gebiet südlich der Canal Street zu gelangen, Wall-Street-Banker mit losem Schlips und totem Handy laufen verwirrt durch die Straßen, wildfremde Menschen fallen sich in die Arme.

Künstler in Soho scheinen als Erste die Katastrophe zu begreifen, schnell sitzen die ersten Maler und Zeichner mit ihren Blöcken auf der Straße, mit freier Sicht nach Süden auf die brennenden Türme und ihre Rauchschwaden, und zeichnen den historischen Moment.

Am West Broadway stürzt sich ein aufgebrachter junger Mann wutentbrannt auf einen »Falafel-Laden«, er scheint ihm ein Symbol für die arabische Welt zu sein, jene »Araber«, auf die sein zielloser Zorn sich richten und entladen kann.

Hinter der Glasscheibe starren ängstliche Kunden auf den wütenden Mann, und auf der Straße eilen Passanten zu Hilfe. »Hör auf«, schreien sie und packen ihn bei den bebenden Schultern. »Das ist nur ein Laden mit Essen, für Menschen, die Hunger haben. Das sind noch nicht einmal Palästinenser.« Und sie halten ihn fest und zwingen ihn, die rot-gelbe Schrift auf dem Schaufenster zu lesen: »Israeli Falafel« ...

Vor der Notaufnahme des St. Vincent Hospital im West Village, an der Kreuzung der Siebten Avenue mit der 13. Straße stehen Hunderte seit Stunden in den Schlangen, um Blut zu spenden. Juden mit der Kippa, Schwarze, Latinos, ein Kleinwüchsiger neben einem geschniegelten Wall-Street-Banker, alle haben sich in zwei Reihen aufgestellt. Hinter den grau-braunen Pappkarton-Schildern, auf die mit schwarzem Filzschreiber jemand die Blutgruppen geschrieben hat, gibt es die Kriterien 0+ oder A und B und A/B. Irgendjemand hat eine gigantisch große Pizza organisiert, und der weiße Pappteller wird durch die Reihen gereicht, jeder bricht sich ein Stück ab; ein anderer hat vom Kiosk einen Kanister mit stillem Wasser besorgt. Es ist ein heißer Tag, und New York wirkt gedämpft unter der Mittagssonne und dem Terror. Niemand schreit, keine Wagen fahren über die Straßen. Nur ab und an rast ein Angehöriger in einem Taxi gegen den Strom der Feuerwehrfahrzeuge Richtung Süden – so weit es geht zu der immer noch flammenden Hölle und den schlechten Nachrichten, die sie dort erwarten.

»Jeder von uns kennt jemanden, der im WTC arbeitet«, sagt Neil, 31, einer mit der begehrten Blutgruppe 0+, »jeder von uns hat heute jemanden verloren – wir alle haben heute etwas verloren.«

Unten, auf der Canal Street steht Officer Joe Ryder von der Polizei aus Brooklyn und versucht, die Menschen zu beruhigen. »Wir haben die Nachrichten auf dem Revier aus dem Fernsehen erfahren. Und dann sind wir auch schon los. Dreißig Leute. Wir haben uns alle verloren in dieser Zerstörung. Ich weiß nicht, wo meine Kollegen sind. Wir haben uns alle verloren. Eigentlich sollten wir nur zur ›Crowd Control‹ hierher. Aber hier gibt es keine klare Aufgabenteilung mehr, jeder hilft, wo er kann. Wir sind hier kurz vor der zweiten Explosion angekommen. Ich war da unten an der White Street, Ecke Church Street. Das Nächste, an das ich mich erinnere, ist dieser Knall. Es war wie ein Atom-Krieg da unten.«

In der Menge läuft Denzel Sancho, 35, planlos umher, sein Hemd ist offen, sein Schlips hängt tief an seinem Hals. Denzel kann nur stottern, und er scheint vergessen zu haben, wie man Worte in die richtige Reihenfolge bringt, und so spuckt er sie einfach heraus, und man muss sie nachträglich sortieren.

»Meine Frau, Susan, sie ist da unten seit 8 Uhr. Das ist jetzt schon so lange. Und sie arbeitet da, in einem Kosmetiksalon. Sie hat um 8 angefangen. Das ist nur ein Block, also ein Block weg von dem Tower, und sie ist schon so lange da unten. Ich kann sie nicht finden. Ich kann sie einfach nicht finden. Und sie müsste doch schon längst hier sein.«

Die erste Nacht

Südlich der Canal Street ist die gesamte Inselspitze rund um das World Trade Center evakuiert, Menschen tragen ihren Hausstand für die nächsten Tage auf dem Rücken und einige die Katze in einer Tragetasche in der Hand, nordwärts, raus aus dem Katastrophengebiet. An jeder Straßenkreuzung stehen Polizisten, die Nationalgarde ist mittlerweile auch eingerückt, und Soldaten verwehren Zutritt.

Kein Wagen befährt die Straßen, lediglich die Polizeiwagen fahren lautlos, nur ihr rot-weißes Alarmlicht leuchtet durch die Nacht.

In der verwahrlosten südlichen Lower East Side, an der Ecke von St. James's Street und Madison, haben sich ein paar arme Schlucker und Tagediebe versammelt, der Lebensmittel-Laden »Dream Deli« spendet etwas Licht, sonst sind die umliegenden Gebäude alle in absolute Schwärze getaucht – es herrscht Stromausfall in dieser Gegend.

»Sie haben einen jungen Araber halb totgeschlagen«, erzählt José Rivera, 34, und nichts deutet darauf hin, dass er das irgendwie fragwürdig finden könnte. »Eine ganze Gang ist über ihn hergefallen an der 116. Ecke Third Avenue. Er kam gerade aus seinem Laden raus, und dann sind zehn Mann auf ihn los. Er war noch bei Bewusstsein, als die Polizei ihn da rausholte.«

Am East River, unterhalb der Brooklyn Bridge, herrscht gespenstische Ruhe, kein Hund traut sich hier mehr auf die Straße, alle Hochhäuser und Geschäftshäuser sind dunkel, über die Brooklyn Bridge jagen nur ein paar zivile CIA-Wagen mit abgedunkelten Scheiben lautlos durch die Nacht. Die Marktstände auf der Pier von South Street Seaport, früher eine Touristen-attraktion, stehen leer und verwüstet, nur der Fischgeruch erinnert an einen normalen Geschäftsbetrieb in den frühen Morgenstunden vor der Katastrophe.

Nachts um halb eins wird die Pier plötzlich in orangefarbenes Licht getaucht: Eine Kolonne von 35 Müllwagen der NYCHA fährt zu ihrem Einsatz in die Zone.

Unten am East River, an der Pier der South Street, fahren Sattelschlepper, Gabelstapler, Pick-Up-Trucks in den Kampf gegen die Zeit und das unerwartete Trauma der eigenen Verwundbarkeit.

Über den East River zieht immer noch die Rauchwolke aus dem Krater, jener Stelle, an der einmal das Symbol der Skyline thronte, flacher ist sie geworden, diese Spur der Verwüstung, gelblicher, aber sie zieht weiter direkt nach Brooklyn Heights, und hinterlässt auch dort ihren giftigen Staub.

Im Umkreis der Wall Street, wenige Blocks nur noch von der Rauchsäule und dem Kern der Tragödie entfernt, in den frühen Morgenstunden, ist alles in gleißend weißes Licht getaucht. Überall stehen Feuerwehrfahrzeuge, in der leergefegten U-Bahn Station Fulton sitzt ein einsamer Polizeibeamter minutenlang regungslos, seinen Kopf in die Hände gestützt. Zu müde, um aufzustehen oder zu weinen, verharrt er dort.

Die Straßenzüge, die Autos, die Menschen, alles ist wie in grauen, frischen Pulverschnee getaucht, jeder Schritt, jedes vorbeifahrende Fahrzeug der New Yorker Polizei wirbelt Wolken auf, die sich langsam auf Haare, Wimpern, Dächer und Autos niedersenken.

Niemand hier läuft ohne Mundschutz oder Schutzanzug herum. Kein Journalist ist mehr auf den Beinen, ein paar verlorene Bewohner irren durch die Nacht. Der Boden ist übersät mit Papieren aus den Schaltzentralen der Macht: Angesengte Memos mit einem braun-verbrannten Rand wie verfärbte Kondolenzschreiben liegen zu Tausenden auf den mit Staub und Asbest bedeckten Straßen. E-Mail-Ausdrucke, Geschäftsunterlagen, Verträge – die Banalität des Alltags liegt auf der Straße, jetzt, da nichts mehr alltäglich ist in dieser Stadt.

Letzte Nacht hat der Krieg gegen Afghanistan begonnen. Der Photograph Markus Matzel und ich sind gerade in Peschawar angekommen. Ein paar Kilometer außerhalb der Stadt, die das Zentrum der nordwestlichen Grenzprovinz Pakistans ist, liegt das Flüchtlingslager Cherat.

Das Gebiet hat eine 1100 Kilometer lange Grenze mit Afghanistan; in seiner Mitte liegt das Tal von Peschawar, das sein Wasser von den Flüssen Kabul und Swat bezieht. Durch den nördlichen Teil ziehen sich die Flüsse Kaghan, Indus, Swat, Dir und Chitral.

Die Provinz an der Nordwestgrenze ist von Paschtunen besiedelt, mit 16 Millionen Menschen eine der größten Stammesgesellschaften der Welt. Die Paschtunen in den Gebirgen wurden nie unterworfen: Mughals, Afghanen, Sikhs, Briten und Russen versuchten vergeblich, sie zu besiegen. Die britischen Kolonialherren duldeten die Selbstverwaltung der Paschtunen in ihren so genannten Stammesgebieten, die bis heute eine unkontrollierte Region sind, ein verbotenes Terrain und gleichzeitig eine Pufferzone zwischen der nordwestlichen Grenzprovinz um Peschawar und Afghanistan.

Als 1893 die Grenze nach Afghanistan in Form der so genannten Durand-Linie gezogen wurde (nach Sir Mortimer Durand, dem bemitleidenswerten britischen Unterstaatssekretär für Indien, der aufgefordert wurde, eine Grenze festzulegen, als ob es dafür natürliche Gründe gäbe), war die Heimat der Paschtunen plötzlich zweigeteilt: Die Grenze trennte ihre Gemeinschaft in zwei Nationalstaaten, aber die Stammesangehörigen konnten sich ungehindert hin und her bewegen. Und dieses Privileg ist die Wurzel des heutigen umfangreichen Waffen- und Opiumschmuggels zwischen Afghanistan und Pakistan.

Im Laufe der letzten 20 Jahre haben rund zwei Millionen Flüchtlinge aus Afghanistan die Grenze überschritten. Obwohl der pakistanische Geheimdienst an den verschiedenen Machtkämpfen in Afghanistan aktiv beteiligt war, sind die afghanischen Flüchtlinge hier verhasst.

Die Regierung in Islamabad hat kein Interesse an Berichten aus den Flüchtlingslagern. Sie will nicht, dass die Welt Mitleid mit diesen Menschen hat – niemand soll erwarten, dass Pakistan noch mehr Menschen aufnimmt, und es werden mehr werden –, das amerikanische Bombardement hat gerade erst begonnen, und Tausende verängstigte Afghanen sind auf der Flucht. Deshalb ist es ausländischen Journalisten nicht gestattet, die Lager zu betreten.

In unserem Hotel in Peschawar beobachten uns schlecht getarnte Undercover-Agenten der Geheimpolizei auf Schritt und Tritt.

An der Rezeption des Hotels übergebe ich meinen Pass dem Manager, der mich keines Blickes würdigt, auch das Gespräch über Zimmer und Preis verweigert der Mann mir, der westlichen, aber sorgsam verschleierten Frau. Markus wird angesprochen, als ob wir verheiratet wären und er damit automatisch auch die Eigentums- und Verfügungsrechte über mich erworben hätte. Wir beugen uns der Unterstellung und geben uns als Paar aus. Aber die Szene vermittelt mir einen ersten Geschmack davon, wie unsichtbar Frauen hier werden.

In Islamabad hatten wir am Tag zuvor eine junge Frau von der afghanischen Organisation »Rawa« kennen gelernt und mit ihr über ihre Arbeit im Untergrund gesprochen: Sie und ihre Mitstreiterinnen unterrichteten heimlich Mädchen und junge Frauen und sorgten dafür, dass Frauen medizinische Hilfe erhielten. Nach ein paar Stunden fragte sie, ob wir ein Flüchtlingslager besichtigen wollten.

Wir verabredeten uns für den frühen Morgen in Peschawar, ich sollte mich unter einem langen Schleier verstecken. Sie versprach, dass sie einen Weg finden werde, um Markus und mich in ein Lager zu schmuggeln. Markus mit seiner doch etwas eigenwilligen Punkerfrisur aus weißblond gefärbten Haaren, die wild in alle Richtungen stehen, muss den Kopf mit einem Turban bedecken. Mit viel konspirativer Energie treffen wir im Hotel mit einem Kontaktmann zusammen, der uns zur Hotelgarage führt und aufpasst, dass niemand unserer seltsamen Gruppe folgt. Es klappt – unbemerkt gelangen wir an diesem Morgen ins Freie.

Um diese Zeit sind nur die Kinder in den Ziegeleien schon auf den Beinen und tragen Backsteine zum Feuer – sie sind ebenso abgehärtet wie das poröse Baumaterial, das sie tragen und das später für 1000 Rupien pro 1000 Ziegelsteine verkauft werden wird.

Einer hat Glück: Er besitzt einen müden Esel, der ihm beim Transport der schweren Ladung hilft. Der Esel blutet am Rücken, dort, wo die Decke zu kurz ist und die Ziegelsteine scheuern.

Die grausame Kinderarbeit wirkt fast malerisch in dieser Umgebung, eingetaucht in »Eos, das Frühlicht mit rosigen Fingern«, wie Homer die Morgendämmerung nannte.

Ohne Unterbrechung und ohne Kontrolle fahren wir bis zum Flüchtlingslager.

Cherat: die sandige Oberfläche der Verzweiflung

Offiziell sind wir nie in diesem Lager gewesen. Nicht nur, weil wir es nicht betreten durften, sondern auch, weil es offiziell gar nicht existiert. Cherat ist ein illegales Lager; es besteht schon seit 15 Jahren und beherbergt 7000 Menschen in kleinen Lehmhütten, die an die Stelle der Zelte aus der Anfangszeit getreten sind.

Im Lager gibt es drei kleine Läden, die Reis, Kekse und Shampoo verkaufen, und einen Metzger, bei dem vier Stücke eines Lamms an einem Holzpfahl hängen – jedenfalls hoffe ich, dass es Lamm ist. Sie sind mit Fliegen bedeckt und schmoren in der Sonne. Straßen gibt es nicht, nur Zwischenräume zwischen den Hütten, und durch das ganze Lager fließen Exkremente in kleinen blaugrünen Rinnsalen wie durch ein Arteriensystem. Auf dem Hauptplatz sitzen Männer und starren in den Himmel. Tagsüber sieht man keine B52-Bomber, sondern nur die Drachen der Kinder – unter dem Taliban-Regime war es ihnen verboten, mit diesen Symbolen des Bösen zu spielen.

»Ich habe nichts gegen Ausländer«, sagt Mariam. Sie sitzt auf dem Fußboden einer kleinen Hütte ohne Tür, umgeben von verschleierten, barfüßigen Frauen und fünf schwarzen Omega-Nähmaschinen. Sie bringt den anderen bei, wie man Schals,

Halstücher und Burkhas herstellt. »Ich habe nichts gegen Ausländer, nur haben sie uns noch nie etwas Gutes getan.« Russen, Araber, Pakistani-Taliban oder jetzt die Amerikaner, immer haben fremde Mächte um Afghanistan gekämpft, um Öl, Macht, Landgebiete, und immer gegen die Zivilbevölkerung. »Seit 25 Jahren werden unsere Söhne ermordet, unsere Töchter vergewaltigt, unsere Ehemänner ins Gefängnis gesteckt, unser Land zerstört – erst von den Russen, dann von den *Jihadis*, dann von den Taliban. Warum soll ich jetzt den Amerikanern trauen, die uns bombardieren?«

Mariams Schmerz hat keinen Adressaten, sie verbindet Leiden mit Handlungen, aber nicht mit bestimmten Akteuren. Sie ist empört über das, *was* man ihr angetan hat, aber nicht über die, *die* es getan haben.

Für sie gleichen sich die Verbrecher, weil sich die Taten gleichen.

Sie war schon früher hier in Pakistan, in dem Flüchtlingslager, heimatlos, voller Verzweiflung und Angst. Im Jahr 1986 floh sie vor der russischen Invasion; sie verließ ihre Heimat in der afghanischen Provinz Farah, ging nach Pakistan und wartete auf bessere Zeiten. Als die Nordallianz (*Mudjaheddin* oder *Jihadis*, wie sie hier genannt werden) Afghanistan zurückeroberte, schöpfte sie wieder Hoffnung, und sie vertraute den neuen Herrschern. Diese, so glaubte sie, könnten ihr ein sicheres Leben bieten, also kehrte sie mit ihren fünf Kindern nach Farah zurück. »Dann habe ich gesehen, was die *Jihadis* den Frauen angetan haben«, sagt sie.

Die anderen Frauen drehen stumm weiter an den Handrädern ihrer Omega-Maschinen. Mehr braucht Mariam nicht zu sagen.

In den folgenden Tagen werde ich immer wieder das Gleiche hören: »Wir wissen, was sie getan haben.« »Wir haben gesehen, was sie getan haben.« »Wir haben nicht vergessen, was sie getan haben.«

Im Jahr 1994 kamen vier Männer gegen neun Uhr abends in Mariams Haus. Sie behaupteten, ihr Mann, ein Lehrer und Ladenbesitzer, sei ein Dieb. Sie schlugen ihn mit ihren Gewehren, und dann verprügelten sie Mariam, bis sie bewusstlos war. Als sie aufwachte, war ihr Mann bereits tot. Und sie floh erneut über die Grenze. Jetzt ist sie hier in Cherat, mit so wenig Geld, dass sie nur zwei Kinder durchbringen kann. Die anderen hat sie in ein Waisenhaus in Lahore im Nordosten Pakistans geschickt.

Ihr Reservoir an Vertrauen ist erschöpft, und doch begrüßt sie uns herzlich.

Sie bietet eine kleine Schale mit Rosinen und Nüssen sowie ein Glas Tee an. Sie nimmt meine Hände und bringt alle zum Lachen, weil sie die Contenance und die Distanz verliert, die man gegenüber einem Gast zu wahren hat.

Sie beschimpft mich, blickt mir in die Augen, fragt, fordert und fleht, und schließlich schüttelt sie mich, als könnten wir damit die Welt wieder in Ordnung bringen.

»Du hast Sprache, du kannst schreiben – sag es ihnen!«

Dieses Lager beherbergt den Schmerz von Generationen. Wie ein Sediment hat er sich über die Jahre und die wechselnden Kriege aufgetürmt, hat die innere Landschaft dieser Flüchtlinge geformt und gefärbt.

Alle Herrscher haben sie aus Afghanistan vertrieben: Russen, Nordallianz, Taliban. Sie haben vor allen Angst. Dass die Taliban-Herrschaft zu Ende ist, wird von *allen* Frauen begrüßt, mit denen ich mich in Cherat unterhalte. Aber weckt es neue Hoffnung? Werden diese Frauen zurückkehren? Werden sie sich einer neuen Regierung unter Führung der Nordallianz anvertrauen?

»Unter den Taliban mussten wir aus religiösen Gründen die Burkha tragen, wenn wir nicht umgebracht werden wollten«, sagt Mariam wie viele andere. »Unter den *Jihadis* müssen wir die Burkha aus Gründen der Sicherheit tragen, wenn wir nicht vergewaltigt werden wollen … wo ist der Unterschied?«

Wenn in Afghanistan eine neue Regierung unter Führung der Nordallianz eingerichtet wird, werden sie nicht zurückkehren.

Im Krankenhaus des Lagers sitzt der vierzigjährige Abdul Quayum. Er versucht, seinen Schreibtisch aufzuräumen und ein wenig Ordnung in sein Leben zu bringen. Zehn Jahre war er als Guerillakämpfer in Afghanistan. Die Russen nahmen ihn fest, weil er als Student der medizinischen Hochschule von Negrahar in den Straßen von Kabul eine Untergrundzeitung verteilt hatte. Sechs Monate steckten sie ihn ins Gefängnis. »Sie haben mich geschlagen ... ja ... hart geschlagen, mit Gegenständen ... mit Elektroschocks, so nennt man es doch, oder?« Er denkt laut nach: »Der Begriff erfasst es nicht richtig ... dieses Erlebnis ... *Schock* ... das ist nicht zutreffend.« Er hat für die Widerstandsbewegung gekämpft und als Arzt gearbeitet, für *jede* Widerstandsbewegung, gegen jedes Unterdrückerregime. Jetzt ist er hier im Lager und kämpft nur noch gegen Malaria, Tuberkulose und die Schwermut der Flüchtlinge, die in Cherat festsitzen.

Da hockt er nun, mit seiner Kraft, seinem Mut, seinem athletischen Körper, und alle diese Gaben wirken auf einmal nutzlos. Also schiebt er Stethoskop und Bleistifte auf seinem Schreibtisch hin und her, bevor er den nächsten Patienten hereinruft.

Man lädt uns ein, im Lager zu übernachten.

Niemand weiß, ob Markus und ich eine Hütte miteinander teilen sollen, und keiner erwartet so recht, dass wir uns den widrigen Umständen anpassen wollen – und alle freuen sich, als wir das Lager dem bequemeren Hotel in Peschawar vorziehen.

Mit unseren Gastgebern teilen wir uns abends einen Teller Reis und drei Kartoffeln, dann schlafen wir auf dem staubigen Boden einer Hütte auf harten Bastmatten. Eine Kröte hüpft leicht genervt in die Ecke des kahlen Raums.

Am nächsten Tag werden wir anders behandelt, als seien wir Freunde geworden, und man bittet uns in alle Hütten und Zelte.

Jetzt reden wir auch über uns, beantworten ihre Fragen, wie wir leben, wie wir lieben, woher wir kommen, und wir beginnen andere Fragen zu stellen, um zu verstehen, wer die Menschen hinter den Schleiern sind, unter den Bärten, unter der Schicht aus Kummer, die alle Individualität auszuradieren scheint.

In unserer Welt macht der Schmerz uns zu Individuen, hier scheint Leid alle zu vereinheitlichen, verdeckt es alle Unterschiede unter einer sandigen Oberfläche der Verzweiflung.

Am Ende unseres Aufenthaltes kommt Mariam, um sich zu verabschieden:

»Alle afghanischen Menschen haben ihren Kummer«, sagt sie und streicht mir über die Haare, »du kannst dir nicht alles anhören ...*niemand* kann das ertragen.« Sie berührt meine Stirn. »Eines nach dem anderen, das reicht. Du musst vorsichtig sein und auf dich Acht geben.«

Die Anti-Baby-Pille oder
Lügen in gegenseitigem Einvernehmen

Eine holländische Bekannte von Markus, die als Journalistin mit ihrem Freund in Peschawar arbeitete, brauchte dringend Nachschub ihres Verhütungsmittels, konnte aber im traditionellen Peschawar keinerlei Hilfe erwarten. Also fragte sie Markus, ob ich für sie in Islamabad zu einer Frauenärztin gehen könne, um ihr eine Anti-Baby-Pille zu besorgen, die wir dann später mit nach Peschawar bringen sollten.

Mit etwas umständlicher Peinlichkeit erklärten wir unserem christlichen Fahrer Elyas, dass wir eine Ärztin aufsuchen wollten, und er brachte uns zu einem eleganten Privathaus in einer feinen Wohngegend Islamabads.

Eine verschleierte Dame um die 50 hörte Elyas zu und bat mich dann mit einer einladenden Geste ins Haus, in ein dunkles Seitenzimmer.

In fließendem Englisch fragte sie mich, was meine Beschwerden seien.

Weder wusste ich, ob pakistanische Gesetze medizinische Kontrazeptiva verbieten, noch welcher Religion diese Ärztin angehörte, noch ob vielleicht ihr Glauben die Verabreichung von Verhütungsmitteln untersagte.

Etwas zögerlich begann ich zu erklären, dass ich im Auftrag einer Freundin käme, die seit Monaten mit ihrem Freund in Peschawar arbeitete und nun länger bliebe als geplant. Die mitgebrachten Präparate gingen zur Neige, und sie brauche die Pille.

»Ich nehme an«, unterbrach mich die Ärztin unter dem Schleier, »Ihre Freundin ist *verheiratet*, nicht wahr?«, und sie nickte mit dem Kopf, um mir zu signalisieren, dass ich ihre Frage bejahen musste, wenn ich Hilfe erwartete.

Also stockte ich kurz und log dann erwartungsgemäß: »Ja, … verheiratet, selbstverständlich.«

Sie stand auf und verschwand. Nach einer Minute kam sie zurück und überreichte mir einen Umschlag mit einer monatlichen Ration einer »Anti-Baby-Pille« (auch wenn ich nicht wirklich viel davon verstehe, so war doch selbst mir klar, dass es völlig idiotisch war, für eine Unbekannte irgendein Präparat zu besorgen) und einen Zettel, auf den sie einen Namen und eine Telefonnummer geschrieben hatte. In Peschawar gebe es einige Frauen, Ärztinnen, die sich um andere Frauen kümmerten.

»Wenn Ihre Freundin zu dieser Ärztin hier geht und Grüße von mir bestellt, dann kann die sie untersuchen und ihr auch etwas anderes verschreiben als diese Pille. Dies ist die einzige, die ich hier habe.« Ich bedankte mich sehr, und dann lud sie mich unerwartet ein, mit ihr und ihrer Familie Tee zu trinken. Sie öffnete die Flügeltür in der Wand hinter ihr, und plötzlich erweiterte sich der Raum zu einem riesigen, wunderschön eingerichteten Wohnzimmer.

Behende, fast unsichtbare Bedienstete brachten Tee und Milch und Kekse und Kuchen und Samosas, und der Ehemann und mehrere Töchter begrüssten mich in exzellentem Englisch. Wir saßen um den Tisch, und sie erzählten von ihrem Leben in Pakistan und den kuriosen Wandlungen der Weltgeschichte, die sie noch bis gestern zu Verdammten und heute auf einmal zu den engsten Freunden der Amerikaner bestimmt hatte.

Sie waren witzig und herzlich, gebildet und unendlich milde mit mir, die ich so viel weniger über ihre Welt wusste als sie über meine.

Nach einer Weile fiel mir ein, dass Markus und Elyas noch im Auto vor der Tür auf mich warteten und sich vermutlich mittlerweile Sorgen machten.

Ich bedankte und verabschiedete mich von der Familie. Erst

jetzt realisierte ich, wie schäbig ich mich benommen hatte. Ich hatte diese hinreißend hilfsbereite Dame und Ärztin belogen, und das gehörte sich nicht. Also sagte ich zu ihr auf dem Weg zur Eingangstür:

»Übrigens, ich möchte mich bei Ihnen entschuldigen. Ich habe Sie angeschwindelt. Die Freundin, für die Sie mir das Produkt gegeben haben, *ist* gar nicht verheiratet.«

Sie fasste mich am Arm, lächelte und sagte:

»Ich weiß. Und selbstverständlich *gibt* es auch gar keine Freundin. Das macht nichts.«

Und brachte mich hinaus.

Sie hatte mir von vornherein nicht geglaubt, sie hatte unterstellt, dass dieses Gespräch unter wissenden Frauen nur aus Lügen bestünde: Meine verwurzelt in Scham, ihre in Subversion gegen bestehende Gesetze. In Ländern wie diesen beherrschen Frauen eine eigene Sprache der heimlichen Verständigung, ohne die sie nicht überleben könnten. Es hatte in Anerkennung dieses Codes keinen Sinn, meiner Ärztin zu erklären, dass die Pille *wirklich* nicht für mich, sondern für eine Bekannte vorgesehen war.

Afghanistan – oder die Büchse der Pandora

An der Grenze zum Niemandsland gibt es keinen Schlagbaum.

Vier Panzer der Nordallianz stehen zwischen den verrosteten Zapfsäulen der kleinen Tankstelle in der Nähe des Zentrums von Maidan-Shar, wo die Soldaten von General Zemerai in der Sonne warten. Seit sieben Tagen stehen sie auf diesem verlorenen Außenposten, im Rücken das befreite Kabul, vor sich in den Bergen die bewaffneten Taliban.

»Wir haben lange gekämpft, um bis hierher zu kommen, aber es ist noch nicht vorüber«, sagt General Zemerai. In den letzten Tagen hat es Gefechte gegeben, vier Tote, drei Verletzte, die Bevölkerung ist evakuiert. Nur wenige Alte sind bei ihren struppigen Ziegen geblieben.

Die verlassene Stadt liegt an der strategisch wichtigen Handelsstraße von Kabul nach Bamian und Herat.

Als wir in Kabul von den Kämpfen gehört hatten, glaubten wir, es seien die letzten Gefechte zwischen den Taliban in Maidan-Shar und den vorrückenden »Befreiern« der Nordallianz.

Doch hier wütet nicht der Krieg gegen den Terror, kein ethnischer Konflikt zwischen tadschikischen Soldaten der Nordallianz und Paschtunen, keine Schlacht zwischen fundamentalistischen Taliban und den religiös unmotivierten Mudjaheddin der Nordallianz.

Dies ist lediglich eine absurde Familienfehde zwischen zwei Vettern: Ghulam Mohammad und Abdul Ahmet.

Seit Jahren bekriegen sich Ghulam und Abdul, Hunderte starben in ihren blutigen Scharmützeln. »Es gab immer nur Angriffe und Gegenangriffe«, sagt einer der Stadtältesten, der sich nach Kabul geflüchtet hat, »Gespräche zwischen den beiden haben nie stattgefunden.«

Beide waren Mujaheddin – aber in unterschiedlichen Parteien. Ein ethnischer Konflikt war es nie und ist es auch jetzt nicht. Zu welchen Parteien und Fraktionen sie einmal gehört haben, ist heute bedeutungslos; meist wird um das gekämpft, worum man immer gekämpft hat: Land.

Und Land bedeutet nicht nur Macht und Ehre, sondern auch Geld. Insbesondere wenn darauf Wasservorkommen oder eine wichtige Handelsroute liegen, beispielsweise die Straße von Kabul nach Herat.

In dieser Hinsicht hat sich nichts geändert.

Die Nordallianz rückt nicht weiter über die Stellung an der Tankstelle vor – nachdem wir sie passiert haben, befinden wir uns schutzlos im »Talibangebiet«.

Auf einem kleinen Sandweg oberhalb von Maidan werden wir, der Photograph Thomas Grabka und ich, an einem Kontrollpunkt angehalten. Mit welcher Befugnis oder in wessen Namen man uns aufhält, ist völlig unklar, aber die Kalaschnikows verbieten jegliche Verhandlungen. Wir wollen den bewaffneten Milizionären unsere Beglaubigungsschreiben vom Innenministerium in Kabul zeigen, aber sie sind Analphabeten und kümmern sich nicht darum.

Während wir noch etwas unschlüssig warten, wird ein Lastwagen mit Flüchtlingen und Reisenden aus der Gegend angehalten. Die Soldaten steigen auf den LKW und durchsuchen alle Passagiere. Sie nehmen sich Geld, einen Kassettenrekorder und was ihnen sonst noch gefällt. Alles läuft reibungslos, niemand widersetzt sich dem erpresserischen Raub, keiner klagt über die rohe Gewalt. Doch auf einmal gibt es großes Geschrei, und einer der Milizionäre hält zwei Patronen in die Höhe, die er angeblich in den Taschen eines armen Hazara gefunden hat.

Ein alter Trick von Banditen, die Reisende erpressen wollen. Sie geben vor, sie hätten Munition oder Waffen gefunden, und drohen, den Ahnungslosen zur Polizei zu bringen. Thomas reagiert geistesgegenwärtig und versucht die Szene mit der Kamera festzuhalten, weil er hofft, so den verschüchterten Hazara freipressen zu können. Doch wir werden nur bedroht und verjagt.

Zunehmend verärgert über unsere Einmischung, lassen sie uns schließlich doch passieren – nur, um uns loszuwerden.

Wir fahren weiter und dringen drei Kilometer ins Taliban-Territorium vor. Rechts und links der sandigen Straße liegen ausgebrannte Fahrzeuge, zwischen den Hügeln stehen noch Scharfschützen der Taliban, ihre langen zielgenauen Gewehre umklammert, immer noch auf Beobachterposten, als sei der Krieg nicht längst entschieden.

Auf dem Platz vor der Salman-Fars-Schule sitzen ein paar Soldaten der Nordallianz in nagelneuen Uniformen neben Kleinlastwagen mit mehreren Dutzend Abschussvorrichtungen für Panzerabwehrraketen.

Sie warten genau wie die dreißig Taliban-Kämpfer, die so weit wie möglich von den Nordallianz-Kämpfern entfernt auf einem Teppich in der Sonne sitzen, die Kalaschnikows auf den Schultern, ernst und still. Die verfeindeten Parteien warten darauf, dass ihre Anführer aus dem Klassenzimmer kommen.

Der Taliban Ghulam Mohammad verhandelt drinnen mit dem Vertreter Kabuls, dem Tadschiken Maulana Abdul Rahman.

Wir gehen in das Schulzimmer. Auf dem Fußboden sitzen die

gegnerischen Kämpfer einander in drei Reihen gegenüber, die Gewehre jeweils quer vor ihrem Schoß.

Ghulam erklärt, er sei zu allen Zugeständnissen bereit und werde mit der Nordallianz aus Kabul jedes Abkommen aushandeln – vorausgesetzt, sein alter Feind, Erzrivale und Vetter Abdul Ahmad ziehe keinen Vorteil daraus.

Auch Ghulam war früher einmal wie sein Vetter Abdul Ahmad *Jihadi*, doch als es opportun wurde, hat er die Seite gewechselt und sich den Taliban angeschlossen. Jetzt muss er dafür sorgen, dass die neuen Herren Afghanistans seine Macht nicht beschneiden. Seine vormalige ideologische Zugehörigkeit steht seiner Kooperationsbereitschaft nicht im Wege. Überzeugungen und Loyalitäten wechselt Ghulam so schnell wie seine Kopfbedeckung, solange er seine Privilegien bewahren kann.

Der Soldat Maulana von der Nordallianz handelt ein Abkommen aus: Ghulam darf weiter über sein Territorium herrschen und seine Kämpfer befehligen, er darf auch weiterhin die Straßen kontrollieren und Zölle nach Gutdünken kassieren, auch seine schweren Waffen muss er nicht abgeben – solange er versichert, nicht die Nordallianz anzugreifen.

In den Kämpfen geht es nicht um Religion oder ethnische Zugehörigkeit. Man tötet oder stirbt aus Halsstarrigkeit, Ehrgeiz und Habgier.

Die Nordallianz hat kein Interesse daran, die alte Ordnung in Afghanisten zu erschüttern.

Die neuen Herrscher in Kabul wollen das traditionelle System der Feudalmächte, Rituale und Stammesprivilegien nicht infrage stellen.

Ihre Einheiten regieren die Hauptstadt, aber außerhalb regiert die Anarchie.

Eine Anarchie allerdings mit Struktur: Ein feines, bewegliches Mosaik aus Territorien, verwaltet und kontrolliert von unterschiedlichen Gruppen, die sich das Recht nehmen zu patrouillieren, zu rauben und zu töten.

»In diesem Land ist zurzeit nichts sicher. Wir haben der internationalen Gemeinschaft gesagt, dass es so kommen würde«, erklärt Eberhard Bauer, Leiter der deutschen »Welthungerhilfe«

in Kabul. »Die Büchse der Pandora wurde geöffnet … und jetzt müssen wir zusehen, wie wir mit diesem Alptraum fertig werden.«

Als wir zurückkommen, wartet Abdul Ahmad mit seinen Leuten an der Tankstelle. Er weiß noch nichts von dem Abkommen, das Ghulam gerade mit der Nordallianz ausgehandelt hat. Die Soldaten des Generals Zemerai haben vorsichtshalber wieder begonnen, ihre Panzer zu polieren: »Man weiß nie, wann man wieder kämpfen muss …«

Der Schleier oder Wer entscheidet über die Bedeutung der Burkha?

Nie, wirklich nie wollte ich in ein Land reisen, in dem Frauen sich verschleiern müssen.

Erstaunlicherweise versetzte mich die Vorstellung des Schleiers, ob als Kopftuch oder als *Chador* oder als Burkha, regelrecht in Panik. Meine Furcht gründete nicht in feministischer Ablehnung des Kleidungsstücks *per se*, auch nicht in radikalem Atheismus, also nicht in der Verachtung jedweden Glaubens oder jedweder konfessionellen Symbolik.

Solange das demokratische Ideal der Selbstbestimmung gewahrt bleibt und sich jeder individuell und frei entscheiden darf, ob er sich an die religiösen Vorgaben aus der 33. Sure des Koran binden möchte oder nicht – so lange kann ich dagegen keinerlei Einwände vorbringen. Nur weil die christliche Religion eine Kultur der Innerlichkeit nahe legt, die keinerlei äußerer Erkennungszeichen bedarf, kann doch nicht von anderen Gläubigen verlangt werden, dass ihre Ausdrucksformen unseren entsprechen müssen.

Dennoch flößte mir die Vorstellung, mich verschleiern zu *müssen*, absolute Panik ein. Ich vermute, sie hat in der Behinderung durch ein solch klobiges Kleidungsstück ihre Ursache.

Auf die erste Reise nach Pakistan nahm ich deswegen einen alten Vicuña-Poncho meines Großvaters aus Argentinien mit.

Er war natürlich mehrfach unangemessen, denn das Material war zu dick und sah ganz anders aus als die dünnen, feinen Tücher, die die pakistanischen Frauen verwendeten. Zudem war der Poncho eindeutig männlich konnotiert, denn er ähnelte eher den grau-braunen Wolldecken, die die Männer sowohl als Umhang wie auch als Gebetsteppich verwenden.

In Pakistan konnte ich mich damit relativ entspannt bewegen, obgleich ich mich eingesperrt fühlte, meine Gesten und Handbewegungen beschränkt.

Das weibliche Afghanistan hatte sich nach dem Fall der Taliban, optisch zumindest, nicht wesentlich verändert. Auch wenn die Weltöffentlichkeit in den ersten Tagen immer und immer wieder strahlende, befreite Frauen ohne Burkha präsentiert bekam – so habe ich zumindest auf der Straße in Kabul keine einzige Frau ohne den wehenden blauen Umhang entdeckt. Nicht eine.

Die Burkha verdeckt die Frau vollständig. Es lassen sich nicht einmal Konturen des Körpers darunter erahnen. Das Ausmaß der Hüften verschwindet unter dem unförmigen Gewand ebenso wie Größe oder Form der Brüste. Da hinter dem vergitterten Kopfteil jedes Gesicht unkenntlich wird, lässt sich auch das Alter nicht bestimmen. Man sieht nicht, wie kräftig die Armmuskeln sind oder wie weich die Haut. Nichts.

Auf den ersten Blick verlieren die Frauen unter der Burkha ihre Individualität.

Aber dann, nach einiger Zeit, fallen die Schuhe auf. In den Schuhen artikulieren sich alle Unterschiede, sie signalisieren dem Gegenüber etwas über die soziale Klasse, das Alter: Sie sind rot, blau, gelb, pink, elegant, ärmlich, schmutzig, sauber, poliert oder staubig. Die ganze Bandbreite des gesellschaftlichen Lebens spiegelt sich auf jenen Zentimetern, die unterhalb der Verschleierung hervorschauen.

Auf den Straßen von Kabul gibt es unzählige bettelnde Frauen. Häufig sind es Witwen, die Ehemann und Söhne in den endlosen Kriegen verloren haben, und da sie unter den Taliban nicht arbeiten durften, blieben ihnen nur Bettelei oder Prostitution.

Die obdachlosen Witwen auf den Straßen tragen nicht nur alte Schuhe, auch ihre Burkhas sind abgenutzt, die Farbe ist verblasst. Das Leben auf der Straße hat aus dem Blau ein hässliches Graubraun oder Grün gemacht, und sie stinken.

Die Frauen sind so verzweifelt und hilflos, dass sie, verborgen unter der Burkha, alle Hemmungen verloren haben. Sie kommen zu fünft oder sechst, laufen hinter jedem her und halten ihn mit ihren Körpern fest; man ist zwischen ihnen eingezwängt, sie fassen einen an und flehen um Geld. Sie wollen unbedingt eine Gabe, sie werden aggressiv und zerren den Umringten an den Ärmeln, sie ähneln einem vielköpfigen, entsetzlichen Insekt und man bekommt Angst und fühlt sich belästigt.

Dann bemerkt man, dass man diese Frauen tatsächlich so behandelt, als seien sie Insekten, widerliche Insekten, und im nächsten Moment ekelt man sich vor sich selbst, weil man sich so vor ihnen ekelt. Man schämt sich und empfindet zugleich Scham für sie, die auf der Straße ihre Scham verloren haben.

Sie sind gesichtslos, man kann ihnen nicht in die Augen hinter diesen Kunststoffgittern sehen, man flüchtet ins Auto und will die Tür zuschlagen, aber sie strecken die Hände ins Auto, man hat Angst, ihre Hände zu verletzen, aber der Drang, sie loszuwerden, und die Angst vor ihrer Nähe sind stärker als die Angst, ihnen wehzutun, endlich schließt man die Tür, und sie schlagen mit ihren schmutzigen Händen gegen die Scheiben, und man würde am liebsten sterben.

Vielleicht sollte ich dazusagen: Ich hatte Geld gegeben. Gleich am Anfang. Der Ersten. Es spielte keine Rolle.

In Afghanistan trug ich einen *Chador*, erst ein dünnes Tuch aus Pakistan, später eine der Decken, die auch Männer in der trockenen Kälte sich um Kopf und Schultern legen. Oft stand ich mitten in einer Gruppe von Soldaten der Nordallianz und unterhielt mich mit ihnen; wenn sie ein wenig lockerer und weniger schüchtern geworden waren, fragten sie: »Trägst du zu Hause auch so einen Schleier?«

»Nein.«

»Aber warum trägst du ihn dann hier?«

Darauf erwiderte ich *nicht*: »Weil ich Angst vor Leuten wie euch habe, die für Massenvergewaltigungen bekannt sind«, sondern:

»Weil ich in diesem Land eine Fremde bin und weil es ein Zeichen der Höflichkeit ist.«

Darüber waren sie einerseits erfreut, andererseits aber auch zutiefst verwirrt und irritiert. »Aber euer Krieg war doch auch gegen den Schleier, warum trägst du ihn dann?«

Worauf sie hinauswollten, war klar: Wie kann diese Ausländerin ein solches Kleidungsstück tragen, wenn es doch angeblich so böse ist, dass Amerika einen Krieg führt, um die Frauen davon zu befreien. Die westliche Logik verwirrte sie zu Recht: Nicht gegen den Schleier, sondern gegen den *Zwang*, ihn zu tragen, lässt sich vernünftigerweise argumentieren.

Meine Verschleierung musste ihnen sonderbar erscheinen.

Natürlich hätte ich mich bequemer und weniger entfremdet ohne den monströsen Schleier gefühlt – aber wie viel sollte ich riskieren, nur um ihnen das politische Signal zu senden?

Was in westlichen Medien häufig übersehen wird:

Die Burkha hat viele Bedeutungen und Verwendungen.

Sie bedeckt, sie behindert, sie schützt, sie verbirgt, sie kollektiviert, sie entsexualisiert, sie hysterisiert die Sexualität gleichzeitig, sie entsozialisiert.

Sie hat einen kulturellen Code, einen Klassencode, einen religiösen Code, einen politischen Code. Sie wird verwandt als Instrument der Unterdrückung der Frau. Aber die Misshandlung der Frauen beginnt früher, macht sich an unendlich vielen Techniken der strukturellen Missachtung und Ausgrenzung fest – nicht nur an diesem Kleidungsstück.

»Die Burkha«, sagte eine junge Frau in dem Flüchtlingslager in Cherat zu mir, »die Burkha ist das geringste unserer Probleme.«

Das soll die Zwangsgesetze, die das Tragen der Burkha anordnen, nicht verharmlosen, aber es soll darauf verweisen, dass die Befreiung der afghanischen Frauen nicht allein daran hängt, ob die Burkha aus dem Straßenbild verschwindet.

Nach den Angriffen des 11. September versuchten alle, die Vergangenheit der Terroristen zurückzuverfolgen.

Jeder wollte wissen: Was waren das für Menschen? Wie religiös waren sie? Wer hat sie zu Fanatikern ausgebildet? Was hat sie aufgestachelt? Persönliche Erfahrungen? Oder ein politischer Schock? Wie konnten sie unerkannt unter uns leben? Wie konnten sie so normal wirken? Wie konnten sie mit uns studieren?

Den meisten Medienberichten zufolge bestand die größte Überraschung offenbar darin, dass es sich um gut integrierte Einwanderer mit den Zukunftsaussichten der Mittelschichtsangehörigen handelte. Es waren keine Ausgestoßenen, Außenseiter, asoziale Asylbewerber, sondern gebildete Studenten.

»Normale« Menschen, so die behagliche Illusion, könnten doch kein solches Verbrechen begehen. Die Kommentatoren suggerieren, dass diese Täter des 11. September ein schizophrenes Leben geführt haben: hier der angepasste Einwanderer, da der fanatische Muslim, hier der freundliche Nachbar, da der grausame Terrorist.

Wir versuchen, ihre Taten in unserem rationalen Denkschema unterzubringen. Wir verfolgen die Geschichte des Fundamentalismus zurück, wir machen die prämodernen Teile des Islam dingfest, und wir analysieren die sozialen Ungleichzeitigkeiten in der arabischen Welt.

Wir analysieren die Dialektik des globalen Kapitalismus und welche katastrophalen sozialen Verhältnisse in den arabischen Ländern daraus erwachsen.

Bei einigen führt das zu der Diagnose, der Terrorismus sei immanenter Bestandteil des nicht reformierten Islam. Andere halten diesen Terrorismus für einen natürlichen Bestandteil der asymmetrischen Globalisierung. Dementsprechend machen die Ersten den Islam und seine Führer verantwortlich, die anderen uns selbst und unseren ungerechten Kapitalismus.

Aber bei allem Bemühen, eine Erklärung für die Gewalt zu finden, bleibt doch immer ein Moment des Unzugänglichen.

Den Nährboden, aus dem eine solche Tat erwächst, können wir zwar zu einem beträchtlichen Teil offen legen, aber das ausschlaggebende Moment der bewussten Entscheidung eines Menschen, Tausende umzubringen, bleibt im Schatten der Vernunft – unerklärlich.

Mit ein wenig Glück erhielten wir Zugang zum Hochsicherheitsgefängnis von Kabul. 86 Häftlinge sind hier eingesperrt, davon 35 pakistanische Staatsangehörige und fünf so genannte »Araber«. Sie sind immer mindestens zu sechst in einer Zelle im Keller des Gebäudes untergebracht, ohne Heizung und oftmals ohne Betten. Sie haben ein paar Decken vom Internationalen Roten Kreuz, manche besitzen ein Exemplar des Korans, und sie dürfen in ihren Zellen Tee trinken. Den Zucker für den Tee und andere persönliche Habseligkeiten haben sie in Plastiktüten verstaut, die hoch über ihren Köpfen an der Wand hängen, damit der Inhalt auf dem kalten Boden nicht feucht wird.

Einen Richter haben sie noch nicht zu Gesicht bekommen, von einem Anwalt ganz zu schweigen. Seit Wochen haben sie kein Tageslicht gesehen, sondern nur die wenigen Meter des Korridors, der zu den schmutzigen Toiletten im ersten Stock führt.

Wir dürfen in eine der Zellen und mit den Insassen sprechen: Sechs Männer sind in dem Raum zusammengepfercht. Für sie alle sind nur drei Pritschen vorhanden. Fünf Männer sitzen auf grauen Wolldecken, einer liegt mit dem Gesicht zur Wand unter einer der Pritschen; die anderen nehmen keine Notiz von ihm. Nach einiger Zeit haben wir herausgefunden, dass er der einzige Ausländer in der Zelle ist. Ausländer und insbesondere Araber waren in Afghanistan schon immer verhasst, und jetzt, nach dem Ende des Taliban-Regimes, wird man mit der Vergangenheit des Landes am einfachsten dadurch fertig, dass man bin Laden, seine arabischen Streitkräfte und die Pakistanis, die das Taliban-Monster geschaffen haben, für alles Böse verantwortlich macht. Eine scheinheilige Vergangenheitsbewältigung, derzufolge alles Schlechte aus dem Ausland eingewandert ist.

Dementsprechend behaupten die afghanischen Häftlinge, man habe sie nur wegen unpolitischer Schlägereien festgenommen – als seien sie ganz normale Kleinkriminelle, die nichts mit den Taliban zu tun hatten.

Ich frage den »Araber«, den sie unter die Pritsche verbannt haben, ob er mit mir reden will, aber mein Dolmetscher spricht nur Dari und Urdu, und kein Arabisch. Ein Häftling aus einer anderen Zelle könne übersetzen, heißt es, und fünf Minuten später erscheint Osama.

Er ist ein 32-jähriger, gut aussehender Jordanier und spricht makelloses Englisch. Der Mann, der so freundlich und hilfsbereit wirkt, wurde verhaftet, weil er im Zuge eines Selbstmordkommandos möglichst viele Amerikaner töten wollte. Die nächsten beiden Stunden unterhalten wir uns.

Er hat keine Hemmungen, über seine Motive und seine Vergangenheit zu sprechen. Er gesteht unverzüglich, was er vorhatte, und nennt für sein mörderisches Vorhaben Motive und Gründe. Außerdem ist er bereit, mit mir über Koranabschnitte, die Geschichte des Nahostkonflikts und Bushs Rhetorik zu diskutieren.

Ob er mir seltsam vorkam? Verrückt? Irrational? Fanatisch?

Nein, er schien keineswegs befremdlich, bis auf die Tatsache eben, dass er bereit war, sich in die Luft zu sprengen, um Amerikaner zu töten.

Hatte seine Mission ihre Wurzeln in einer einschlägigen Vergangenheit, in fanatischer Unterweisung und ideologischer Manipulation?

Anscheinend nicht. Er ist in Amman aufgewachsen. Es gibt nichts an seiner Sozialisation, das sich als Initiation einer Radikalisierung, als Wende, als traumatisches Ereignis verstehen lässt. Kein islamistischer Führer, keine besonders extremistische Moschee, kein Imam, der Osama angestachelt hätte. Keine Opfer in der Familie, die es zu rächen gälte. Keinerlei Hinweise auf den konkreten Ursprung seiner Entscheidung lassen sich ausmachen.

Am 4. Oktober 2001 jedoch nahm Osama 300 Dollar und flog mit einer Maschine der Gulf Airlines von Amman nach Karachi, ohne Eltern oder Bekannten vorher etwas davon zu sagen; er verließ die Heimat, »um den Muslimen in Afghanistan im Krieg gegen die Invasoren zu helfen und gegen die Amerikaner zu kämpfen«.

Über einen Monat blieb Osama in Karachi, dann lernte er in einer Moschee einen gewissen Abdul kennen. Abdul versprach, er werde ihn nach Afghanistan in ein Ausbildungslager bringen, und dort könne er sich auf ein Selbstmordattentat vorbereiten.

Nachdem Abdul von Osama 5000 Rupien erhalten hatte, vermittelte er den Transfer über das nordpakistanische Peschawar nach Afghanistan. Kabul erreichte Osama ein paar Tage vor dem Fall der Stadt.

»Ich hätte alles getan«, erklärt er. »Wenn sie gesagt hätten, ich soll dableiben und kochen, hätte ich es getan, und wenn sie gesagt hätten, ich soll mich mit einer Bombe umbringen, hätte ich auch das getan.«

Aber in Kabul stellte sich heraus, dass Abdul ein Lügner war: In der afghanischen Hauptstadt fanden sich nicht wie besprochen die Kontaktpersonen, es gab kein Ausbildungslager, und die Muslime in Afghanistan warteten durchaus nicht auf Ausländer wie ihn.

Ehe Osama sich einer Einheit der Taliban oder gar einer Zelle der al-Qaida-Kämpfer anschließen konnte, wurde Kabul von den Truppen der Nordallianz erobert, und Osama ging nach Jallalabad – zu jener Zeit eine der letzten Taliban-Hochburgen. Dort wurde er festgenommen. »Hätte ich bloß gewusst, dass sie hier in Afghanistan Ausländer hassen. Das hat mir keiner gesagt.«

Osama nennt für seine Mission eine Fülle politischer Gründe: den Nahostkonflikt, die Ermordung »all der vielen Muslime« in den besetzten Gebieten, die Misshandlung der Palästinenser und die Gleichgültigkeit des Westens demgegenüber. Er ist empört, dass der Irak bombardiert wird, und wirft den Vereinigten Staaten vor, sie würden gegen die Muslime kämpfen. Bushs Ankündigung eines »Kreuzzuges« scheint ihn zu bestätigen.

Warum er über das alles so offen spricht, frage ich.

»Warum sollte ich Angst haben?«, erwidert er leise, »ich hatte mich entschlossen, mein Leben für die muslimische Sache zu opfern, jetzt gibt es nichts mehr, wovor ich mich fürchten müsste.«

Aber es sei doch ein Widerspruch, einerseits ein gläubiger Muslim zu sein und andererseits Selbstmord zu begehen. Der Koran verurteilt Selbstmord. Es blitzt in seinen Augen, Anerkennung für ein Gegenüber, das den Koran kennt. Nun entwickelt er einen gewissen sportlichen Ehrgeiz bei der Interpretation religiöser Imperative.

»Nein, der Koran verurteilt den Selbstmord nur bei Menschen, die ihres Lebens überdrüssig sind, die keine Achtung vor dem Geschenk des Lebens haben, die es aus Egoismus oder Niedergeschlagenheit wegwerfen. Aber ich liebe das Leben, ich freue mich über seine Schönheit, und ich werfe es nicht weg, sondern ich gebe es für etwas Erhabenes. Das ist nicht verboten, das ist eine große Tat.«

Die religiösen und säkular-politischen Motive für seinen Entschluss, zum »Märtyrer« zu werden, lassen sich nicht auseinander halten. Eine solche Differenzierung ist auch nicht angemessen, denn ein Fanatiker ist definitionsgemäß ein Mensch, der Politik und Religion nicht unterschiedlichen Wert- oder Handlungssphären zuordnet.

Im Kern jedes Fanatismus liegt eine Ästhetisierung: Der Wunsch, die ungeordnete, entzauberte, verworrene Welt mit einer glatten Form und Ordnung zu versehen.

Die Ideologien der säkularen politischen Terroristen belegen das. Oft weisen sie eine symbolisch geschlossene Logik auf, sie beinhalten Glaubensüberzeugungen. Auch die Methoden, mit denen diese Terroristen rekrutiert werden, gleichen jenen der religiösen Sekten.

Auf der anderen Seite argumentieren religiöse Terroristen mit politischen Rechtfertigungen; sie benennen historisch-politische Ereignisse als Augenblick ihrer Erweckung und sie sehnen sich nach Gerechtigkeit für die Menschen in der hiesigen Welt. Genuin religiös ist nur das Versprechen eines idyllischen Lebens im Jenseits.

Grenzgebiet – oder Kafka in Pakistan

Auf meiner dritten Reise nach Pakistan wollen wir, der Photograph Sebastian Bolesch und ich, über den neu ausgebrochenen Konflikt des Landes mit Indien berichten.

Wir reisen entlang der Grenze zwischen Pakistan und Indien bis zum pakistanischen Teil Kaschmirs. Wir beginnen im Südosten, in den Grenzorten unweit von Lahore. Dort begegnen wir einigen Bauern, die nichts außer ein paar Kühen und zwei Schafen besitzen. Sie laden uns ein, wir sitzen auf einem rostigen Bettgestell, das vor einem kahlen Unterstand steht, die Schafe scharren im trockenen Boden nach Nahrung, ab und an zupft eine Kuh an meiner Jacke. Die Bauern bieten uns Tee mit frischer, wunderbar sahniger Milch an, und wir reden.

Sie erzählen von ihren Verlusten, von der Strategie der indischen Armee, nicht nur gelegentlich die Gegend unter Mörserbeschuss zu legen, sondern auch systematisch Rinder zu erschießen und so die Bauern nach und nach aus der Grenzregion zu vertreiben. Sie erzählen von der Invasion der Inder vor einigen Jahren und wie sich heute der Kreislauf der Gewalt nur mehr wiederholt.

Sie zeigen uns ihre brachliegenden Felder, die sie nicht mehr bestellen können, weil die pakistanische Armee sie zu Minenfeldern gemacht hat. Kleine rote Wimpel flattern über dem tödlichen Gelände, fruchtbare Erde einst, ertragreiches Land seit Generationen, das einmal ihr Überleben garantierte.

Die Erinnerung an frühere Angriffe der Inder ist Fluch und Segen zugleich: Sie macht alle Hoffnung auf Frieden zunichte, verhindert aber auch, dass die Taten in Vergessenheit geraten. Ohne Erinnerungen würde niemand flüchten. Ohne Erinnerung an die Toten, an die geplünderten Höfe, an die verlorenen Viehherden gäbe es auf den Straßen nördlich von Sialkot keine Flüchtlinge. Nur durch die Mahnung der Vergangenheit können sich so einige retten vor den Übergriffen, überleben einige mehr die permanenten Angriffe.

Die Angst wird in dieser Gegend weitergereicht von Generation zu Generation. Für manche ist die alte, anhaltende Furcht, resultierend aus den Erfahrungen der Vergangenheit, heute nur noch ein ererbtes Hindernis für eine neue, andere Zukunft.

Für andere tragen eigene Erfahrungen zur Angst bei – manchmal sind fremde Gewehrkugeln auch heute noch schneller als der eigene Instinkt.

Zurückgekehrt ins Hotel, lese ich in einer Lokalzeitung einen Bericht über vier Männer, die in einem ländlichen Gebiet in Grenznähe von Granaten der indischen Armee verwundet wurden. Am nächsten Morgen machen wir uns um sechs Uhr auf den Weg und fahren drei Stunden zu dem Militärkrankenhaus, in das man die Verletzten gebracht hat.

Dort angekommen, warten wir eine halbe Stunde in der Eingangshalle, bis uns jemand schließlich zum Klinikdirektor führt. Er weigert sich, auch nur meine Visitenkarte anzunehmen, weigert sich zuzuhören und fragt nach Anweisungen aus Islamabad. Nichts bewegt ihn dazu, unser Anliegen wenigstens zu verstehen. Ein bürokratischer Militär, der jede eigenverantwortliche Entscheidung für eine Bedrohung des Militärregimes und den Untergang des Morgenlandes hält.

Wir werden umgehend aus dem Zimmer expediert, unser armer Übersetzer jedoch muss sich noch Drohungen und Beschimpfungen anhören, bevor wir ihn aus den Fängen des aufgebrachten Klinikdirektors befreien können.

Wir fahren zum nächsten Militärgebäude mit einem anderen Dienst habenden Offizier. Er lässt uns zwanzig Minuten warten und erklärt dann, er sei nicht zuständig. Auf unserer Odyssee durch die pakistanische Bürokratie gelangen wir schließlich zum örtlichen Kommandanten. Er bietet uns Tee und Samosas an, und bevor wir unser Ersuchen formulieren können, gilt es zunächst, mit ihm über die Welt im Allgemeinen zu sprechen und dabei so planlos und geduldig wie möglich zu wirken. Nach einer halben Stunde tragen wir unseren Wunsch vor, mit den Verwundeten zu sprechen, und er erklärt, dass er versuchen werde, uns zu helfen.

Nach weiteren fünfzehn Minuten bringt uns ein Soldat zu einem anderen Gebäude, und ein Sicherheitsbeamter setzt sich zu uns. Er bietet Tee, Milch, Kekse, Samosas und Frühlingsrollen an, und wir reden eine Stunde lang über Bosnien und Deutschland. Als wir schließlich unsere Bitte vortragen, geht die Sonne bereits unter. Er sagt, er müsse seinen Vorgesetzten fragen, und nach einer weiteren halben Stunde erklärt er, wir könnten ins Krankenhaus.

Wir sind erledigt: Alle meine Kapazitäten, Zorn wie Charme, gleichermaßen erschöpft.

Wir kommen wieder in das gleiche Krankenhaus, wo wir ein paar Stunden zuvor angefangen haben. Nach all der militärischen Dummheit und kafkaesken Bürokratie, nach all dem Geschrei, der ignoranten Sturheit und den Kämpfen mit der hierarchischen Ordnung stehen wir plötzlich mitten in der Wirklichkeit des Krieges, mit seinem Geruch nach Tod und Desinfektion.

Alles, womit wir uns gequält hatten, ist beim Anblick all der verstümmelten Körper, durchschossenen Arme, zersplitterten Beine vergessen. Die Verwundeten liegen zusammengepfercht in einem großen offenen Saal, nur die Schwerstverletzten separiert durch einen dünnen türkisfarbenen Vorhang, alle anderen Bett an Bett, Zivilisten sie alle, Opfer eines Krieges, der noch nicht einmal als solcher gilt, nur als Konflikt, und in dem doch wöchentlich Menschen auf beiden Seiten der Grenze sterben.

Eine Frau am Ende der Halle stöhnt durchdringend, nur unterbrochen durch ihr verwirrtes Murmeln und Weinen.

Wenige Betten weiter liegt ein junger Mann, der auf eine Mine getreten war und dem die Ärzte vor fünf Stunden einen Fuß amputiert haben. Sie hatten ihm versichert, sie könnten den Fuß retten, und er hatte es ihnen geglaubt, aber jetzt blickt er an seinem blutigen, entstellten Körper hinunter, als wäre es der eines Fremden. Noch hat niemand gewagt, ihm zu offenbaren, dass sein Schwager am gleichen Tag bei einem Angriff der Inder ums Leben gekommen ist. Schlechte Nachrichten werden, wenn möglich, dosiert verabreicht.

Sebastian hat seine Kamera weggelegt und steht irgendwo hinter mir. Es ist nicht die Zeit zu photographieren. Er hat ein gutes Gespür dafür, was es mitunter bedeutet, als ohnehin hilfloses

Opfer auch noch dem fremden, indiskreten Blick der Kamera ausgesetzt zu werden. Er versteckt sich nie hinter dem Objektiv, er entzieht sich nicht den Situationen oder menschlichen Begegnungen, sondern die Kamera ist bei ihm immer Teil einer Szene. Dadurch aber gelingt ihm diese besondere, sehr intime, fast kammerspielartige Bildsprache.

Gemeinsam hören wir einfach zu und gehen von Bett zu Bett, von einem Verletzten zum nächsten.

Schließlich bewegen wir uns auf das Lager eines alten Mannes zu.

Mit Filzschreiber hat jemand auf die Patiententafel am Kopfende seinen Namen gekritzelt: Er heißt Mohammed Shafi. Und bevor ich auch nur irgendetwas sagen kann, richtet er sich schon ein wenig in meine Richtung auf, hebt die rechte Hand und zeichnet ein paar Linien in die Luft; dann bricht es aus ihm hervor, Tränen rinnen ihm über das zerfurchte Gesicht und er weint: »Aaaaa–ah-ah … Aaaaa–ah-ah …«

Immer im gleichen Rhythmus, sein Weinen geht durch Mark und Bein. Der verwundete Alte weint nicht nur über seine gegenwärtigen Schmerzen. Nein, er weint über die Erfahrung eines langen Lebens voller Gewalt und Unrecht, weint über die Gleichgültigkeit der Welt, in der jeden Tag Verbrechen geschehen.

Er weint und weint, weil endlich jemand auf ihn aufmerksam wird und zuhört.

Mohammed stottert: »Sie werden uns umbringen.« Dabei hebt und senkt sich seine Brust, diese Brust, die von zwei Kugeln zerstört ist, aus der ein Schlauch heraushängt, der Blut und Eiter in eine Flasche leitet, die unter seinem Bett unmittelbar vor meinen Füßen steht.

»Uns alle«, und die Brust geht auf und ab, »sie werden uns alle umbringen«, auf-ab.

»Sie stehen so nahe wie Sie jetzt«, auf-ab, »und sie erschießen uns.«

Er schämt sich seiner Tränen nicht, er ist zu alt und zu gequält, als dass es ihm peinlich wäre.

Aber für uns ist es beschämend. Nicht, dass er weint und uns anklagt für unsere Ignoranz, sondern dass er weint und uns auch noch dankt, dass er das endlich kann.

Er weint und weint und hört nicht auf, weil er so lange darauf warten musste.

Am nächsten Tag brechen wir auf in die Gegend, wo Mohammed Shafi angeschossen wurde. Es ist ein kleines dreieckiges Gebiet auf pakistanischem Territorium, das die Soldaten »Chicken-neck« – Hühnerhals – nennen, weil es so schmal ist und weil es ideal als Angriffsfläche für die Inder taugt. Nichts als Ackerland, unter ständigem Beschuss durch indische Granaten. Währenddessen verkündet Colin Powell in Islamabad der Welt seinen großen diplomatischen Erfolg, weil er eine Art Waffenstillstand zwischen Indien und Pakistan vermittelt habe.

Wir machen uns nachmittags auf den Weg, weil Sebastian im Licht der untergehenden Sonne photographieren möchte, wenn die Schatten länger und die Konturen deutlicher werden.

Auf den Straßen, die wir benutzen, strömen nur Flüchtlinge – in die *andere* Richtung. Wir fahren bei einigen auf dem Traktor für eine kurze Strecke mit. Eingezwängt zwischen ihrem Hausrat, Matratzen und Kindern erfahren wir von ihrer Hoffnungslosigkeit in diesem ewigen Krieg der kleinen Gefechte.

Sechs Stunden sind wir unterwegs in dieser Geisterregion, in der uns immer weniger Menschen begegnen. Alle warnen uns, wir sollten nicht weiterfahren, nur ein paar Bauern wandern ebenfalls in die bedrohte Zone, weil sie ihre Rinderherden in dem Gebiet zurückgelassen haben.

Hin und wieder liegt ein Teilstück der Straße in Reichweite einer indischen Stellung auf der anderen Seite der Front. Absurde Schilder weisen lapidar auf die Gefahr hin:

»Schnell. Fahren Sie schnell. Gebiet unter indischem Beschuss.«

Natürlich hat es etwas Fatales, denn die Schilder suggerieren fälschlicherweise, man könne nur dort ums Leben kommen, wo sie stehen.

Wir durchqueren eine evakuierte Ortschaft nach der anderen, passieren Soldaten, die neben der Straße Gräben ausheben und ihre Panzer mit Tarnnetzen abdecken, während die Zivilisten hektisch die Gegend verlassen. Schließlich erreichen wir die letzte Ortschaft, Mohammed Shafis Heimat.

Hundert Meter müssen wir über ein offenes Feld gehen, unmittelbar unter den Augen der Scharfschützen, die, auf drei indischen Wachttürmen postiert, das Gelände überblicken können. Im Ort selbst sind nur noch Soldaten, ein Bauer und eine alte Frau, zu alt, um noch auf etwas Besseres zu hoffen als auf einen schnellen Tod in dem Dorf, in dem sie geboren wurde.

Der Bauer, der mit seinen Eseln und Schafen vor seinem Haus steht, flüstert uns zu. »Sie dürfen dort nicht stehen«, er gestikuliert wild, »kommen Sie hier herüber, hinter die Mauer, in diesem Ort steht man nicht herum ...«

Nach ein paar Stunden fahren wir durch die Nacht wieder nach Hause.

An jedem Armeeposten müssen wir anhalten, weil die Leute mit uns Tee trinken und etwas über die Welt hören wollen, eine Welt, die sie vergessen hat.

Deutsch – oder vielversprechend antisemitisch

In einer Ortschaft hält uns ein alter Mann auf. Wir sollen noch nicht ins Auto steigen, wir müssten reden. Er ist der Dorfälteste, gewohnt, dass Menschen seinen Anweisungen Folge leisten. Wir zögern. Es ist spät, es wird bereits dunkel, wir wissen nicht recht, was er von uns will.

Der Alte weist ein paar Männer an, uns Stühle, Tee und Gebäck zu bringen. Er will wissen, was wir denn vom »WTC« halten, was wir über »die Juden« denken.

Sebastian wendet sich ab, und ich weiß, dass er von diesem Antisemiten weg will, aber ich sehe auch, wie junge Männer langsam näher kommen und sich vor dem Haus auf dem Boden niederlassen.

Es scheint, als sei das Gespräch in der westlichen Welt durch den medialen Einfluss von banalen Talk-Shows, die nur mehr dem wechselseitigem Bekennertum immer peinlicherer Perversionen dienen, fast in Vergessenheit geraten. Jedenfalls jene Form des Gesprächs, in der es darum geht, Erfahrenes auszutauschen oder etwas von der Welt oder aus der Vergangenheit zu erzählen. Aber die orale Kultur der semi-öffentlichen Unterhaltungen, in denen solch ein gedanklicher und erzählerischer Austausch stattfindet, existiert in zahlreichen Gesellschaften der Welt noch immer. Wissen und Überzeugungen übermitteln sich hier nicht via TV oder Buch, sondern immer noch in Gesprächen, die in weiteren Gesprächen wiederum zitiert werden.

In diesen Gegenden liest kaum jemand eine Zeitung, die wenigsten haben einen Fernsehapparat, und Fremde kommen nur selten vorbei. Es ist immer noch die mündliche Überlieferung, durch die Ideen und Ereignisse das Land erobern.

Wir bieten also dem Alten und den jungen Männern eine der wenigen Gelegenheiten, andere Sichtweisen kennen zu lernen und auch die ihren in die Welt zu tragen.

Also bleiben wir.

Nach Ansicht fast aller meiner Gesprächspartner in Pakistan wurde der Anschlag auf das World Trade Center von »den Juden« verübt, fast jeder in Pakistan trug die Verschwörungstheorie an uns heran, derzufolge »4000 Juden am Morgen des 11. September nicht zur Arbeit ins World Trade Center gekommen sind«.

»Warum nicht? Weil sie ›es‹ wussten ...«

Immer sind es die »Juden«, der »Mossad« ...

Sie haben nie etwas von den Verbindungen der Piloten zu Bin Ladens Finanznetzwerk gehört, nichts von der Lebensgeschichte der Täter, rein gar nichts.

Verblüffenderweise gründet sich die Verschwörungstheorie über Mossad oder CIA als heimliche Anstifter der Anschläge nicht nur auf die eingefleischte Überzeugung, dass diese Organisationen niederträchtig genug für derartige Verbrechen seien, sondern auch auf starke Zweifel daran, dass irgendeine muslimische Organisation über ausreichende Intelligenz, Ausrüstung und Raffinesse für eine solche Tat verfüge.

Die Verschwörungstheorie scheint ihre Wurzel erstaunlicherweise weniger im Hass gegen die Allmacht der »anderen« zu haben als vielmehr in der Frustration über die »eigene« Ohnmacht.

Und dennoch: Fast alle, mit denen ich in Pakistan sprach, waren »antiamerikanisch« eingestellt – ich glaube, so würden wir es nennen.

Was das bedeutet?

Das Heikle an diesem »Antiamerikanismus« ist, dass darin »Israelis« mit »Juden«, »Juden« mit »Amerikanern« und »Amerikaner« mit »CIA« oder »Mossad« gleichgesetzt werden.

Kritik an der Politik des Staates Israel geht einher mit einem rein rassistischen Angriff auf »die Juden« im Allgemeinen, jede Kritk an amerikanischer Politik verbindet sich mit einer wüsten Verschwörungstheorie.

Wenn man dann diskutiert und versucht, rationale Argumentationen von rassistischen zu trennen, gelingt das manchmal einige Minuten lang, und dann fällt die Diskussion wieder zurück in rein idiosynkratische Anwürfe.

Wir versuchen, einzelnen ihrer Kritikpunkte zuzustimmen, und gelegentlich führt das dann dazu, dass sie ebenfalls Irrtümer »ihrer« Seite einräumen.

Niemand hieß die Anschläge auf das World Trade Center gut, aber nahezu alle fühlten sich als Opfer des amerikanischen Rachefeldzuges, seit Bush nicht allein den »Kampf gegen den Terror«, sondern einen »Kreuzzug« angekündigt hatte.

Die Menschen hier haben zwar keinen Fernseher, aber sie wissen *alle*, dass Bush seine Mission als »Kreuzzug« bezeichnet hat. Ich weiß nicht, ob ein einziges Wort in der Geschichte schon einmal derart viel Schaden angerichtet hat wie dieser Fehlgriff.

In der Regel wollten sie mit uns sprechen, weil »deutsch« für sie vielversprechend antisemitisch klingt. Es ist eine doppelt rassistische Unterstellung: Wer deutsch ist, muss antisemitisch sein, und wer antisemitisch ist, mit dem lässt sich gut reden.

Niemand darf sich auf eines dieser Gespräche nur halbherzig einlassen, denn der eigene Missmut, das Aufgeben im strittigen Gespräch, die Ungeduld, alles wird sich ihnen einprägen als ungebührliches, unhöfliches Verhalten eines Fremden in ihrer Mitte. Und sie werden es deuten als Schuldgefühl, Scham, Gesprächsunfähigkeit, Desinteresse oder Arroganz.

Wir diskutieren lange, immer wieder ringen wir um das Verständnis des anderen, räumen Vorurteile aus, erklären dem anderen, was unverständlich bleibt an der eigenen Kultur. Wir debattieren unter den gebannten Blicken der Anwohner über den Nahostkonflikt, über die Situation in Afghanistan und über Bushs Rhetorik.

Am Ende sitzt eine Gruppe von vielleicht 25 Männern um uns herum. Nur der alte Mann und ich haben gesprochen, und mehrere Dolmetscher haben leise flüsternd den anderen unseren Streit übersetzt.

Ob ich sie mit irgendeinem Argument, das ich in diesen Stunden auf der Terrasse vorgebracht habe, überzeugen konnte, weiß ich nicht – aber als der Tag zur Neige ging, wussten wir wenigstens, dass sie jemanden aus dem Westen kennen gelernt hatten, Nichtmuslime, die sich zu ihnen gesetzt hatten, Tee mit ihnen getrunken und ihnen zugehört hatten, die argumentiert und zugestimmt oder widersprochen hatten – bis zum Sonnenuntergang.

Und ich weiß, dass sie von diesem Gespräch weitererzählen werden, ihren Nachbarn, ihren Familien, ihren Dorfgemeinschaften.

Kriegsgebiete – von Tod und Normalität

Einige meiner Freunde und manche Medienvertreter fragen wieder und wieder, warum wir in Krisengebiete fahren.

Warum wir Tod und Gewalt besichtigen wollen?

Warum wir immer wieder an solche Orte zurückkehren?

Warum wir achtlos unser Leben aufs Spiel setzen?

Als in Afghanistan acht meiner Kollegen innerhalb der ersten zehn Tage getötet wurden, fragten manche: Warum sind sie jene Straße entlanggefahren? Warum sind sie in Begleitung dieser Leute gereist? Wie konnten sie so unvorsichtig sein? Waren sie vom Ehrgeiz getrieben? Vom Voyeurismus? Vom Druck aus ihren Redaktionen?

Die Gründe und Motive, die mich diese Themen und Länder suchen lassen, sind vielschichtig.

Manche sind mir bewusst, andere nicht.

Manche sind so eng mit meiner Person verwoben, dass ich sie kaum entwirren und mit kurzen, klaren Sätzen erklären kann.

Manche sind banal, manche egozentrisch oder politisch.

Vor allem gehe ich auf solche Reisen, weil mich das Wissen von den Opfern des Krieges und des Unrechts umtreibt.

Gewiss, das Opfer von heute wird häufig zum Täter von morgen, die gegenwärtige Verzweiflung wird vielfach zum Nährboden für zukünftige Brutalität.

Es geht um die Genese von Ausgrenzung und Krieg – und darum, den Opfern eine Sprache zu leihen.

Allzuoft treffen Misshandlung und Gewalt ihre Opfer nicht nur äußerlich: Die Opfer werden nicht nur geschlagen und vergewaltigt, sondern das Trauma nimmt ihnen auch die Fähigkeit zu sprechen oder sich verständlich zu artikulieren. Unterdrückung und Gewalt gegen Einzelne oder Gruppen haben nicht nur das Ziel, die Menschen auszulöschen, sondern auch, alle Spuren des Verbrechens zu verwischen. Am Anfang aller Spuren und der Möglichkeit, sie zu verfolgen, steht die Sprache. Es ist eine Methode der systematischen Unterdrückung: Man zerstört die Fähigkeit der Menschen, auf verständliche Weise zu berichten, was ihnen angetan wurde.

Ich fahre in Kriegsgebiete, weil die Erfahrung von Gewalt allzu oft dazu führt, dem erlebten Unrecht keinen Ausdruck mehr verleihen zu können, die Opfer sprachlos zu machen, sie ins Vergessen zu bringen. Das aber vertieft die Verletzung noch.

In Kriegen gibt es alles gleichzeitig: Die Normalität des alltäglichen Lebens, es gibt Gelächter und Sinnlichkeit, die Menschen sind auf den Straßen, Basare und Lebensmittelmärkte sind geöffnet, Hochzeitsfeiern finden statt und Kinder lassen Drachen steigen. Es gibt Feste und Liebe, man bemerkt keine Geräusche oder Szenen der Gewalt.

»No soldiers in the scenery, no thoughts of people now dead«, heißt eine Zeile des Dichters Wallace Stevens.

Menschen kommen und berichten von Tod und Verwüstung an Orten, die bis gestern noch verschont waren. Die Menschen nehmen uns mit in ihre Häuser in den Ghettos, den Favelas, in der Peripherie der Städte, auf dem Land, und sie wandern zwischen Gebieten und Zonen hin und her.

Auch die Kämpfe wandern, ändern Ort, Form, zeitlichen Ablauf und Aussehen.

Und irgendwann ist man kein Außenstehender mehr, weil man in solchen Gebieten nicht außerhalb der Gewalt stehen kann – sie ist überall, hat alle Bereiche der Gesellschaft und der Topographie durchdrungen.

Die Menschen liegen in Krankenhäusern oder man trifft sie in Bauernhäusern. Man hört, in dem Dorf an der Front sei noch eine einsame alte Frau, sie wolle dort nicht weg, sie habe alles Leid gesehen und erlebt und sie wolle nicht mehr fliehen vor dem Krieg. Und ihr Sohn will sie besuchen und fragt, ob man nicht mitkommen wolle.

Und natürlich geht man mit.

Natürlich will ich nicht getötet werden.

Natürlich bemühe ich mich, vorsichtig zu sein.

Aber es lässt sich nicht berechnen, wo der Tod auf einen wartet.

Nicht einmal in unserer westlichen Welt.

Mein Leben liegt nicht in meiner Hand.

Das bedeutet nicht, dass ich keinen Respekt vor dem Leben hätte oder keine Dankbarkeit für das Privileg empfände, in einer friedlichen Gesellschaft zu leben.

Ich weiß dieses Geschenk zu schätzen, gerade weil mir klar ist, dass es nicht mein Verdienst ist, lediglich Zufall, und weil ich weiß, dass es mir jederzeit und an jedem Ort genommen werden kann.

Niemand drängt mich, in solche Gebiete zu fahren – ganz gewiss nicht meine Redaktion. Im Gegenteil, aus Sorge würden sie vermutlich am liebsten jeden bedenklichen Einsatz verhindern, wenn ich nicht sehr ausdrücklich insistieren würde und mittlerweile natürlich auch so viel Erfahrung gesammelt hätte, dass sie mich mit einem Vertrauensvorschuss ziehen lassen. Allerdings bestehen sie darauf, stets sehr engen Kontakt zu halten, um einen Überblick zu haben, wo ich mich bewege.

Ich reise auch deshalb, weil es gerade in solchen Landschaften der Gewalt Schönheit und Freude in besonderer Klarheit zu geben scheint. Es herrscht eine ungeheure Gastfreundschaft, eine Intensität, die es uns erlaubt, das Unmögliche zu erreichen: die gegenseitige Fremdheit zu überwinden.

Es war eine lange Reise seit dem 11. September, aber jetzt bin ich endlich zu Hause. Mein Koffer ist wieder ausgeräumt, und langsam hole ich auch die Erlebnisse und Bilder aus den Erinnerungstiefen hervor.

Im Deutschen bestehen etymologische Verbindungen zwischen den Wörtern »trauern« und »langsam«, »beruhigen«, »träge«, »blutig«, aber auch »Wasser«, »fließen« und »durchsickern«.

Dies beschreibt meine eigene Langsamkeit, meine Unfähigkeit, alles zu verarbeiten, was ich gesehen habe, meine Schwierigkeiten, die richtigen Worte zu finden, einen analytischen Rahmen zu erstellen, in den ich die Ereignisse einordnen könnte – aber es beschreibt auch das Gefühl, von Verzweiflung erfüllt zu sein, von der Trauer, die schleichend durch das eigene Leben sickert.

»Du hast Sprache, du kannst schreiben«, hatte Mariam im Flüchtlingslager Cherat zu mir gesagt.

Noch nie, während all meiner Aufträge in den Krisenregionen der Welt, hat mich jemand unmittelbar um direkte, praktische Hilfe gebeten. Niemand glaubte, ich als Journalistin könne an ihrer Lage in den Gefängnissen, den Krankenhäusern, den Flüchtlingslagern oder Frontgebieten etwas ändern. Aber wieder und wieder haben die Menschen mich gefragt:

»Werden Sie das aufschreiben?« »Werden Sie der Welt berichten, was hier geschieht?«

Die Möglichkeit, dass jemand mit den Opfern spricht, Zeuge ist, ihnen zuhört, über sie schreibt, das Ungeheuerliche der Gewalt benennt, holt sie heraus aus der Zone des Schweigens, der Ignoranz der Brandmarkungen, diese Zeugenschaft bestätigt ihnen, dass sie in der gleichen Welt leben wie »wir«.

Deshalb begann Mohammed Shafi so bitterlich zu weinen, als er mich im Krankenhaus von Sialkot sah – weil eine Zeugin, ein Mensch aus der unversehrten Welt, ihm zuhörte und ihn wieder zu einem Menschen machte.

»Du hast Sprache, du kannst schreiben«, sagte Mariam zu mir.

Aber eine Zeit lang hatte die Trauer meine Sprache ausgedörrt.

»Erzähl es ihnen«, sagte Mariam, und ich habe anfangs vor allem für sie geschrieben.

Vermutlich wusste nur sie schon damals, dass es nicht nur ihretwegen notwendig war – sondern dass das Schreiben auch der Ariadnefaden aus meinem eigenen Labyrinth der Trauer war, in dem ich mich während der letzten Monate verirrt hatte.

Kolumbien (Oktober 2002)

»Es gehört zum Mechanismus
der Herrschaft, die Erkenntnis
des Leidens, das sie produziert,
zu verbieten.«

Theodor W. Adorno

Liebe Freunde,

ich weiß, alle sind mit Bushs »Krieg gegen den Terror« in der Golfregion und in Afghanistan beschäftigt – aber dies ist ein Krieg mit vielen Brennpunkten, mit verschiedenen, mehr oder weniger gut erkennbaren Fronten.

Auch in Kolumbien ist Krieg.

Jeden Tag.

Seit 40 Jahren.

Milchiger, feuchter Nebel hüllt die schmalen Gassen und Treppenaufgänge des hügeligen Stadtviertels Comuna 13 am Rand von Medellín ein. Die roten Backsteinhäuser stehen dicht bei dicht, als suchten sie Schutz. Die flachen, rostigen Blechdächer werfen das Morgenlicht zurück, tausendfach. Kein Feind ist zu sehen in diesem Meer aus nebligen Straßen und Gebäuden. Alles liegt in trügerischem Frieden.

Jimmy Díaz und seine Kameraden bereiten sich auf die Schlacht vor. In voller Montur, das großkalibrige Maschinengewehr über der rechten Schulter, steht der junge Kämpfer am höchsten Punkt des Viertels und raucht eine letzte Zigarette. Nagelneue Panzer manövrieren zwischen Hunderten von Soldaten der vierten Brigade und hüllen die ganze Kreuzung in durchdringenden Dieselgestank. Auf der Terrasse des Café Marvel sitzen Ärzte und Krankenschwestern, trinken gierig Maracujasaft und warten wie Geier auf das Aas – und das, obwohl der Kampf noch gar nicht begonnen hat.

»Wir holen sie da raus, tot oder lebendig«, hat Präsident Alvaro Uribe Vélez vollmundig am Morgen im nationalen Fernsehen angekündigt, und Jimmy Díaz, der Polizist der Antiterroreinheit, soll den Befehl ausführen. Der Einsatz richtet sich zumindest offiziell gegen die »Insurgentes«, die Aufständischen in der Comuna 13 im Westen von Medellín. Uribe Vélez hat 3000 Soldaten und Polizisten mit Hubschraubern und Artillerie geschickt, die im Zuge der »Operación Orión«

die berüchtigten Rebellen und einige kriminelle Banden bekämpfen sollen.

Die beste Waffe gegen den Bürgerkrieg ist der Krieg, hat Uribe Vélez erklärt, und Jimmy Díaz glaubt ihm. Deshalb kämpft er heute Morgen gegen die Guerilla, die Miliz und seine Furcht. »Angst ist etwas Natürliches«, sagt Jimmy mit dem Gesicht eines Muttersöhnchens und der Stimme eines Kriegsveteranen. »Sie warnt dich nur, dass der Tod nahe ist.« Ob er damit die Kriegshelden zitiert, die er im Fernsehen gesehen hat, oder ob seine eigenen Erlebnisse aus früheren Kämpfen ihn auf solche Formulierungen bringen, bleibt unklar.

Manchmal formt sich der Krieg seinen eigenen Mythos gleich mit, manchmal kopieren die originären Protagonisten nur literarische Vorbilder. Verkehrte Welt.

Fanny Ruiz hat kein Vertrauen zu Jimmy Díaz, sie hat kein Vertrauen zu Präsident Uribe Vélez, und sie hat kein Vertrauen zu der Armee, die oben auf dem Hügel steht und jeden Augenblick ihr Stadtviertel stürmen wird.

Schon seit ein paar Monaten hat der Bürgerkrieg sich aus dem Gebirge in die Städte verlagert, und er wütet in den Gassen vor ihrem kleinen Laden. Wehrlos musste Fanny mit ansehen, wie ihre friedliche Nachbarschaft zum Schauplatz täglicher Schlachten zwischen den rechten Paramilitärs und der Guerilla wurde, wie der Moloch der Gewalt jeden Tag mehr und mehr öffentlichen Raum und private Freiheit verschlang. Erst verließ Fanny nur mehr zu bestimmten Zeiten das Haus, dann aber musste sie ganze Straßenzüge und Treppen in ihrem Viertel meiden. Für sie, die Mutter von neun Kindern, bedeutet der Truppenaufmarsch an diesem Morgen nur eine weitere Brutalisierung.

Gestecke mit rot-weißen Plastikblumen schmücken ihr Wohnzimmer, an der Kopfseite der blauen Wand hängt eine kleine Ikone mit der Jungfrau Maria, auf einem hölzernen Notenständer in der Ecke liegt eine Bibel. Ein roter Faden markiert das Gebet, das ihr über diesen Tag hinweghelfen soll – Psalm 103, das Loblied: »Der Herr vollbringt Taten des Heils, / Recht verschafft er allen Bedrängten.«

Den Glauben an diese Worte hat Fanny sich bewahrt.

»Früher war das ein schönes Stadtviertel«, sagt sie, »aber heutzutage leben wir nur noch in Angst vor Gewalttaten – ob von linken Guerillas, rechten Paramilitärs, Verbrechern oder dem Staat spielt für uns keine Rolle.«

Sie schiebt die Kinder in die Ecke hinter den Kühlschrank, möglichst weit weg von der Straße, wo die Operación Orión angelaufen ist. So viele Mauern wie möglich zwischen den Kalaschnikow-Kugeln, Handgranaten, Artilleriegeschossen und ihren Kindern. »Uns hat niemand evakuiert«, sagt sie, »wir kommen in deren Plänen nicht vor.«

Sie schiebt einen kleinen hölzernen Schemel zur Spüle und beginnt lautlos zu beten. Nur die Lippen bewegen sich: »Recht verschafft er allen …«

Kolumbien

Kolumbien führt Krieg gegen sich selbst.

Das Land wurde als Goldgrube bezeichnet, als »El Dorado«: Es hat tropische Regenwälder und das Hochgebirge der Cordillera, es hat Wüsten und fruchtbares Ackerland, es ist reich an Bodenschätzen – Gold, Öl und Smaragden –, und Kolumbien ist weltweit die Nummer drei der Kaffee- und Bananenexportnationen. Und dennoch zerstört es systematisch sich selbst. Sozial ist es gespalten: Hier die elitäre Oligarchie der Rinderzüchter, Kaffee- und Bananenexporteure, da die große Mehrheit der Besitzlosen. 22 Millionen Kolumbianer leben in Armut, elf Prozent der Gesamtbevölkerung sind völlig verelendet, 27 Prozent der Haushalte auf dem Land haben keinen Zugang zu Trinkwasser, die Arbeitslosenquote liegt (nach der offiziellen Statistik von 2002) bei 18,2 Prozent, und alle sind schutzlos den Gewalttaten in einem umfassenden Bürgerkrieg ausgesetzt, dessen Fronten sich ständig ändern: Um die Macht kämpfen die marxistisch-leninistischen Guerillagruppen »FARC«, »ELN« und »CAP«, Drogenbanden und die rechtsgerichteten paramilitärischen Einheiten, die sich als »Autodefensas« bezeichnen.

Die intellektuellen Auseinandersetzungen um politische Visionen und Utopien sind über die Jahre versandet, und die Kriegsparteien sind einander in ihren Verbrechen immer ähnlicher geworden.

Die Gewalt zieht durch Kolumbien wie eine Karawane, angeführt abwechselnd von Drogenkartellen, linken Rebellen oder paramilitärischen Einheiten. Wo sie anhält, lässt der Terror verwüstete Regionen und entwurzelte Menschen zurück.

Dieser Krieg hat schon 200 000 Todesopfer gefordert, davon allein 8000 im Jahr 2001. (Es gibt konkurrierende Statistiken, die sich auf unterschiedliche Quellen stützen; manche sprechen von 3000, andere von 10 000 Opfern.) Außerdem gibt es nach Angaben der kolumbianischen konservativen Zeitung »El Tiempo« zwei Millionen »Desplazados«, Vertriebene. In jeder Stunde kommen vier bis sechs Flüchtlinge nach Bogotá, alle voller Sehnsucht nach einem Stück Brot und dem Ende des Blutvergießens.

Bogotá oder die Details des Krieges

Auf dem Simon-Bolivar-Platz, gleich hinter dem gelben Palast des Präsidenten Uribe Vélez, dreht ein einsamer Eisverkäufer zwischen Tauben seine Runden. Eine Schulklasse überquert den Platz rund um die Statue des lateinamerikanischen Freiheitshelden. Nur die schmalen gelb-rot-blauen Bänder in den Haaren der Mädchen vermitteln noch eine Ahnung von vergangenem Glanz.

Das Elend des Krieges ist schon vor langer Zeit in die Hauptstadt eingezogen, kein Tourist verirrt sich mehr hierher. Bettler in ausgebleichten eleganten Anzügen aus besseren Tagen stehen vor dem Sitz des Senats und verweisen auf ihre nutzlose akademische Ausbildung. Sie verkaufen Spazierstöcke für Kriegsversehrte.

Diese paar hundert Meter im alten Zentrum von Bogotá sind die einzigen, die an eine gewachsene Großstadt erinnern. Ansonsten ist Bogotá ein sonderbar »raumloser« Ort. Es gibt kein stabiles Netz von Straßen und Gassen, die ohne Hindernisse miteinander verbunden wären. Die ganze Stadt ist zerstört, zerschnitten durch riesige Stadtautobahnen, in kleine Stücke zerteilt.

Kaum ein Quadratkilometer, der nicht von einer monströsen Schnellstraße aus Stahl und Beton durchbrochen wird, kaum noch intakte Einheiten mit Häusern und Gärten, kaum noch »Barrios«, nachbarschaftliche Räume, die sich Metzgerei, Lebensmittelladen, Bäckerei, Zeitungsstand, Schreiner und Internetcafé teilen könnten.

Wie ein riesiges, hässliches Ungeheuer schiebt sich die so genannte Modernisierung ständig durch die Stadt, durchdringt alle natürlich gewachsenen Gemeinschaften und Stadtviertel. Unter den Hochstraßen haben sich Subkulturen und Gemeinschaften gebildet, dort leben Nomaden, die mit ihrer Familie, ihren Kindern, ihren Taschen und manchmal auch Tieren den Wanderungen der Baustellen und Autobahnen folgen.

Es ist keine Megalopolis, wie westliche Medien die überquellenden, gewalttätigen, vor Leben vibrierenden Städte der Dritten Welt gern beschönigend nennen.

Hier herrscht Anarchie, Zerrüttung an den Grenzen der Grenzen, systematische Zerstörung, und man findet keine Zonen mehr, die von der Modernisierungsmaschinerie unberührt wären – diese Städte sind architektonische Metaphern für ein Land, das im Bürgerkrieg mit sich selbst lebt.

Die Stadt beschwört das Bild herauf von einer jener Kisten, in denen Zauberkünstler einen Menschen verschwinden lassen. Der Magier steckt ein Schwert nach dem anderen hinein, bis schließlich die ganze Kiste von scharfen, blitzenden Klingen durchdrungen ist, so dass in ihrem Inneren keinerlei Platz mehr für etwas anderes bleibt.

Die gleiche Wirkung hat das Autobahnnetz auf die Stadt – nur dass der Körper sich hier noch in der Kiste befindet.

Und dann haben die Straßen in Bogotá keine Namen.

Sie sind mit Nummern versehen, die Häuser haben ebenfalls Nummern, die Gebäudeteile innerhalb der Häuser haben Nummern, und auch die Kreuzungen haben Nummern.

Man sollte meinen, dass sich daraus ein relativ eindeutiges Koordinatensystem ergäbe.

Falsch.

Man nimmt ein Taxi und sagt: »Carrera 18, No. 31, 125a, Kreuzung Carretera 3«

… und wenn man dann dort ist, oder jedenfalls da, wo man die Adresse vermutet, dann bildet die Carrera 18 keine Ecke mit der Carretera 3, dann gibt es plötzlich eine Carrera 18 II, und nicht einmal 18 II hat eine Nummer 31 …

Details, die man nur kurz und aus dem Augenwinkel wahrnimmt, sind in diesem Land das Beunruhigendste. Es sind nicht die dramatischen Szenen von Krieg und Kampf, nicht die überfüllten Krankenhäuser mit jenem eigenartigen Geruch von Tod und Desinfektionsmitteln, nicht die Schreie der Verwundeten, nicht der Schmutz in den Flüchtlingslagern, nicht der Lärm explodierender Handgranaten, nicht die Hoffnungslosigkeit der Kinder in den verwüsteten Regionen – es sind ganz, ganz kleine Details, die sich einprägen.

Details wie dieses: In Bogotá lief ein Mann vor mir auf der Straße; vielleicht war er obdachlos, vielleicht auch nur arm. Er ging auf der linken Straßenseite auf dem Bürgersteig. In der rechten Hand hatte er eine leere Limonadenflasche, die sich mit dem Arm im Synkopenrhythmus zu seinen Schritten bewegte. Er hatte schmutzige schwarze Jeans an, darüber eine kurze grüne Jogginghose. Er humpelte, und deshalb wanderte mein Blick zu dem Bein, das er so wenig wie möglich belasten wollte und das er so langsam bewegte, dass es irgendwie die Körperachse mit allen Bewegungen verdrehte und ihm einen Rechtsdrall gab. Es war, als ob die Schwerkraft ihn zum Bürgersteig und zur Seite zöge.

Dann erst sah ich, warum: Aus seinem Bein ragten fünf oder sechs Metallnägel mit einer Länge von 15 bis 20 Zentimetern. Genauer gesagt: Sie ragten aus der Hose. Alles – Bein, Haut, Nägel, Hose – war ein einziges, zusammenhängendes Gebilde.

Ich fragte mich, wie er sich wohl entkleiden konnte, wie er die Hose ausziehen konnte, wie er sich mit dieser Konstruktion am Bein waschen konnte. Es war schon schwer vorstellbar, dass er überhaupt in der Lage war, sich ohne quälende Schmerzen zu bewegen.

Wie hatten die Ärzte das angestellt? Hatten sie die Nägel durch die Hose getrieben? Drückte er die Nägel einen nach dem anderen durch die abgenutzte Jeans? War die Hose bereits schmutzig gewesen? War sein Bein bei der Operation sauber gewesen? Wie konnte er mit diesem Bein auf der Straße schlafen? Würde er das Geld aufbringen, um die Nägel in einer weiteren Operation wieder entfernen zu lassen? Wie würde er dann die Jeans ausziehen? Würde die Haut dann am Gewebe der Hose hängen bleiben?

In einem Land, das keine anständige medizinische Versorgung für seine Bürger finanzieren kann, gibt es sicher schlimmere Bilder der Armut, es gibt sicher eindeutigere Symbole für die Abstumpfung, und wir sahen in Kolumbien sicher brutalere Szenen, mehr Verzweiflung und Kummer – aber der Anblick dieses Beins hat sich eingebrannt ins Gedächtnis, ins innere Bildarchiv menschlicher Qualen.

Uribe, Geld und der Kampf gegen den Terror

Der neu gewählte Präsident Alvaro Uribe Vélez, zuvor Gouverneur der reichen Provinz Antioquia, gewann die Wahl mit einem einzigen simplen Slogan: »Krieg dem Krieg!« – Ordnung und Sicherheit im ganzen Land.

Wenn Uribe es ernst meint, muss er an drei Fronten kämpfen: Erstens gegen die beiden Guerillagruppen ELN und FARC, die nur dann Interesse an Verhandlungen haben, wenn man ihnen echte Sozialreformen in Kolumbien anbietet; zweitens gegen die internationale Drogenmafia, die in den undurchdringlichen Dschungel- und Gebirgsregionen des Landes ungehindert operiert; und drittens gegen die illegalen paramilitärischen Einheiten, rechtsgerichtete Milizen, die ursprünglich als Privatarmeen zum Schutz der Oligarchie gegründet wurden und die mittlerweile zu einem eigenen Machtfaktor geworden und völlig außer Kontrolle geraten sind.

Derzeit bringt Uribe seine Truppen für die letzte Schlacht, die angeblich den Frieden bringen soll, in Stellung. Bürgerrechte und finanzielle Erwägungen sind ihm dabei kein Hindernis. Unmittelbar nach seinem Amtsantritt rief Uribe den Notstand aus, die Pressefreiheit wurde eingeschränkt, der Verteidigungsetat wurde verdoppelt und er führte eine besondere »Kriegssteuer« ein, mit der er sich 800 Millionen Dollar für eine bessere Ausrüstung der Armee verschaffen wollte. Einen Weg zu Verhandlungen mit diesem Mann gibt es nicht – jedenfalls nicht für die Guerilla.

Außerdem erhielt Uribe Millionen Dollar Militärhilfe von der US-Regierung.

Die Organisation »Human Rights Watch« schreibt dazu:

»Am 10. Januar 2002 unterzeichnete George W. Bush, Präsident der Vereinigten Staaten, das Public Law (P. L.) 107-115, mit dem eine Finanzhilfe von 380,5 Millionen US-Dollar für Kolumbien bewilligt wurde. Der größte Teil dieser Mittel ist für die Armee des Landes vorgesehen. Einige Wochen später beantragte Präsident Bush beim US-Kongress ein zusätzliches Notpaket mit 35 Millionen Dollar für Kolumbien. Dieses Gesetz, das am 2. August unterzeichnet wurde, ermächtigte die Vereinigten Staaten auch dazu, die kolumbianischen Streitkräfte zu finanzieren, auszurüsten und auszubilden, damit sie nicht nur gegen Drogenhändler, sondern auch gegen illegale bewaffnete Gruppen vorgehen können. Um die Menschenrechte zu stärken, stellte der US-Kongress die Unterstützung unter den Vorbehalt klarer, überzeugender Fortschritte der kolumbianischen Regierung bei der Verhinderung von Menschenrechtsverletzungen durch ihre Streitkräfte(...)

Bevor der Außenminister feststellt, dass Kolumbien die US-Gesetze einhält, hat er Menschenrechtsorganisationen zu konsultieren. Amnesty International, Human Rights Watch und das Washington Office on Latin America (WOLA) trafen am 1. Februar 2002 mit Vertretern des State Department zusammen und legten Beweise vor, dass Kolumbien keine der drei Bedingungen erfüllt hatte. Dennoch stellte der Außenminister Colin Powell am 1. Mai die Bestätigung aus und gab damit 60 Prozent der verfügbaren Mittel für Kolumbien frei.«

Die Mittel aus den Vereinigten Staaten, mit denen ursprünglich der »Krieg gegen die Drogen« unterstützt werden sollte, wurden nun also als Hilfe im »Krieg gegen den Terrorismus« umetikettiert.

Da heutzutage nahezu jeder bewaffnete Kampf als Terrorismus und jeder bewaffnete Kämpfer als Terrorist gilt, ist es nicht nur nahe liegend, Anti-Drogen-Beamte der DEA zu CIA-Personal zu machen, sondern in Kolumbien auch unter der Überschrift »Kampf gegen den Terror« einen uneingeschränkten Krieg gegen alle zu führen.

Das Wort »Terrorist« wirkt in diesen Zeiten bei der US-Regierung anscheinend wie ein Sesam-öffne-dich. Wer Geld zur Bekämpfung einer beliebigen Opposition oder eines internen Feindes benötigt, braucht nur »Terroristen« zu erwähnen, und schon wird er finanziert.

Die fatale Menschenrechtsbilanz der kolumbianischen Armee war für Uribe nie ein Hindernis, weil sich die amerikanische Administration trotz gegenläufiger Ankündigungen letztendlich nicht ernsthaft darum kümmerte.

Unter Druck geriet Präsident Uribe erst durch die jüngste Anklage der USA gegen Carlos Castaño, den berüchtigten Anführer der rechtsgerichteten Paramilitärs.

Castaño wurde durch besonders widerwärtige Verbrechen gegen Guerillas und Zivilisten bekannt. In seiner Autobiografie »Mi Confesión« bekennt er sich hemmungslos zu Massakern an mehreren hundert Menschen, denen die Augen ausgestochen oder Gliedmaßen abgeschnitten wurden, eine Beteiligung am Drogenhandel jedoch hat er immer abgestritten.

Obwohl praktisch alle Bürgerkriegsparteien auf die eine oder andere Weise, aktiv oder passiv durch Zölle, am Drogenhandel verdienen, beteuerte Castaño stets, in Drogengeschäfte nicht involviert zu sein. Dennoch wurden Castaño, zu dem die US-Botschaft in Bogotá jahrelang freundliche Beziehungen unterhielt, in der Anklage nicht seine Menschenrechtsverletzungen und Morde vorgeworfen – sondern der Drogenhandel.

Wenn Uribe seinen nordamerikanischen Wohltätern einen Gefallen tun und Castaño festnehmen lassen will, muss er zum ersten Mal gegen die 10 000 Mann starke Miliz des paramilitärischen Helden kämpfen.

Uribes Biografie lässt allerdings eher auf Parteilichkeit zu Gunsten von Castaño schließen.

Der dünnlippige Brillenträger Uribe wuchs als ältestes von fünf Kindern in der erzkonservativen kolumbianischen Provinz Antioquia auf, dem Kernland der Elite aus Großgrundbesitzern und Bananenproduzenten. Rebellen der FARC erschossen 1983 seinen Vater, einen Geschäftsmann mit engen Verbindungen zu dem großen Drogenbaron Fabio Ochoa, und daraus erwuchs Uribes ideologische Nähe zu den illegalen »Selbstverteidigungskräften«, den Autodefensas, die in Antioquia zur Beseitigung der linksgerichteten Guerilla eingesetzt wurden.

»Meine Familie gehört zu den 50 Prozent der kolumbianischen Bevölkerung, die Opfer der Gewalt wurden«, erklärt Uribe.

Dass er sich bei seinen Aktionen gegen die Guerilla von Rachegelüsten leiten lassen könnte, sagt er nicht.

Wie ernsthaft bekämpft Uribe die paramilitärischen Einheiten? Das war die Frage, die wir auf dieser Reise ursprünglich klären wollten.

Wie glaubwürdig sind die Gerüchte, wonach Uribe eher ein Interesse daran hat, Castaño töten zu lassen, anstatt ihn an die USA auszuliefern? Könnte dieser dort doch über die Verwicklung der Regierung in den blutigen Krieg der Paramilitärs und Drogenhändler berichten.

Vor allem: Wie grausam ist Uribes Krieg gegen den Krieg?

Wir wollten, wenn möglich, Castaño im Gebirge bei Montería, wo er sich angeblich versteckt, interviewen. Da Castaño bekanntermaßen extrovertiert und eitel ist, bestanden durchaus Aussichten, dass er uns ein Interview gewähren würde. Vor unserer Abreise hatten wir mit einer Vereinigung Kontakt aufgenommen, die im Wesentlichen als Tarnorganisation für die paramilitärischen Einheiten dient und über die wir anfragten, ob wir

Castaño treffen könnten. Man hatte uns signalisiert, wir sollten kommen.

Catch 22 und der Ausnahmezustand 1

Nach meiner Ankunft rief ich – wie vorher schriftlich ausgemacht – bei der Deutschen Botschaft an und versuchte, ein Treffen zu vereinbaren. Kolumbien ist nicht nur berühmt für seinen endlosen Bürgerkrieg, in dem von keiner der beteiligten Parteien Schutz oder Milde zu erwarten ist, sondern auch für Entführungen ausländischer Reisender.

Der Mitarbeiter der deutschen Botschaft war aufgeschlossen und freundlich – auch wenn die deutsche Vertretung selbstverständlich keinen wirklichen Einfluss darauf haben konnte, ob wir heil durch die Kriegswirren kommen würden. Aber zumindest sollten sie doch wissen, wen sie im Falle eines Kidnappings suchen sollten.

Drei Stunden nachdem ich eingetroffen war, schickte ich außerdem ein Fax an das kolumbianische Innenministerium und informierte sie, dass Thomas und ich für etwa 14 Tage in Kolumbien arbeiten würden. Ich teilte unsere Passnummern, die Dauer unseres Aufenthaltes, das Hotel sowie die Handynummer mit und bat um Akkreditierung.

Dann machte ich mich auf den Weg, um mich mit ein paar kolumbianischen Autoren und Aktivisten der Opposition zu treffen.

Keine zwölf Stunden später rief das Innenministerium an.

Eine weibliche Stimme fragte, was ich in Kolumbien vorhabe und wohin ich reisen wolle. Wahrheitsgemäß erwiderte ich, wir hätten bisher noch nicht entschieden, wohin genau unsere Reise führen sollte.

Die Frau aus dem Innenministerium wies mich darauf hin, es sei nicht gestattet, die »Zonas de Rehabilitación« zu besuchen, Gebiete, die offiziell unter Kontrolle der linksgerichteten Guerilla FARC stehen.

Dazu müsse ich beim Innenministerium eine Genehmigung beantragen.

Ich erklärte, mir seien alle neuen Gesetze und Vorschriften bekannt, und ich hätte kein Interesse daran, nach Putomayo zu fahren (die Region, die von der FARC kontrolliert wird). Damit war sie offensichtlich nicht zufrieden.

Sie fragte, ob mir bekannt sei, dass der Notstand herrsche und dass es Unruhegebiete gebe, die ich ebenfalls nicht besuchen dürfe.

Ich erkundigte mich, welche Gebiete als geordnet gälten und welches die Problemregionen seien, damit ich nicht unabsichtlich gegen ihre Anweisungen verstieße.

Darauf erwiderte sie: »Das ändert sich …«

Ich war begriffsstutzig und verstand nicht, was für ein Gespräch das war. Ich versuchte, ihre Forderungen zu erfüllen, und verhielt mich, als sei es eine Prüfung, die man bestehen *könnte*.

In Kafkas »Vor dem Gesetz« versucht der Mann irgendwann, den Türhüter zu bestechen. Darauf erwidert der Türhüter: »Ich nehme es nur an, damit du nicht glaubst, etwas versäumt zu haben.« –

Ich machte Angebote, stellte Fragen nach Regeln und Bestimmungen, und sie schien nur zu antworten, damit ich den Eindruck erhielt, alles versucht zu haben.

Ich fragte, wie man es denn anstellen müsse, um *keine* Gesetze zu übertreten.

Relativ witzig, wie ich fand.

Sie beantwortete meine Frage nicht, lachte auch keineswegs, sondern sagte nur: »Sie wissen, es besteht *immer* die Möglichkeit, dass Sie Visumprobleme bekommen.«

»Was für Visumprobleme?«

»Nun ja, ich weiß nicht, was für ein Visum Sie haben, aber es besteht immer die Gefahr, dass Sie ausgewiesen werden, wenn etwas mit Ihrem Visum nicht stimmt.«

Ich antwortete vergnügt und siegesgewiss: »Wissen Sie, ich *kann* kein Visumproblem haben, ich *habe* nämlich kein Visum …«

Nun rief sie mit gespielter Überraschung: »Was? Sie haben kein Visum?«

Es war absurd. Vor meiner Abreise hatte die kolumbianische Botschaft in Berlin auf Anfrage erklärt, dass ich als Journalistin bei einem Kurzaufenthalt kein Visum benötige.

Auch bei meiner Einreise in Kolumbien hatte ich dem Passbeamten am Flughafen erklärt, ich sei Journalistin und wolle einreisen, um über Kolumbien zu schreiben.

Ich hatte alle vorhandenen Vorschriften befolgt.

Und jetzt spielte das Innenministerium mit mir dieses Spiel, das man nie gewinnen kann, weil die anderen über die Regeln bestimmen und sie ständig ändern; eigentlich brauchten sie mir nicht einmal zu beweisen, dass ich Vorschriften übertreten hatte, sie wollten mir nur klar machen, dass ich in Gefahr war und dass weder Vorschriften noch Gesetze oder richtiges Verhalten mich schützen könnten vor ihrer Willkür.

Rechtsfreie Zonen

Wir reisten in Uribes Heimatprovinz, in die wunderschöne Region von Uraba mit ihrem fruchtbaren Boden und den riesigen Bananenplantagen.

Die Finca »Yacaren« liegt nahe der Stadt Apartado. Die Arbeiter schwitzen in der Mittagshitze. Sie beugen sich über große Wannen voller Chemikalien und reinigen die grünen »Del Monte«-Bananen. Der Verwalter liegt mit seiner Sekretärin in der Hütte am Eingang der Finca und amüsiert sich, während Ramiro Llona und seine Mannschaft im Abschnitt 10 die Bananen ernten.

Man gibt uns den Rat, nicht allein durch die Reihen mit Bananenbäumen zu wandern, weil angeblich Rebellen in den Plantagen auf die Jagd gingen. Seit Jahren tobt ein Krieg in den unübersichtlichen Fincas zwischen der Guerilla und den Paramilitärs, jeden Monat erobert die eine oder die andere Seite einen Abschnitt, die Wege zwischen den Plantagen markieren Frontverläufe. In dem dunklen, feuchten Urwald aus Bananenstauden regiert nur noch das Chaos. Angeblich ist die Gewalt gerade über Yacaren hinweggezogen, angeblich herrscht Ruhe seit einigen Wochen.

Wer nicht muss, wagt sich trotzdem nicht ins Innere der Plantagen.

Wir gehen gleichwohl die Truppe um Ramiro Llona suchen.

Wir folgen einem Draht mit Stahlhaken und dringen immer tiefer in den Bananenwald vor. Der Abschnitt 10 erstreckt sich 50 Meter links und rechts dieses Drahtes, einer Zugkonstruktion, mit der die Bananen zum Eingang der Finca transportiert werden.

Es sind viele Kilometer mit Bananenbäumen, ein Labyrinth aus Grün und Blau (das Blau der Plastiktüten, mit denen die Fruchtansätze abgedeckt werden). Durch die Blätter dringt kein Sonnenlicht. Feuchtigkeit legt sich auf unsere Lungen und rinnt in kleinen Bächen den Körper hinunter.

Nach einer halben Stunde schließlich finden wir die Arbeiter. Es sind fünf Mann.

Sie haben die geschmeidigen Bewegungen jahrelanger Erfahrung, Zwölf-Stunden-Schichten sieben Tage die Woche haben jede Handlung, jeden Griff, jeden Schritt eingeschliffen und habitualisiert.

Alles geschieht schnell und wortlos: Ein, höchstens zwei Schläge mit der Machete, dann hat der erste die Bananenstaude vom Baum geschnitten. Sie fällt direkt auf das schwarze Gummikissen auf dem Rücken des zweiten Mannes, der die kostbare Fracht zu Ramiro trägt. Dieser befestigt sie an einem Haken der Seilbahn, eine Staude nach der anderen, und dann werden sie alle über mehrere hundert Meter nach draußen geschoben.

»Hier hat uns keine Polizei beschützt«, sagt er. »Wir waren auf uns selbst gestellt. Jetzt ist alles ruhig. Die Paras haben gegen die FARC gekämpft, sie haben sich zurückgezogen, jedenfalls vorerst. Wie lange die Ruhe anhält, weiß man nie.«

Die unbefestigte Straße zur Nachbarplantage – 148 Hektar mit »Banadex«-»Chiquita«-Bananen – war Guerillagebiet. Bis vor ein paar Wochen tobte auf diesen Feldern der Krieg zwischen Rebellen und rechtsgerichteten Paramilitärs. Viele Grundbesitzer sind in die Städte geflüchtet. Wann sie zurückkehren, weiß niemand. Vorerst werden die Plantagen von erfahrenen Verwaltern geleitet, von Leuten wie Carlos, technischer Leiter der

»Banadex«-Farm. Fotos dürfen wir nicht machen, und bevor wir herumgeführt werden, belehrt uns der Direktor Alejandro über die sozialen Errungenschaften, die »Banadex« für die Arbeiter eingeführt hat, sowie über die großen Verbesserungen im Qualitätsstandard der Chiquita-Bananen.

Es hört sich an, als spreche Carlos' Chef immer über irgendwelche vergleichbaren Produkte, unabhängig davon, ob er gerade von seinen Angestellten oder seinen Bananen redet.

Anschließend zeigt Carlos uns das Anwesen und gibt uns eine Einführung in die Wissenschaft von vollkommenen Bananen und unvollkommenem Frieden: »Wer in Kolumbien Waffen besitzt, dem gehört auch das Gesetz«, sagt er, während er die Größe der Früchte mit dem »Calibrador« überprüft und feststellt, ob sie die Norm für eine echte Chiquita-Banane erfüllen. »Wenn du am Leben bleiben willst, musst du unparteiisch bleiben.«

Hier unterstützen alle Uribe und seinen Krieg gegen den Krieg.

Der Präsident solle Gewalt anwenden, um der Gewalt Einhalt zu gebieten – nur die Helden der Paramilitärs, die soll er nicht anrühren. Keine Klagen über die Brutalität der paramilitärischen Einheiten, über ihren illegalen Status, über die Willkür, mit der sie »Verräter«, »Rebellen«, »Aufrührer« bestrafen, über ihre illegalen Landnahmen.

»Wenigstens haben sie der Region vorläufig Frieden gebracht«, sagt Modesto Restrepo Zapata. Der technische Zeichner lehnt am Tresen des Billardsaloons von Apartado. In der Stadt regnet es heute Abend in Strömen. Die Männer zieht es in die Bar, die Frauen in die Messe, die in der kleinen überfüllten Kirche stattfindet. Die Gläubigen stehen dicht an dicht draußen auf dem Bürgersteig unter Regenschirmen und lauschen der Predigt, die auf die Straße übertragen wird. Die metallische Stimme des Geistlichen aus dem Lautsprecher bahnt sich ihren Weg durch die gläubige Menschenmenge und dringt bis in die Bar, wo sie sich mit den Melodien des alten Chansonsängers Oscar Agulelo mischt. An drei Billard-Tischen stümpern ein paar betrunkene Arbeiter herum; immer wieder schwankt einer von ihnen zu dem Urinal, das an der Wand hängt, und erleichtert sich vor aller Augen. Die hübsche Kellnerin windet sich durch die Bar zu Restrepo, lässt sich gleichmütig betatschen, als gehöre das zum Service, und stellt ein neues Glas mit Schnaps vor ihn. »In einem Krieg der Ideologien müssen Menschen sterben«, sagt Restrepo und zeigt mit überraschender Nüchternheit die Grenzen von Uribes Möglichkeiten auf. »Der Staat schafft das nicht. Dazu ist er nicht leistungsfähig genug.«

In dem Raum, den der Staat nicht absichert, sind Parallelgesellschaften herangewachsen. In diesen rechtsfreien Zonen kann keine Regierung mehr Rechte oder Ordnung gewähren, es gibt kaum eine offizielle Polizei, keine neutrale Autorität. Es ist ein wandelbarer, staatenloser Staat, dessen Machtgefüge sich mit den Siegen der Paramilitärs verschiebt, eine Zone des Ausnahmezustands, ein Zustand, der durch das Versprechen der Normalität aufrechterhalten wird: illegal, illusionär, aber befriedet – vorläufig.

Gegen diese Art der Gesetzlosigkeit regt sich kein Widerstand, kein Protest gegen die illegalen Landnahmen der Paramilitärs, kein Ruf nach dem Staat – vielleicht weil alle wissen, dass die Paramilitärs der illegale Arm des Staates sind; ihre Herrschaft mag gegen das Gesetz sein, aber die Regierung in Bogotá gestattet sie.

Vielleicht weil dem Staat ohnehin niemand mehr vertraut und die Rechtlosigkeit unter der illegalen Herrschaft sich in nichts unterscheidet von der unter der offiziellen Obrigkeit.

Wir, in unseren westlichen Gesellschaften, sprechen oft von der »negativen Freiheit« als einem demokratischen Gut. Wir meinen damit die Abwesenheit staatlicher Intervention in unsere privaten Bereiche – was für ein luxuriöser Begriff von Freiheit das ist, wird in Ländern wie Kolumbien erst deutlich.

In einer allumfassenden sozialen Unsicherheit, ohne jede institutionelle Stabilität, beständig bedroht durch wechselnde, wandernde Fronten des Krieges, unterlaufen von korrupten, bestechlichen Autoritäten, die keine Autorität ausüben, bloß Gewalt – in einer desintegrierten Gesellschaft, in der lediglich die Oligarchie einen festen Ort halten kann, ruft niemand nach »negativer Freiheit«.

Für die ewig Vertriebenen, für die Opfer zwischen den ideologischen Fronten, für all diejenigen, für die sich die Schlachten nicht lohnen, ist die Gewalt ohne jede politische Bedeutung, sind die Kriegsgegner nur mehr Komplizen in der perversen Logik des begründeten Mordens.

Mindestens zwei Generationen haben in ihrem Leben nie etwas anderes als den Krieg kennen gelernt. Sie sind mit der Gewalt aufgewachsen, zu ihrer Sozialisation gehören Tod und Zerstörung, sie haben die Gesetze der Gesetzlosigkeit erlernt.

Leiden und Verluste haben sie ihrer Hoffnungen beraubt. Es heißt, Menschen seien durch Schmerz »verbittert«. Aber diese Redeweise stimmt nicht. Ihre abklingende Wut, ihre immer schwächer werdende Fähigkeit, sich zu empören und sich gegen Misshandlungen zu wehren – das entspringt nicht einem Gefühl der Verbitterung, sondern der Taubheit. Der Terror des endlosen Krieges hat keine stechende Wut hinterlassen, sondern eine träge, schwere Taubheit, die alle anderen Erfahrungen jenseits der Gewalt überdeckt.

In den Jahren meiner Reisen habe ich meinen Wortschatz für die Beschreibung unterschiedlicher Verletzungen erweitert.

Es ist nicht leicht, die Zeichen der seelischen Deformationen zu entziffern, die der Krieg zurückgelassen hat. Es ist manchmal schwer, dem Schweigen und Stottern der traumatisierten Opfer etwas zu entnehmen, Glauben denen zu schenken, die nicht mehr glaubwürdig klingen, weil ihre Erfahrungen an die Grenzen des Vorstellbaren stoßen.

Ein endloser Lernprozess.

Turbo und die Wandelbarkeit des Feindes

Nicht jeder ist in der Lage, sich selbst zu verteidigen oder eine Privatarmee zu finanzieren. Nicht jeder kann zwischen den Kriegsparteien unterscheiden und es vermeiden, in falschen Verdacht zu geraten. Die Fronten sind durchlässig geworden, die

Feindbilder verschwommen und porös. Wenn die Sieger sich abwechseln, retten sich die Zivilisten, indem sie ihre Überzeugungen wechseln.

Flüchtlinge wie Eugenio Palacio haben ohnehin keine Wahl.

Eugenio kann sich nicht einmal mehr erinnern, wie lange die Kämpfe in seiner Heimatprovinz Choco schon andauerten, bevor die Paramilitärs ihn mit Gewalt vertrieben.

Er sitzt auf einem grün-weißen Plastikstuhl vor ein paar mickrigen Holzhütten im Flüchtlingslager Turbo an der kolumbianischen Karibikküste. Am Horizont braut sich ein Tropengewitter zusammen. Es irritiert ihn ebenso wenig wie der Lärm der Kinder oder das Grunzen der graubraunen Schweine, die um ihn herum schnuppern. »Wer nicht gehorchte, wurde erschossen«, berichtet er. So einfach ist das. Vierzig Familien wurden vom Krieg weggespült wie Strandgut, immer weiter weg von ihrer Heimat, bis sie schließlich hier landeten und sich im Schlamm ein neues Provisorium aufbauen durften.

Sie sind immer abmarschbereit, immer auf dem Sprung, falls die Gewalt sie auch hier einholen sollte.

Vorerst fühlen sie sich sicher.

Dass ihre alten Feinde, die Paramilitärs, jetzt ihre Beschützer sind, ängstigt sie nicht.

»Das hier ist ein eigener Staat«, sagt Eugenio – und das soll ein Kompliment sein.

Die Zeit hat in diesem Flüchtlingslager ihre eigene Geschwindigkeit. Eigentlich ist es nicht einmal ein Lager, sondern nur eine freie Fläche am Rand der Kleinstadt Turbo, am Ende der gepflasterten Straßen, jenseits jener unsichtbaren Grenze, die Einheimische und Flüchtlinge trennt. Ganz gleich, wie lange sie hier leben, Flüchtlinge sind auch nach zehn Jahren noch Flüchtlinge, einen anderen Status erreichen sie nie.

Immer bleiben sie auf Gedeih und Verderb den örtlichen Behörden ausgeliefert. Die Zeit hat hier ihre eigene Bedeutung.

Wenn Zeit verstreicht, ohne dass etwas geschieht, ist das kein Anlass für Langeweile, sondern für Erleichterung.

Ein Morgen, ein Nachmittag, eine Nacht ohne Bedrohung, ohne Erpressung, ohne Blutbad, ohne Morde … Es gibt nur

Atempausen in Turbo. Mehr nicht: Augenblicke der Erleichterung, Ausnahmen von der Regel, ein kurzer Moment vorläufiger Gnade.

Wir laufen im Schlamm über den kleinen Pfad zwischen den Hütten, vor den Holzhäusern fließen Rinnsale, Hühner und ein paar Schweine rennen herum, Kinder sitzen vor den Hütten und sehen die Fremden vorübergehen, laden uns ein und erzählen von ihrem Leben zu einer Zeit, als sie noch ein Leben hatten.

Arbeit hat in Turbo niemand.

Wenn die Jungen abends ausgehen wollen, dann gehen sie spazieren – das ist ihre einzige Unterhaltung. Keine Musik, keine Bar, kein Billard, keine Disco. Sie gehen ein paar Häuserblocks weit, bewegen sich vielleicht sogar außerhalb des »Lagers«, überqueren die unsichtbare Grenze zu den Häusern der Einheimischen; die sind auch nicht viel reicher als sie, aber es sind Einheimische, Menschen mit Wurzeln, mit einer Vergangenheit, die sie mit diesem Ort verbindet, mit einer Vergangenheit, die sie vielleicht schützt, wenn die Gewalt das nächste Mal ausbricht.

Vielleicht.

Es ist, als ob die Zeit sehr langsam verstreiche, aber solange sie ereignislos verstreicht, sind sie verschont von Schlimmerem.

Montería und der Regen

In Montería gehen wir zur »Stiftung« der Paramilitärs.

Manuel, der Kontaktmann, sitzt in einem leeren Büro.

Hier wird nicht einmal der Versuch unternommen, den wahren Zweck der »Stiftung« zu verschleiern – es gibt weder eine Büroeinrichtung noch Akten, die wenigstens die Arbeit einer sozialen Einrichtung vortäuschen könnten. Manuel sitzt, die Bauernhände über dem gewaltigen Bauch gefaltet, in einem kahlen Raum hinter einem blanken Schreibtisch.

Es ist, als sei er direkt aus einem alten Sergio-Leone-Western entsprungen.

Er gibt sich keinerlei unnötige Mühe mit den Gästen. Keine einladende Handbewegung, keine freundlichen Fragen oder Antworten.

Ich halte in dem Büro Ausschau nach Fliegen oder Schlangen, auf die er während unseres Gesprächs *schießen* könnte.

Habe ich »Gespräch« gesagt? Er murmelt nur vor sich hin, und das in einer Sprache, in der jeder Satz aus höchstens zwei Wörtern besteht.

Er sagt nur, er müsse den Kontakt herstellen, im Gebirge finde gerade eine Versammlung statt. Es sei kein Problem. Er werde uns benachrichtigen, sobald er wisse, *wann* wir losfahren könnten. Es sei eine lange beschwerliche Reise auf Pferden, aber er könne es arrangieren.

Wir mieten uns in Montería in einem Hotel ein und warten.

Am nächsten Tag gehen wir wieder zum Büro.

Die beiden Vorzeigesekretärinnen bringen ihre Frisuren in Ordnung, sagen uns, wir sollten Platz nehmen, und bieten uns ein Tässchen Kaffee an – eine Viertelstunde vergeht, Thomas rührt in seiner Espressotasse, als uns die Damen schließlich mitteilen, Manuel sei nicht da. Und sie wüssten auch nicht, wann er wiederkomme. Wir sollten doch nachmittags noch einmal anrufen. Wir gehen wieder ins Hotel und warten.

Ein paar Stunden später stellt sich heraus, dass die Stiftung auf einmal einen neuen Direktor hat.

Ob wir uns mit ihm treffen könnten?

Nein.

Er ist ebenfalls nicht im Büro, also sprechen wir am Telefon mit ihm. Angeblich ist er verärgert und in der gleichen Lage wie wir: auf Manuel angewiesen.

Wieder warten wir. Nach einigen Stunden gehen wir zum Büro und erfahren, dass Manuel mit dem Geld der Stiftung abgehauen ist – und anscheinend mit einer der Sekretärinnen.

Ob er Castaño wie vorgesehen informiert hat, lässt sich nicht mehr feststellen.

Der neue Verantwortliche ist aalglatt, freundlich, redselig – und völlig unfähig.

Es steht zu befürchten, dass er so naiv ist zu glauben, er leite *tatsächlich* eine soziale Stiftung ...

Nachdem wir uns eine halbe Stunde unterhalten, vermisse ich unseren Sergio-Leone-Manuel und fange an, »Once upon a time in the West« zu summen ...

Wir kehren ins Hotel zurück, und als wäre dieser Ausflug nach Montería journalistisch gesehen nicht schon desaströs und ineffizient genug, setzt dann auch noch der tropische Regen ein.

Der Himmel ist pechschwarz, und dichter, massiver, warmer Regen prasselt herab. Innerhalb von 15 Minuten ist Montería stillgelegt. Die Straßen verwandeln sich in Flüsse, die Bürgersteige sind wie leergefegt, nicht einmal die Hunde kriechen vor die Tür.

Wir sitzen fest.

Catch 22 und der Ausnahmezustand 2

In Montería hörten wir von einer Ureinwohnergruppe, die vor den Kämpfen zwischen Paramilitärs und Guerillas geflohen und etwa eine Autostunde von uns entfernt gestrandet war. Da Manuel verschwunden blieb und Castaño sein Hauptquartier im Dschungel offenbar gewechselt hatte, gab es für uns hier nichts mehr zu tun; also nahmen wir einen Wagen und fuhren zu dem Dorf, in dem sich die Flüchtlinge aufhielten.

Wir wollten von den Indios etwas über ihre Vertreibung erfahren. Aber es war nicht möglich, einfach Interviews mit Einzelnen zu führen. Selbst der Häuptling oder Älteste des Stammes war nicht befugt, über die Gemeinschaft zu bestimmen.

Es musste ein kollektiver Entscheidungsprozess stattfinden. Wir, die Fremden, hatten uns vorzustellen und zu erzählen, warum wir sie besuchten und was wir wollten. Also rief zunächst der Häuptling die ganze Gemeinschaft zusammen.

Sie versammelten sich in einem großen Saal, Männer und Frauen saßen auf verschiedenen Seiten, frontal an einem Tisch die Ältesten und der Häuptling, Thomas und ich auf zwei Plastikstühlen daneben, so dass uns alle anschauen konnten.

Die Frauen trugen traditionelle Kleider in leuchtenden Farben, manche hatten ein auffälliges Make-up. Einige Männer hatten ihre moderne Kleidung mit altem Indioschmuck ergänzt.

Mit Hilfe eines Dolmetschers musste ich vor der ganzen Versammlung eine Ansprache halten; ich schilderte unsere Herkunft und unser Interesse für sie; ich erläuterte, was wir von ihnen wussten und was nicht, und fragte, was dieser Krieg bedeutete für sie und für ihr Land, das sie verloren hatten; und dann musste ich alle um die Erlaubnis bitten, Fragen stellen zu dürfen.

Anschließend entschied die Gruppe unter sich, ob meine Worte überzeugend gewesen waren und ob sie sich die Mühe machen würden, mit mir zu reden. Das Ergebnis teilten sie dem Häuptling mit, und der bestätigte schließlich: Ja, es sei mir erlaubt, mit ihnen zu sprechen.

Über meinen Dolmetscher durfte ich Fragen an sie richten, und wer sich angesprochen fühlte, stand auf und berichtete über die individuelle und gemeinsame Geschichte ihrer Vertreibung von dem Land, das sie seit Generationen bebaut und bewohnt hatten, von der Guerilla und ihrer Gewalt.

Als man uns später das Lager mit den Häusern und Zelten der Indios zeigte, begegneten uns zwei Soldaten der kolumbianischen Streitkräfte. Wir grüßten sie freundlich, aber sie kümmerten sich scheinbar nicht um uns. Wir befanden uns in einem sicheren Gebiet; über dieses Territorium war kein Ausnahmezustand verhängt worden, und wir hatten keine Anweisungen übertreten.

Erst auf dem Rückweg nach Montería tappten wir in die Falle.

Ein Militärtransporter versperrte die Straße und zwang uns anzuhalten. Ein Soldat kam und verlangte unsere Pässe. Ein zweiter Wagen fuhr hinter unser Auto – jetzt waren wir zwischen Militärfahrzeugen eingekeilt, die Soldaten stiegen aus und bezogen rund um uns Stellung.

Ich versuchte jemanden im Büro anzurufen, aber das Handy hatte keinen Empfang. Schließlich kam der Kommandant. Er forderte uns auf auszusteigen und fragte, was wir hier machten. Wir erwiderten, wir seien Journalisten und hätten die einheimischen Flüchtlinge befragt, das sei alles.

Darauf erklärte er, dass wir mitkommen müssten. Die Soldaten hatten uns umringt und richteten ihre Gewehre auf uns. Wir stiegen wieder ins Auto und mussten dem vorausfahrenden Wagen folgen – zur Geheimdienstzentrale im nächsten Ort.

Der Beamte vom Geheimdienst fing mit einer einfachen Eröffnung an: Wir hätten eine Zone des »Desorden« betreten, ein Gebiet schwerer Kämpfe.

Er log.

Leicht zu widerlegen: Die Flüchtlinge hatten sich dorthin begeben, weil dort *keine* Kämpfe stattfanden, die Zeitung hatte darüber berichtet, und nirgendwo war davon die Rede, dass es Konflikte gab oder dass die Zone zum verbotenen Gebiet erklärt worden war.

Dann kam er mit einer anderen Taktik: Warum wir denn kein Visum hätten …

Ich erklärte, wir hätten die Botschaft in Berlin gefragt, und ich hätte bei meiner Ankunft sowohl den Passbeamten am Flughafen als auch das Innenministerium unterrichtet, dass ich Journalistin sei. Er wies uns an zu warten, und ging mit den Pässen aus dem Büro.

Nach einer halben Stunde kam er zurück und behauptete, ich hätte bei der Einreise gelogen; ich hätte gesagt, ich käme als Touristin.

Unglaublich … im ersten Augenblick musste ich lachen, weil seine Lüge so offensichtlich war.

Aber Thomas signalisierte, dass dies hier langsam alles andere als lustig war.

Glücklicherweise hatte ich in meiner Hosentasche die Kopie des Fax, das ich an das Innenministerium geschickt hatte, einschließlich des Abschnitts, auf dem die Uhrzeit der Übermittlung vermerkt war. Ich reichte es dem Kerl vom Geheimdienst und fragte ihn, warum ich wohl bei der Einreise lügen sollte, wenn ich mich zwei Stunden später beim Innenministerium melde und um Akkreditierung bitte?

Er war immer noch nicht überzeugt. Schließlich fiel mir wieder ein, dass ich vor unserer Abreise dem Sprecher des Armeebataillons dieser Provinz telefonisch mitgeteilt hatte, dass wir uns in die fragliche Region begeben würden. Ich gab ihm die Handynummer und erklärte, er solle doch bei der Armee anrufen. Das wirkte. Der Presseoffizier bestätigte, ja, wir hätten ihn angerufen und angekündigt, dass wir in dieses Gebiet reisen wollten, und wir hätten vor, nach Medellín zu kommen und ihn aufzusuchen.

Als wir dachten, wir könnten jetzt endlich gehen, kam der Chef unseres Mannes und wollte seine Macht demonstrieren; das ganze Verhör begann wieder von vorn. Ein Alptraum. Nach etwa drei Stunden ließen sie uns endlich gehen, forderten uns aber auf, das nächste Flugzeug nach Medellín zu nehmen.

Der Grund für die ganze Schikane?

Alles ist möglich: Vielleicht war es reiner Selbstschutz; vielleicht hatten sie gehört, dass wir Castaño finden wollten, und nun hatten sie kein Interesse daran, dass seine Kenntnisse über die Verbrechen der Armee verbreitet wurden. Vielleicht war es reiner Rassismus, weil es ihnen unangenehm war, dass wir die Indios interviewten, die sie verachten. Vielleicht war es auch ein Machtspiel und reine Willkür – völlig legal natürlich in einem Staat, der den Notstand ausgerufen hat, um jede beliebige Form der Unterdrückung zu praktizieren.

Aber in jedem Fall konnten wir nicht mehr in Montería bleiben. Am nächsten Morgen mussten wir nach Medellín fliegen.

Wir wussten, dass es schon seit einigen Monaten Kämpfe zwischen Paramilitärs und Guerillas gab, Konflikte um Straßenzüge oder Stadtviertel, die ohne jede Beteiligung der Armee abliefen. In letzter Zeit gelang es den Paramilitärs aber anscheinend nicht mehr, die Rebellen unter Kontrolle zu halten, und Gerüchten zufolge würde der Staat schon bald auf Seiten der unterlegenen Paramilitärs eingreifen.

Bis zum nächsten Tag wussten wir nicht, *wie* bald das geschehen würde.

Als wir in Medellín ankommen, hat die »Operación Orión« bereits begonnen. Helikopter und Kampfflugzeuge kreisen, Panzer rücken in das Gebiet am Stadtrand ein. Ein paar Stunden später herrscht in der Comuna 13 Krieg, und im Finanzdistrikt der Stadt, mitten im »eleganten« Zentrum, explodiert eine Bombe. Ein fünfzehnstöckiges Hochhaus wird zerstört, Glassplitter treffen noch in 50 Metern Entfernung Bäume und Menschen. Ein Racheakt für den Angriff der Armee in der Comuna 13? Oder ein Privatkrieg zwischen Geschäftsleuten? Niemand weiß es. Am selben Morgen wird der Provinzgouverneur entführt.

Keine Region und kein Mensch ist in diesem Bürgerkrieg sicher. Ganz gleich, wohin wir gehen oder wer wir sind – wir können uns hier nicht schützen.

Wir entschließen uns, die Comuna 13 nicht allein zu betreten, solange die Kämpfe andauern. Stattdessen warten wir, bis General Montoya verkündet: »Wir haben die Comuna 13 unter Kontrolle.«

Zu dem Zeitpunkt, als er dies bekannt gibt, sind bereits 30 Menschen tot. Eine Leiche nach der anderen wird herausgetragen; stolz präsentiert er für das nationale Fernsehen Waffen und Sprengstoff, die in der Nacht als Beweis für das Gewaltpotenzial in dem berüchtigten Stadtviertel beschlagnahmt worden sind.

Man erklärt uns, der Staat habe das Gebiet zurückerobert. Ein einziger Journalist des Lokalrundfunks (weit und breit kein ausländischer Pressevertreter) entschließt sich, in das Viertel zu gehen.

Wir selbst sind nach den Bedrohungen der vorangegangenen Tage vorsichtig geworden. Wir fahren zum Hauptquartier der Armee und beantragen eine offizielle Genehmigung, das Gebiet zu betreten. Mit dem Papier kehren wir zur Einfahrt der Comuna zurück.

Unser Fahrer bringt uns zum Marktplatz gleich neben der Kirche, einem strategischen Punkt, der von drei Panzern bewacht wird. Vor uns schmiegt sich das Viertel an die Hügel. An der Hauswand des Friseurs lehnen ein paar Kinder, keines älter als vierzehn. Ihre Hände sind mit scharfen Plastikschnüren auf dem Rücken gefesselt, die Gesichter wund und voller Blutergüsse. Ein Armeebus hält vor dem Friseurladen und ein »Capuchero« steigt aus – ein Informant der Polizei im Tarnanzug und mit Wollmütze. Von mehreren schwer bewaffneten Soldaten eskortiert, geht er an den Jungen vorüber, die den Blick gesenkt haben; dann verschwindet er im Friseurladen, um seinen Verrat zu begehen.

Wie ein undurchdringliches Labyrinth aus Straßen und Treppenaufgängen liegt die Comuna 13 vor uns. Mir ist nicht wohl bei dem Gedanken, die Zone allein zu betreten. In dem Viertel wohnen nicht nur gleichgültige Zivilisten und linke Guerilleros, sondern auch einfache Kriminelle, und für die sind westliche Journalisten ein gefundenes Fressen. Wir lassen unseren Fahrer am Marktplatz zurück und fragen eine Polizeieinheit, die sich gerade zu einer Patrouille durch das Barrio aufmacht, ob wir sie begleiten dürfen. Sie willigen ein, fordern uns aber auf, hinter ihnen zu gehen; außerdem dürfen wir ihre Gesichter nicht photographieren.

Wir erklären uns einverstanden, obwohl auch der Rundgang mit einer Polizeipatrouille seine eigenen Gefahren birgt. Einmal in Polizeibegleitung, betreten wir die Zone nicht mehr als Unparteiische. Wir sind dann unterwegs mit eben jenen Kämpfern, die in den vergangenen 24 Stunden gegen die Bewohner dieses Viertels gewütet haben, die ihre Söhne und Ehemänner verhaftet, geschlagen oder verwundet haben.

Warum also suchen wir ihren Schutz? Warum geben wir unsere Neutralität auf?

Einerseits, weil es in diesem Bürgerkrieg keine neutralen Figuren mehr gibt, die Gewalt straft und trifft jeden, ohne Unterschied. Journalisten sind nicht nur mediale Katalysatoren, die gern instrumentalisiert werden wie in jedem anderen Krieg auch, sondern zudem nützliche Geiseln, die Aufmerksamkeit und Geld versprechen. Die Patrouille gibt uns zumindest eine Chance auf Sicherheit.

Andererseits aber auch, weil wir erfahren wollen, welche Verbrechen die Armee während des Angriffs in der vorangegangenen Nacht begangen hat. Absurderweise ist es mitunter ergiebig, mit den Polizisten zu sprechen. Häufig hegen Täter, ob Befehlsempfänger oder nicht, so wenig Zweifel an ihrer eigenen Legitimation, dass sie freizügig und selbstbewusst über ihre Taten sprechen.

Dennoch bleibt unser Vorgehen zwiespältig.

Wir folgen unserer Patrouille in einer gewissen Entfernung und betreten so Comuna 13.

Die Straße wird schnell zu einer engen, höchstens zwei bis drei Meter breiten häusergesäumten Gasse. Kleine Wege und Treppen führen bergauf und seitlich abzweigend tiefer in das Stadtviertel hinein. Wir befinden uns bereits außer Sichtweite des Marktplatzes, wo unser Fahrer und die Soldaten warten.

Ein paar Leute stehen vor ihren Haustüren, atmen ruhig nach einer Nacht und einem Tag der Kämpfe. Gesichtsausdrücke und Bewegungen verraten die eigenartige Nervosität von Waldtieren vor einem Gewitter: Eine Überempfindlichkeit, die sich als lebensrettend erweisen kann. Wenn sie die Patrouille sehen, verschwinden sie, Fenstervorhänge werden von unsichtbaren Händen bewegt.

Plötzlich befiehlt uns der Leiter unserer Einheit, stehen zu bleiben. Instinktiv kauern wir uns an einer Hauswand auf der rechten Seite nieder und sehen zu, wie unsere Polizeieinheit rechts um eine Ecke biegt – und verschwindet …

Eine Minute, eine lange Minute dauert es, bis das Vertrauen nachlässt und Zweifel sich breit machen.

Die Polizisten kommen nicht zurück.

Wir sind allein in diesem Gebiet, weit weg von Marktplatz und Auto.

Thomas und ich überlegen, was wir tun sollen: Allein zum Wagen zurückkehren oder bis zu der Ecke gehen und nachsehen, wohin die Polizisten verschwunden sind.

Wir entscheiden uns für die zweite Möglichkeit und gehen langsam vor zu der Straßenecke. Vor uns geht es steil bergauf, links liegt eine schmale Gasse, und hinter uns führt eine lange, gewundene Treppe hinunter zum Markt, wo wir die Umrisse eines Panzers erkennen.

Kein Polizist weit und breit.

Anwohner erzählen uns, die Männer hätten sich nach links gewandt und seien durch die winzige Gasse gegangen – jedoch wir sehen sie nicht mehr.

Wir betreten die Gasse, aber plötzlich zögere ich.

Alles ist ruhig, von Krieg nichts zu sehen oder zu hören.

Und dennoch …

Es kommt mir *falsch* vor, weiter in dieses unbekannte Territorium vorzudringen, so wenige Stunden nach der Schlacht, ohne Schutz und ohne Wissen über die Geographie der Wut und der Gewalt in diesen Gassen.

Ich bin in einem Vorort westlich von Hamburg aufgewachsen, einem alten Fischerdorf an der Elbe nicht weit von der Nordsee. Es besteht aus einem Hügel, der von unzähligen kleinen Treppen überwuchert ist, einem richtigen Labyrinth aus steilen, gewundenen Stiegen und winzigen Häusern. Für einen Fremden ist es nahezu unmöglich, in den urtümlichen Kern meines Dorfes vorzudringen und sich nicht zu verlaufen.

Jahrelange, tägliche Erkundungsgänge mit meinem Hund waren nötig, bis ich alles kannte und begriff. Wenn ich heute, nach fünfzehn Jahren der Abwesenheit, wieder in diesen Ort komme, traue ich mich nicht mehr, jede Gasse auszuprobieren. Ich bleibe, wie die verachteten Wochenend-Touristen, auf wenigen Wegen und wage keine Experimente.

Diese Prägung meiner Kindheit, der Respekt vor einem Labyrinth, den ich dort erlernt habe, warnte mich, als wir die Gasse in der Comuna 13 betreten wollen.

»Heimat« ist kein Ort, vielmehr meint dieses Wort Gewohnheiten und Empfindsamkeiten, die unsere Assoziationen und unseren Habitus geformt haben. Diese Art von vorbewusstem Wissen ist auch in der Fremde wirksam – und hilft mitunter, selbst an unbekannten Orten sich zurechtzufinden.

Ich bleibe stehen und drehe mich zu Thomas um: »Ich glaube,

wir sind gerade dabei, eine gigantische Dummheit zu begehen. Das riecht hier alles nach Katastrophe.«

Wir zwingen uns, ruhig nachzudenken.

Wir treten einige Schritte aus der Gasse zurück und warten an der Ecke.

Wir haben drei Möglichkeiten: Erstens können wir weiter durch die Gasse gehen und nach »unserer« Polizeieinheit suchen, zweitens den langen, schlecht einsehbaren Weg Richtung Marktplatz nach unten gehen und drittens den Weg nach oben einschlagen.

Ich votiere für bergauf.

Ich fühle mich entsetzlich unbehaglich: Das Dickicht aus Treppen und Häusern ist verwirrend, ich durchschaue weder das Gelände noch die militärische Logistik.

Am liebsten würde ich mich irgendwo hinstellen, wo ich das Viertel *übersehen*, wo ich seine Anlage überblicken, die Gefahren ermessen, die Risiken einschätzen kann.

Mittendrin zu stecken, macht mich nervös.

Thomas ist strikt dagegen, bergauf zu gehen: Es sei gefährlicher als alles andere. Er vermutet die Guerilla und die Banden auf der Anhöhe. Wir würden direkt in ihre Hände laufen, wenn wir weiter den Hügel hochstiegen.

Er hat Recht!

Aber das spielt keine Rolle mehr. Bevor wir uns noch entscheiden können, bricht der Krieg wieder aus.

Etwa fünf Meter über uns schießt plötzlich eine Rebellengruppe aus einem Haus neben der Treppe, und wenige Sekunden später erwidert die Armee das Feuer.

Wir stehen genau auf der Frontlinie.

Kein Ausweg.

Die Zivilisten stürzen in ihre Häuser und schließen die Türen, die kleine Gasse links von uns ist voller »insurgentes«, bergauf schießen die Rebellen mit Kalaschnikows und werfen Handgranaten, von unten, aus Richtung des Marktplatzes, schießen die Soldaten mit größeren Kalibern zurück.

»Unsere« Polizeieinheit ist irgendwo in der Mitte verschwunden.

Wir springen nach links, versuchen an einer Hauswand in Deckung zu gehen, damit wenigstens von einer Seite – in unserem Rücken – keine Gefahr mehr droht. Aber wir sind völlig hilflos, können nirgendwo hinlaufen, uns nirgendwo verstecken.

Mitten im Zentrum des Tötens.

Comuna 13 verwandelt sich in Flucht und Verwundung. Gemordet wird aus der Distanz, die Verwundeten und Toten sind unsichtbar für die Täter; in den eben noch friedlichen Gassen greift willkürlich der Krieg nach Opfern: Kinder, die vom Spielen mit den Nachbarn auf dem Heimweg sind, kommen ums Leben, ein Dreijähriger wird ins Auge geschossen, und niemand weiß, was man mit den Verwundeten machen soll, wie man ihnen helfen kann.

Kein Arzt, keine Krankenschwester in der Nähe, und in diesem Treppenlabyrinth gibt es auch keine Autos, mit denen man Menschen ins nächste Krankenhaus transportieren könnte. Ein paar Verletzte lässt man auf der Straße liegen, sie werden erst am Abend von den Helfern abtransportiert und ins Krankenhaus gebracht werden.

Wir können gar nicht den gesamten Kampf, seine Täter und Opfer übersehen, alles spielt sich verdeckt in Winkeln, Gassen, Treppen, hinter Fensterläden ab.

Eine Mutter, etwas unterhalb von uns auf der Treppe, versucht, ihr schreiendes Kleinkind aus der Schusslinie zu zerren.

»Qui lacriment, desunt« – »Wer weint, ist nicht hier«, heißt es bei Ovid, der in den »Metamorphosen« das endlose Sterben beschreibt, die unzähligen Leichen auf den Straßen nach der Pest. Hier ist niemand, der weint.

Wer weint, trauert um jemand anderen, aber wer *hier* ist, in diesen Gassen, ist selbst vom Tod bedroht. Zur Trauer ist vorerst gar keine Zeit.

Plötzlich öffnet sich zwei Meter vor uns, auf der anderen Seite des Weges, eine Tür, und eine Hand winkt in unserer Richtung. Wir laufen hinüber und springen hinein.

Die Retter sind Fanny Ruiz und Martín, ihr Mann.

Martín kriecht zwischen Tütensuppen und Kartoffeln über den Boden seines kleinen Ladens, Fanny zeigt uns den Weg im Dunkeln über den Korridor. Zwei Kinder sind da, Daniela und Luis, und dann noch ein Nachbarsjunge, der hier gestrandet ist wie wir. Wir robben innen an der Wand entlang und setzen uns schließlich auf den Fußboden, immer unterhalb der tödlichen Fenster.

Thomas ist wunderbar ruhig und lenkt die Kinder ab, indem er ihnen seine Kamera und die lustigen großen Objektive vorführt.

Draußen tobt der Krieg.

Mit den Ohren verfolgen wir den Kampfverlauf, seine Dynamik, die Bewegungen der Kämpfer – *akustische Kartographen des Krieges.*

Das unverkennbare, flache Geräusch der AK-47, wie Steine, die auf der stillen Oberfläche eines Sees abprallen, endlos, immer und immer wieder. Ein Geräusch im diametralen Gegensatz zu seiner Wirkung: leicht, ein hoher Ton, ohne Widerhall oder Ausdehnung.

Das AK-47 benutzen die Rebellen. Sie sind im Haus gleich nebenan.

Die Gasse, die wir gemieden haben, ist voller »insurgentes«, und die bedienen sich aller möglichen Waffen.

Von weiter unten hört man größere Kaliber: Die Soldaten auf den Panzern feuern Salven in das Stadtviertel.

Dann sind da diese schwirrenden Geräusche, die lauten Geräusche der orientierungslos kämpfenden Polizeieinheiten, die den Positionen der Rebellen zunächst näher kommen. Und dann höre ich sie nur noch leiser, weiter weg. Offensichtlich mussten sie sich, nach einem weiteren erfolglosen Versuch, die Festungen der Rebellen zu stürmen, wieder zurückziehen.

Wir lehnen uns an die Wand. Schweigen.

Fanny betet. Hin und wieder erwacht sie aus ihrem meditativen Zustand und fängt an zu weinen; sie verbirgt das Gesicht in den Händen und weint, die Kinder starren sie an.

Luis ist sechs und begreift schon während der ersten Stunden, dass die Fremden in diesem Haus genau wie er verletzlich sind,

Ziele für Kugeln und Handgranaten – dass Thomas' Kameraausrüstung uns zusätzlich zu potenziellen Entführungsopfern macht, versteht er nicht.

Nachdem Luis seine Schüchternheit überwunden hat, kommt er aus der Küche und setzt sich neben mir im Korridor auf den Fußboden. Er ist unruhig, will spielen und reden wie alle Jungen in seinem Alter, und doch hat er im Gegensatz zu den Gleichaltrigen in friedlicheren Regionen bereits die erfahrenen Bewegungen eines Menschen, den der Bürgerkrieg geprägt hat.

Er kennt die Signale und ihre Bedeutung, die Geräusche und Entfernungen, er kennt die wechselnde *Topographie des Lebens* in Kriegszeiten: Eine Mauer ist überlebenswichtig, ja nicht nur eine Mauer, sondern Mauerringe, Mauerschichten, und nur der innerste Ring bietet vielleicht einen gewissen Schutz.

Ein Fenster ist nicht nur ein Fenster, sondern der Weg zum Tod, eine Tür muss man verschließen, damit keine Banditen hereinkommen, und man muss sie öffnen, um Unschuldigen lebensrettenden Platz zu gewähren, wenn sie hilflos auf der Straße herumlaufen.

Er weiß, dass Schweigen nicht immer Sprachlosigkeit bedeutet, dass es manchmal sehr beredt sein kann, und er weiß, dass Worte sich manchmal an niemanden richten: Das Schweigen seines Vaters erzählt von dessen Angst, die Worte seiner Mutter richten sich an einen Gott, der die Comuna 13 anscheinend schon vor langer Zeit aufgegeben hat.

Während dieser Stunden, in denen wir uns auf dem Fußboden des Korridors oder in der Küche neben dem Kühlschrank verstecken, gibt es Momente äußerster Isolation, Augenblicke, in denen wir uns einsam mit unserem Leben und mit der Gefahr fühlen – als seien wir abgetrennt von der Welt und den anderen.

Dann wieder gibt es großartige Augenblicke der Zusammengehörigkeit, der Nähe unter Fremden, die diese entscheidenden Stunden gemeinsam verbringen, die durch die Gefahr aneinander gekettet sind.

Wir sitzen in der Küche und sprechen, natürlich über den Krieg. Fanny erkundigt sich: »Und du? Zu Hause, woher kommst du? Ist es dort nicht genauso? Habt ihr keine Regierung, die Krieg gegen euch führt?«

Wir sitzen zwischen Töpfen mit Bohnen, Olivenölflaschen und Katzenfutter, wir hören aus wenigen Metern Entfernung die Schüsse, die Schreie und die Handgranaten, und gleichzeitig unterhalten wir uns darüber, wie es ist, ein Kind zur Welt zu bringen und ein Kind zu verlieren, was es bedeutet, die zerfetzten Körper von Freunden zu beerdigen – das Gespräch wechselt zwischen wissendem Schweigen und neugierigem Dialog.

»Et iam reverentia nulla est« – keine Scham, keine Zurückhaltung ist noch übrig, schreibt Ovid.

Auch Fanny und ihre Familie kennen keine Scham mehr. Es herrscht eine verblüffende Vertrautheit, keine Verpflichtung mehr, anderen Aufmerksamkeit zu schenken, keine Regeln, die uns einschränken.

Wir sitzen einfach zusammen in diesem Chaos, jeder bekommt die Bedürfnisse und Ängste der anderen mit, wenn jemand schlafen, weinen, schreien oder spielen will – es gibt keine Hierarchie der Gefühle, keine Rangordnung der angemessenen Reaktionen.

James Reeves schrieb im Sommer 1944 Briefe von der Front in Frankreich und Belgien an seine Lebensgefährtin Carson McCullers in Nyack im Bundesstaat New York. Darin schildert er immer wieder den *Rhythmus* des Krieges, jene Augenblicke der plötzlichen Stille, des scheinbaren Friedens, in denen man sich ausruht, wartet und sich für die nächste Runde bereit macht – und dann die Eruption der Gewalt, ausgelöst durch einen Schuss, der von tausend lärmenden Waffen beantwortet wird.

Auch wir sind hin und her gerissen zwischen Hoffnung und Lähmung – wenn das Schießen auch nur einen Moment lang innehält, fragen wir uns umgehend, ob die Schlacht endlich zu Ende ist, und jedes Mal flammt es wenige Minuten später wieder auf.

Manchmal fordert Krieg, dass man rennt und Deckung sucht, dass man Verletzte transportiert oder versorgt, dass man Menschen hilft und jene tröstet, die verzweifelt oder hysterisch sind, manchmal darf man *handeln*.

Manchmal jedoch kann man nichts tun als nur warten.

Gefahr droht nicht allein von außen, nicht nur die Waffen machen uns zu Opfern: Es ist auch diese unerträglich lähmende Unfähigkeit, irgendetwas zu tun, dieser passive Zustand, der uns aufgezwungen wird.

Man sitzt auf dem Fußboden und wartet, bis das Schießen einen einholt oder verschwindet. Nicht allein die demütigende Verachtung derer, die ihre großkalibrige Munition in unsere Mitte ballern, unterwandert die Selbstachtung der Opfer des Krieges.

Wertlos scheint der Handlungsunfähige, der sprachlos und nutzlos hinter einer Mauer kauert, nicht nur denen, die Handgranaten und Artilleriegeschütze auf ihn richten – sondern auch sich selbst.

In manchen Augenblicken hat man den Wunsch, einfach nach draußen zu laufen und zu schreien, Wut und Frustration loszuwerden, irgendwie *Widerstand* dagegen zu leisten, dass man nichts ist als das willkürliche Objekt blindwütiger Söldner.

Nach einiger Zeit geht Fanny zu Bett. Sie erträgt es nicht mehr, zu sitzen oder herumzukriechen. Sie zieht sich in ein kleines Zimmer hinten im Haus zurück und legt sich hin, Martín krabbelt in seinen Kiosk, ein wenig schwankend, schweigend; nur gelegentlich springt er auf, weil es laut an die Stahltür klopft – irgendjemand kommt atemlos und verschwitzt von der Straße herein, um Schutz zu suchen.

Allmählich wird die Gruppe hier drinnen immer größer. Manche wollen auch weiterlaufen, von Haus zu Haus, bis sie ihre Wohnungen erreichen. Wir wissen: Mit diesen flüchtenden Menschen verbreitet sich die Nachricht, dass wir hier sind, und je länger wir bleiben, desto größer wird die Gefahr sowohl für uns als auch für Fanny und Martín. Wir rücken näher ans Fenster, versuchen mit dem Handy eine Verbindung zu bekommen und unseren Fahrer anzurufen – aber der hat sein Telefon offenbar abgeschaltet. Dann rufen wir beim Lateinamerikakorrespondenten des »Spiegel« in Rio de Janeiro an, hinterlassen auf seinem Anrufbeantworter eine Nachricht mit unserem ungefähren Standort und der Handynummer unseres Fahrers. Falls wir gekidnappt werden, sollen sie wenigstens wissen, *wo* wir verschwunden sind.

Als die Armee Tränengas einsetzt, verliert Fannys Tochter Daniela die Fassung. Sie schluchzt so laut, dass ihr ganzer Körper bebt. Ruhe und Panik kommen in Wellen, sie hat den wechselnden Rhythmus von Angst und Verzweiflung offensichtlich nicht mehr unter Kontrolle.

Martín füttert derweil die kotzende, hustende Katze mit Milch. Das Tränengas bringt sie fast um, während wir selbst uns Handtücher und Schals vor Mund und Nase halten.

Luis ist ganz still geworden und sucht Schutz zwischen meinen Armen und Beinen. Er sitzt auf dem Fußboden und betrachtet seine verzweifelte Familie wie aus großer Ferne.

Nach endlosen Stunden wird es dunkel, und wir beschließen loszulaufen.

Draußen

Im nächsten ruhigen Augenblick treten wir auf die Gasse und rennen den Berg hinunter. Wir sehen die Soldaten auf den Panzern und können nur hoffen, dass sie Thomas' Kamera erkennen und nicht schießen. Schließlich erreichen wir den Marktplatz – und unser Fahrer ist noch dort. Immer wieder hatten die aufgeregten Soldaten versucht, den Fahrer aus der Kampfzone zu vertreiben –, doch der scherte sich nicht darum, und wartete Stunde um Stunde darauf, dass wir aus der Schlacht in den Gassen zurückkehren würden.

Die Soldaten auf dem Marktplatz sind in Panik. Offensichtlich haben sie nicht nur auf Rebellen und Zivilisten, sondern auch auf Polizeipatrouillen und ihre eigenen Leute geschossen. Auf allen Seiten gibt es Tote und Verletzte.

»Bei den geographischen Verhältnissen Kolumbiens kann der Staat diesen Krieg niemals gewinnen, nicht gegen die Guerillas und nicht gegen die Paramilitärs. Es ist ein Krieg ohne Sieger«, hat Dario Villamizar, der Leiter der Latin American Human Rights Association, mir eine Woche zuvor in Bogotá erklärt.

Jetzt weiß ich, was er damit gemeint hat.

Fernando Hincapiel Agudelo lernt jeden Tag die Verlierer des Krieges kennen. Er leitet die Notambulanz des Allgemeinen Krankenhauses von Medellín. Hincapiel kennt die Gezeiten der Gewalt in Kolumbien. Seit zwanzig Jahren versorgt er die Verwundeten. Ob Opfer oder Täter – er weiß es nicht.

»Ich kenne alle Arten des Krieges. Den Drogenkrieg für und gegen Pablo Escobar, dann den Krieg zwischen Paramilitärs und Guerilla, und jetzt macht die Armee auch noch mit.«

Die Art der Verwundungen hat sich nicht verändert: Bein- und Bauchschüsse, Splitterverletzungen, abgerissene Gliedmaßen, Verletzungen durch Sprengstoff, Schüsse, Schläge, Granaten – ein endloser Strom von Verwundeten und Toten. Hincapiel zählt sie nicht und unterscheidet nicht zwischen Uniformen oder Ideologien, sondern nur zwischen Verletzungen. »Ich behandle sie alle«, sagt er.

Was mit unserer Polizeieinheit geschehen ist, können wir nicht herausfinden – ob sie in dem Labyrinth überlebt haben, wissen wir nicht. Es ist unwahrscheinlich.

Oben auf dem Hügel, am Eingang zur Comuna 13, steht General Montoya von der vierten Brigade und gibt voller Stolz bekannt, er habe alles unter Kntrolle. Jetzt sind nur noch ein paar versprengte Kämpfer vor dem Café Marvel übrig, Ärzte und Krankenschwestern tragen blutüberströmte Verletzte weg. Die Policia Nacional führt an einem langen Seil einen Trupp Rebellen ab. Jimmy Díaz will nach Hause. Fünf seiner Freunde sind heute in diesem Krieg gegen den Krieg ums Leben gekommen. »Es war ein guter Tag«, sagt er. Er ist jung, und doch ist er schon froh, wenn er nur überlebt hat.

Spät abends kehren wir endlich ins Hotel zurück.

Der Schock kommt mit zwölf Stunden Verspätung. Am nächsten Morgen sind Thomas und ich wie gelähmt. Wir gehen in das Leichenschauhaus von Medellín: Wir wollen die Zahlen und Statistiken der Armee überprüfen, die das staatliche Fernsehen bekannt gegeben hat.

Danach geben wir auf – und entschließen uns, aus Medellín abzureisen.

Es ist uns nicht gelungen, mit Carlos Castaño zusammenzu-
treffen, aber wenn wir begreifen wollten, was Uribe mit »Krieg
gegen den Krieg« meint – *das* ist uns geglückt.

Die Operación Orión war ein aufschlussreiches Beispiel dafür, wie grausam, parteiisch und wirkungslos Uribes Krieg ist.

Rückkehr 1

Als ich nach Hause flog, reiste die Comuna 13 mit.

Das Geräusch der Gewehrkugeln und Fanny Ruiz waren
meine Begleiter.

Es ist die Scham, nicht nur überlebt zu haben, sondern sie zurückgelassen zu haben in diesem Krieg, der vor ihren Fenstern
wütet. Die Schuldgefühle sind nicht ungewöhnlich. In irgendeiner Form habe ich das nach fast jeder Reise erlebt. Nach der
Rückkehr aus den Gefängnissen im Libanon, aus den Flüchtlingslagern in Pakistan, den ausgebrannten Häusern der Albaner
und den serbischen Ghettos im Kosovo, den Krankenhäusern
an der Grenze zwischen Indien und Pakistan, den Favelas in
Nicaragua, den Minenfeldern, Gräbern und Slums in Angola,
den Zelten der chemiewaffenverätzten Kurden im Nordirak.

Aber dieses Mal war etwas anders.

Ich empfand kein Schuldgefühl, weil ich im Gegensatz zu so
vielen anderen noch am Leben war.

Mir wurde bewusst, wie gut mein Leben ist, was mich mit den
Menschen, mit Freunden oder Kollegen in dieser Welt und in
meiner Arbeit verbindet. Mir wurde meine eigene Verletzlichkeit schmerzlich bewusst; wie schwer es wäre, das alles loszulas-
sen, wie viel ich verlieren würde. Die schmerzliche Vorstellung
dieses möglichen Verlustes wog merkwürdigerweise schwerer als
die Freude des Entronnenseins.

»Si vis vitam, para mortem« – wenn du das Leben ertragen
willst, bereite dich auf den Tod vor: Das schrieb Freud 1915 am
Ende seines Aufsatzes über Krieg und Tod.

Bei meiner Rückkehr meinte ein Freund: Warst du da nicht entsetzlich unvorsichtig? Eine Freundin fragte: Warum musst du denn ausgerechnet nach Medellín fahren? Und ein anderer Freund: Das nächste Mal pass besser auf dich auf.

Natürlich haben sich alle Sorgen gemacht – und das Motiv ihrer Kommentare war Zuneigung.

Gleichwohl basieren solche Fragen auf einer Reihe von unzutreffenden Annahmen über den Krieg und seine Zeugen. Sie suggerieren, man könne sich in Krisengebieten schützen, man könne die Risiken kalkulieren.

Aber sind alle, die in einem Bürgerkrieg der Gewalt zum Opfer fallen, unvorsichtig?

Waren alle einheimischen Zivilisten, die im Krieg ums Leben kamen, lediglich zu sorglos?

In einem Bürgerkrieg kommt jeder als Todesopfer in Frage.

Der Mythos vom sauberen Krieg zwischen den Armeen zweier Nationalstaaten, in dem nur Soldaten kämpfen und sterben, ist nicht erst in Zeiten des Kriegs gegen den Terror entzaubert worden. Die Rede von der angeblich neuen Epoche ganz anderer Kriege ist eine Farce. Schon im Zweiten Weltkrieg oder in Vietnam wurden Zivilisten abgeschlachtet oder ausgebombt, in den Bürgerkriegen in Spanien und Mittelamerika ohnehin.

Manchmal habe ich den Verdacht, dass solche Äußerungen über *unnötige* Risiken nicht nur in einer verständlichen Unwissenheit über den Krieg wurzeln, sondern auch in dem Glauben, niemand brauche *freiwillig* das Schicksal von *Fremden* in einem weit entfernten Kriegsgebiet zu teilen. Warum sollte man sich dem aussetzen?

Ich kann das nicht befriedigend beantworten. Ich kann nur vermuten:

Es gibt Kollegen, die wollen schreiben, um sich selbst zu lesen, es gibt solche, die wollen Preise gewinnen, es gibt solche, die erzählen wollen, solche, die aufrütteln wollen.

Was ich weiß, ist nur das, was ich schon geschrieben habe:

Ich will Zeugin sein, *bei* den Menschen, denen Unrecht widerfährt.

Aber der Krieg stößt mich ab.

Jedes Mal.

Es wird nicht weniger.

Ich gewöhne mich nicht daran.

Ich bin nicht fasziniert von Leichen und Verwüstung.

Mich *widert* es an.

In dem Moment, wo ich begänne, solche Reisen *erträglich* zu
finden – würde ich aufhören.

Nordirak/Irak (April 2002 – März/April 2003)

»Der Krieg wird nicht mehr erklärt, sondern fortgesetzt. Das Unerhörte ist alltäglich geworden.«

Ingeborg Bachmann

Liebe Freunde,

meine Notizbücher von den Reisen in den Nordirak habe ich monatelang nicht angerührt.

Schwarz sind sie, eingebunden in Kunstleder, mit einem Faden versehen, der die aktuelle Seite markiert und der mit der Zeit immer weiter durch das Buch nach hinten wanderte. Auf der Innenseite des Rückens befindet sich eine kleine Tasche, in der sich beschriebene Visitenkarten, zerknitterte Passphotos und manchmal auch eine Prise Sand verbergen. Auf der Vorderseite klebt ein weiß-grünes Etikett, auf dem das Land, das Datum und die Nummer des Notizbuchs jeder Reise notiert sind.

Monatelang hatte ich sie nicht mehr angeschaut. Aufgereiht, eines neben dem anderen, lagen sie im Bücherregal, abgegriffen, die Schrift auf dem Aufkleber schon verwischt vom dauernden Hervorziehen aus Rucksäcken oder Jackentaschen.

Fast ein Jahr ist vergangen, seit wir in den Krieg reisten, und doch konnte ich bisher noch nicht schreiben.

Wenn ich heute die Notizbücher öffne, erkenne ich sogleich die Logik des damaligen Alltags wieder.

Jedes Buch beginnt mit einer Liste: Namen, Telefonnummern, Funktionsbezeichnungen. Die Handschrift ist noch sauber und ordentlich auf den ersten Seiten, die schwarzen Buchstaben überschreiten die vorgegebenen Linien nicht, alles ist leserlich. Später wackeln die Schriftzeichen über die Seiten im Rhythmus der Stöße, die den Wagen auf Feldwegen erschütterten. Dreck hat sich auf das Papier gelegt und Feuchtigkeit manche Buchstaben verschmiert, Ortschaften und Namen tauchen in fremden Handschriften auf, wenn ich sie nicht korrekt zu buchstabieren wusste und sicherheitshalber einem Einheimischen das Büchlein reichte.

Wie immer chaotisch die letzten Seiten aussehen, das jeweils neue Notizbuch eröffnet mit derselben ordentlichen Liste mit

Namen und Telefonnummern. Die wichtigsten zuerst. Die Namen derer, die zu Freunden wurden in den langen Wochen und Monaten. Die Telefonnummern derer, die man zu Tages- und Nachtzeit anrufen konnte, in der Not, wenn man Hilfe oder Rat oder auch nur ein Abendessen brauchte.

Von den Menschen, deren Namen auf der ersten Seite meiner Notizbücher stehen, haben einige das Ende des Krieges nicht erlebt, andere haben den Beginn des erklärten Friedens nicht überlebt.

Als zwei Selbstmordattentäter im Januar dieses Jahres in Erbil in die beiden Hauptgebäude der kurdischen Parteien KDP und PUK gingen und sich inmitten der Feiertagsgemeinde in die Luft sprengten, starben auch viele Bekannte, Gesprächspartner und ein echter Freund.

Die Reise liegt lange zurück, jener Krieg ist offiziell beendet, aber ein anderer wütet weiter, und ich versuche erst jetzt, mich zurückzuversetzen.

Die Reisen

Gemeinsam mit dem Photographen Sebastian Bolesch reiste ich zwei Mal in den kurdischen Nordirak.

Im April 2002, lange vor der amerikanischen Intervention, wollten wir über die Lebenswirklichkeit im semi-unabhängigen Nordirak berichten; über die Sehnsucht der Kurden nach einem Krieg, der sie endlich von Saddam Hussein befreien und einer Million Vertriebenen die Rückkehr in ihre Häuser im Irak erlauben würde.

Im März 2003 reisten wir erneut in den Nord-Irak.

Wir wurden wie alte Freunde begrüßt. Sehr genau registrierten die Kurden, wer von den internationalen Reportern sich erst für ihr Schicksal interessierte, als auch das Interesse der Amerikaner an der Region erwachte. Und sie hatten diejenigen nicht vergessen, die die mühsame Reise in ihre vergessene Region schon angetreten hatten, lange bevor amerikanische Truppen sich ankündigten.

Wir wohnten in einem winzigen, schäbigen Zimmer im fünften Stock des leicht schmierigen »Hotel Tower« unterhalb der alten Zitadelle in der antiken Stadt Erbil. Das Klo in unserem Bad flutete bei jeder Benutzung den Kachelboden, aber es gab Wasser zum Waschen. Unsere dreckige Wäsche und Sebastians Kameraausrüstung lagen in bunten Haufen um die schmalen Betten herum, einen Schreibtisch zum Arbeiten gab es nicht, aber einen winzigen Fernseher, auf dem wir neben Al-Jazeera auch BBC-World-News empfangen konnten.

Unser Fenster wies in die falsche Himmelsrichtung, und so mussten wir zum Verschicken der Artikel oder Photos per Satellitentelefon unser ganzes technisches Equipment jedes Mal fünf Stockwerke nach oben auf das Dach tragen: Computer, Verlängerungskabel, Telefon, Satellitenschüssel, Adapter.

Die einzigen funktionstüchtigen Steckdosen waren auf dem Dach in einem kleinen Kabuff der Waschküche angebracht. Ich musste den Computer in dem düsteren Raum aufstellen. An Waschtagen lief die Seifenlauge aus einem Gummischlauch direkt auf den Fußboden, durch die Waschküche hindurch, raus aufs Dach. Um Stromschläge zu vermeiden und meinen Laptop nicht unter Wasser zu setzen, baute ich eine kleine Inselkette mit Waschbottichen aus Plastik, über die mein Stromkabel trocken bis zu meinem auf einem Eiseneimer deponierten Computer gelegt werden konnte.

Zuweilen fragte ich mich, ob die Wahrscheinlichkeit, dass mich der Tod in dieser Waschküche ereilte, nicht größer sei als an der Front.

Im zweiten Stock des Hotels gab es eine Küche, die eine einzige Spezialität anzubieten hatte: Huhn. Gekocht mit Reis, gegrillt mit Reis, gekocht mit Fladenbrot oder gegrillt mit Fladenbrot. Alle anderen Gerichte wurden in einem Zustand präsentiert, der das ursprüngliche Tier weder optisch noch geschmacklich erkennen ließ. Ab und an lief eine recht rundliche Ratte vergnügt zwischen unseren Stühlen über den Boden des Speiseraums und verdarb uns den letzten Rest an Appetit.

Von hier aus reisten wir quer durch den Nordirak, an die Grenze zur Türkei, an die grüne Grenze zum Irak Saddam Husseins, in den Südosten, das Gebiet der islamischen Fundamentalisten, zu den Flüchtlingslagern, in denen die Opfer von Saddams »Arabisierungskampagnen« seit Jahren dahinvegetieren.

Zehn Tage, nachdem wir eingetroffen waren, begann der Krieg.

Wir blieben während des Krieges zusammen mit unserem Übersetzer Ahmed Hemen. Unsere Fahrer wechselten. Wir waren dort während der Bombardierungen aus der Luft, des langsamen Vorrückens der Peshmerga, der zähen Gefechte um Straßenzüge und strategisch wichtige Posten, wir waren in den Erdlöchern und Gräben an der unübersichtlichen Front, wir waren in Kirkuk, als die Stadt zurückerobert wurde, und in Mossul, als die Plünderer wüteten, und wir erlebten gemeinsam den Übergang von den letzten Schlachten des Krieges zu den ersten Kämpfen des Friedens.

Vom journalistischen Fehlurteil oder wie sich Kriegsgründe produzieren lassen

Journalismus ist ein nahezu unmögliches Metier.

Boten wollen wir sein, mit Nachrichten von Ereignissen und Menschen aus unserer Nachbarschaft oder fernen Ländern. Und als akkurate Zeugen oder kritische Aufklärer leben wir vom Anspruch der Wahrhaftigkeit. Die Artikel enthalten Beschreibungen und Beobachtungen, die als objektive Wahrheiten präsentiert werden. Die Autoren bleiben mehr oder weniger im Dunkel, und ihre subjektive Perspektive wird unkenntlich gemacht.

Aber diese vermeintliche Objektivität des Journalisten birgt auch Gefahren: Allzu leicht suggerieren wir nicht nur Neutralität, sondern auch Unfehlbarkeit. Das verstellt den Blick auf die Fehler, die wir, *jeder* von uns, unabsichtlich produzieren, wenn wir beobachten oder schreiben.

Fakten lassen sich überprüfen durch sorgsame Archivare oder Dokumentare. Aber sinnliche Wahrnehmungen und persönliche Urteile lassen sich nicht verifizieren, durch keine Redaktion. Die Einschätzung eines Zeugen, den wir befragen, eines Gesprächspartners, dem wir zuhören, bleibt gänzlich subjektiv. Ob wir jemanden für glaubwürdig oder für einen Schwindler halten, ob die Tränen uns ehrlich oder künstlich erscheinen, ob das Stottern des Informanten uns als Ausdruck seiner Unehrlichkeit oder seiner Angst gilt – all das folgt keiner systematischen Methodik, sondern oftmals reiner Intuition.

Jedem von uns können Fehler unterlaufen. Mir selbstverständlich auch. Die Erinnerung kann uns einen Streich spielen, wir können gleichgültig wichtigen Ereignissen gegenüber sein und unwichtigen zu viel Aufmerksamkeit schenken, können falschen Informationen aufsitzen.

Gewiss, wer Bücher und Artikel über den Ort und seine Geschichte aufmerksam studiert hat, kann das aktuelle Geschehen in einem historischen und kulturellen Kontext einordnen, wer verschiedene Zeugen für dasselbe Ereignis sucht, kann Fehler minimieren, wer Kommentare von verschiedenen Parteien einholt, kann versuchen, das eigene Urteil fair zu fundieren.

Aber fehlerfrei? Objektiv?

Das Eingestehen möglicher Fehlerquellen darf allerdings keineswegs als Freibrief für muntere Fiktion oder manipulative Propaganda missverstanden werden. Und es gibt nichts, das uns mehr Schaden zufügt als jene Kollegen, die absichtsvoll, aus Faulheit, Feigheit oder Eitelkeit ihre Artikel frisieren, dramatisieren oder frei erfinden. All jene, die durch Rücksichtslosigkeit den Ruf der gesamten Medienwelt gefährden, schaden vor allem den Opfern von Krieg und Gewalt, deren Geschichten die kritischen Leser oder Zuschauer nicht mehr glauben, weil sie uns, den Boten, nicht mehr glauben können.

Jeffrey Goldberg vom *New Yorker* interviewt im Frühjahr 2002 einen Mann im Sicherheitsgefängnis von Suleimania. Wenige Wochen später präsentiert Goldberg der staunenden Weltöffentlichkeit und einer vermutlich hoch erfreuten amerikanischen Administration eine Sensation: Der Häftling im Nordirak sei der Kronzeuge für eine Verbindung zwischen Saddam Hussein und Osama bin Laden.

Kein Geheimdienst der Welt hatte bis dahin überzeugendes Material geliefert, das Saddam Hussein als einen Verbündeten islamistischer Gruppen der Region oder gar der al-Qaida ausgewiesen hätte, niemand hatte stichhaltige Belege für eine Allianz des sunnitischen Despoten aus Bagdad mit dem wahabitischen Fundamentalisten bin Laden finden können.

In der amerikanischen Administration mehrten sich seit einiger Zeit die Anzeichen der Bereitschaft für einen militärischen Einsatz, aber es fehlten Gründe, die die Öffentlichkeit von der Dringlichkeit hätten überzeugen können. Der Irak ließ sich nicht mit den Anschlägen vom 11. September in Verbindung bringen, bin Laden lebte nach wie vor unentdeckt und spottete des Krieges gegen den Terror.

In dieser Situation veröffentlichte Goldberg im *New Yorker* vom 25. März 2002 seine Aufsehen erregende Reportage. Die Reaktionen reichten von überschwenglichem Lob für dieses Meisterwerk des investigativen Journalismus bis hin zu harscher Kritik an den Geheimdiensten: Die sollten sich an einem solchen Autor ein Beispiel nehmen, schien er doch mit einer einzigen Reise Hinweise für die Achse des Terrors gefunden zu haben, Hinweise, nach denen sie alle suchten.

Seiten über Seiten präsentiert uns Goldberg einen exzellent recherchierten, fundierten Artikel über die Verfolgung der Kurden durch Saddam Hussein, zahllose Zeugen und Zitate belegen seine extensiven Interviews im Nordirak, einfühlsam und sensibel lässt er die kurdischen Opfer des grausamen Herrschers aus Bagdad zu Wort kommen, und schließlich beschreibt er wie kaum jemand vor ihm die Kämpfe der Kurden gegen Answar-al-Islam, eine Fundamentalistengruppe, schwer bewaffnet und radikal, die im Süden des Nordirak bei Biara eine Region unter ihre Kontrolle gebracht hatte und sich regelmässig mit kurdischen Soldaten brutale Gemetzel lieferte.

Eindrucksvoll alles. Nichts an dieser Reportage gab auf den ersten Blick Anlass zu Zweifeln oder Misstrauen.

Allerdings gibt es da auch diese zwei Passagen in Goldbergs

Artikel, unter den Zwischenüberschriften »Die Häftlinge« und »Die Verbindung zu al-Qaida«.

In dem ersten Abschnitt erzählt Goldberg von einem Gefängnisbesuch in Suleimania. Angehörige der terroristischen Answar-al-Islam habe er interviewen wollen. Es wimmelt von Namen und zwielichtigen Figuren, Fraktionen verschiedener Parteien und Abspaltungen der Answar-al-Islam werden aufgeführt, irakische Geheimdienstinformanten treten auf, und plötzlich gibt es zwischen all diesen politischen Häftlingen Mohammed Mansour Shabab (der später »Jawad« heisst).

Der Mann, auf den der Titel »Die Verbindung zu al-Qaida« gemünzt ist.

Und dann erzählt Goldberg, was Shabab ihm erzählt hat:

Wie Shabab 1996 einen Mann namens Othman getroffen, wie er Othman Waffen verkauft und der ihn nach Afghanistan eingeladen habe, er erzählt von seiner zweiten Reise nach Afghanistan, seinem Besuch in Kandahar.

Schon bald wird die Beschreibung Shababs abenteuerlich: Wie er eines Abends in Kandahar mit einer Schlaftablette betäubt und dann mit einem Wagen in die Berge, zu Osama bin Ladens Zelt gebracht worden sei.

Goldberg berichtet von Shababs Begegnungen mit den al-Qaida-Führern, von dessen Morden an Iranern, von dessen Reisen schließlich in den Irak, zu den Hauptquartieren von Saddam Husseins Vertrauten in Tikrit und von Waffen und geheimnisvollen Kühlschrankmotoren, die Shabab zwischen dem irakischen Dikator und den afghanischen Kämpfern hin und her geschmuggelt habe. Zweifel an der Glaubwürdigkeit Shababs scheint Goldberg nicht zu haben. Widersprüche deckt er nicht auf.

Stattdessen soll eine andere Quelle Shababs Geschichte glaubwürdig machen, und so verweist Goldberg auf Informanten, die ebenfalls behaupten, das irakische Regime habe regelmäßig Waffen an al-Qaida auf dem Luftweg über Dubai nach Pakistan geschmuggelt und dann auf dem Landweg weiter nach Afghanistan.

Wer genau diese Aussage macht, erfährt der Leser von Goldbergs Artikel nicht. »Quellen aus der irakischen Opposition«, heißt es.

Die sensationelle These des Artikels von Goldberg steht und fällt vor allem mit den Aussagen von »Shabab«. Und Goldberg ist sich sicher bei seinem Informanten.

Wenige Wochen später, im April 2002, sitzen Sebastian Bolesch und ich vor dem Kronzeugen der Achse des Terrors zwischen Saddam Hussein und Osama bin Laden.

Ob »Mohammed Mansour Shabab« wirklich so heißt, wie er sagt, weiß ich nicht. Ob er 1973 geboren ist, wie er sagt, kann ich ebenso wenig überprüfen wie die anderen Angaben zu seiner Identität. Aus dem Iran sei er, sagt er, als Drogenkurier habe er gearbeitet, sagt er. 420 Menschen habe er getötet, sagt er, eigenhändig.

Er sitzt auf einem kleinen Sofa vor uns und erzählt lustvoll vom Morden.

Der Gefängnisdirektor hatte uns gewarnt. Ein unbeaufsichtigtes Gespräch mit dem Häftling sei nicht möglich. Ein unberechenbarer Mörder sei er, skrupellos und grausam, unsere Sicherheit könne er nicht garantieren, »Shabab« sei eine Gefährdung für jeden, jederzeit.

Er zog eine Serie von Farbbildern aus der Akte des Gefangenen zum Beweis, dass mit dem Mann kein unbewachtes Gespräch zu führen sei. Darauf war »Shabab« zu sehen, wie er seinem Geschäft des Tötens nachgeht und mit einem riesigen Messer einem Mann ein Ohr abschneidet und dann, auf einem zweiten Photo, das Messer in den Kopf seines Opfers rammt. Die Bilder seien auf einem Film gewesen, den die kurdische Polizei in seinem Gepäck gefunden habe.

Ein Interview unter Aufsicht des Gefängnisdirektors sei journalistisch wertlos, unser Gegenüber könne nicht frei reden, hatten wir erklärt und auf einem separaten Raum ohne Überwachung beharrt.

Wir würden unser Leben riskieren, niemand habe mit diesem Gefangenen bisher gesprochen, ohne dass Polizei oder Wachen anwesend gewesen seien. Auch Jeffrey Goldberg nicht, der freundliche Amerikaner, der vor uns hier gewesen sei.

Aha.

Ein vertrauliches Gespräch zwischen dem Gefangenen und dem Journalisten – ohne Supervision durch einen Beamten – hätte demnach also nie stattgefunden.

Als wir androhen, das Gefängnis unverrichteter Dinge wieder zu verlassen, weil uns ein Interview unter korrekten Bedingungen nicht gewährt wird, kommt uns der Direktor schließlich entgegen. Ein Raum werde für uns bereitgestellt, aber es sei unumgänglich, dass eine bewaffnete Wache vor der Tür postiert werde, die im Falle eines Angriffs zu Hilfe eilen könnte.

Auf einem kleinen Sofa sitzt nun also Shabab vor uns und blinzelt. Ob er einverstanden sei, mit uns zu sprechen?

Er grinst.

Das Interesse an seiner Person scheint ihm zu gefallen, auch wenn er nicht glauben mag, dass wir tatsächlich Pressevertreter sind.

Geheimdienstagenten scheint ihm wahrscheinlicher.

Und er beginnt zu erzählen, wie er Heroin aus Afghanistan in den Iran und Waffen aus dem Iran nach Afghanistan geschmuggelt habe, er stolpert in seiner Erzählung, springt in den Zeiten und mit Namen vor und zurück, prahlt mit seinen Verbrechen und den drei Frauen, mit denen er verheiratet sei, alles mit einem leicht irren Blick auf uns, die Tür und den Fußboden vor seinen Füßen.

Die gespenstischen Bilder von unserem Gegenüber und seinen Verbrechen gehen mir nicht aus dem Kopf. Unterschwellig rechne ich beständig mit einem Fluchtversuch, einer Attacke. Wir sitzen, jederzeit sprungbereit, auf unseren Stahlstühlen in dem unterkühlten Raum.

Nach drei Minuten unterbricht Sebastian das Gespräch.

Es sei sinnlos, der Mann offensichtlich nicht nur wirr, sondern auch krank. »Ein Psychopath. Du kannst den nicht nur nicht zitieren, den kann man gar nicht interviewen,« sagt der Photograph, der seit über zehn Jahren in Krisenregionen der ganzen Welt unterwegs ist und dem ich in seinem Urteil traue wie niemandem, »lass uns gehen«.

Ich will nicht abbrechen.

Zu wichtig war seine Aussage für die Stichhaltigkeit der mittlerweile verbreiteten These von der Verbindung zwischen Saddam Hussein und al-Qaida.

Wir fahren fort.

Er erzählt von »Osman«, der bei Goldberg »Othman« heißt, dem Mann, der ihn mit al-Qaida bekannt gemacht habe.

Er habe im Auftrag des irakischen Geheimdienstes getötet, erzählt Shabab nun.

Bei Goldberg hatte Shabab vor allem im Auftrag Othmans und al-Qaidas gemordet.

420 Männer habe er eigenhändig umgebracht.

»Ich genieße es zu töten,« sagt er und beobachtet uns mit einer perfiden Lust daran, Furcht einzuflößen.

Er sei bin Laden begegnet, erzählt er uns.

Wo?

In Kandahar.

Wo genau?

Er habe eine Kapuze aufziehen müssen, als man ihn dahin brachte.

Bei Goldberg hatte Shabab noch eine Schlaftablette verabreicht bekommen. Und er war ihm auch nicht begegnet, sondern war nur in seinem Zelt.

Plötzlich faucht er unseren Übersetzer an und droht ihm. Ein Verräter sei er, weil er mit ausländischen Mächten kooperiere. Er werde seine Strafe schon noch erhalten.

Wieder fordert Sebastian mich auf, das Gespräch abzubrechen. Es brauche keine weiteren Belege dafür, dass dieser Gefangene ein irrer Geschichtenerzähler, ein Hochstapler sei.

Ein Mörder gewiss, ein gewalttätiger Psychopath – aber keine glaubwürdige Quelle für *irgendeinen* Artikel.

Der Übersetzer drängt.

Wir versuchen es noch zwanzig weitere Minuten, in denen »Shabab« immer abenteuerlichere Anekdoten auftischt, nun zunehmend zornig, weil wir seine Geschichten nicht so schlucken wie jener andere Journalist, der noch vor Wochen hier war und der ihm keine dieser misstrauischen Nachfragen gestellt hatte.

Irgendwann gebe ich es auf. Wir rufen den Wächter vor unserer Tür, der »Shabab« mit einem Gewehr vor sich her über den Gang zurück in seine Zelle führt.

Wir können es nicht fassen.

Das war der Kronzeuge?

Wie hatte Goldberg diesem Wahnsinnigen aufsitzen können? Wie hatte er diese wirren Geschichten eines psychopathischen Selbstdarstellers der Weltöffentlichkeit als glaubwürdig präsentieren können?

Wir versuchten, den Kollegen zu entlasten:

Vielleicht hatte sich Shabab an jenem Tag ruhiger und konzentrierter präsentiert? Vielleicht war seine Geschichte an jenem Tag kohärenter? Vielleicht hatte sein Übersetzer die Erzählungen geschönt?

Vielleicht auch hatte Goldberg eben subjektiv einen anderen Eindruck als wir?

Das war noch keine Fahrlässigkeit.

Wir recherchierten weiter.

In den nächsten Tagen organisierten wir eine Reise in den Süden des Nordirak an die Front zwischen den kurdischen Soldaten, den Peshmerga, und den Kämpfern von Answar-al-Islam. Bei Goldberg tauchte Shabab im Umfeld der Gefangenen von Answar-al-Islam auf, ohne dass allerdings Shabab selbst etwas über seine Verbindungen zu der Gruppe erzählte.

Der kurdische Kommandant Ramadan Dekone erklärte uns den Frontverlauf, die militärische Taktik und die geographischen und politischen Gegebenheiten. Auf einer Anhöhe, umgeben von seinen Soldaten, zeigte Dekone gen Westen: Die Terroristen seien nicht nur in der Lage, sich in die Gebirge zurückzuziehen, sondern auch jederzeit über die Grenze in den Iran zu fliehen. »Keine dieser islamistischen Gruppen ist ein echter Gegner für unsere Truppen«, sagt Dekone stolz, »aber der Iran, das ist ein ernster Gegner, und mit dessen Hilfe kämpfen die Terroristen.«

Wir fragen nach.

Ob es Verbindungen zwischen Answar-al-Islam und Kämpfern aus Afghanistan gäbe.

Ja, gewiss.

Und dem Irak?

Nein, Nachschub an TNT und Minen würde aus dem Iran, nicht aus dem Irak geliefert.

»Sehen Sie doch nur hinüber«, sagt Dekone, »das erschließt sich schon geographisch. Die operieren im Schutz der Iraner, direkt an der Grenze.«

Die Kurden fürchten und hassen Saddam Hussein. Die Gefährdung durch die schwer bewaffneten Kämpfer von Answar-al-Islam ist real, die Brutalität der Gotteskrieger allenthalben offensichtlich. Konfiszierte Videos belegen zudem, dass zahlreiche Arabisch sprechende Männer unter den kurdischen Islamisten kämpfen.

Die Kurden hätten verständlicherweise ein strategisches Interesse daran, den Amerikanern Gründe für eine militärische Intervention zu liefern. Eine Verbindung zwischen dem Despoten in Bagdad und Osama bin Ladens terroristischem Netzwerk käme ihnen sehr zupass. Trotzdem finden sich lediglich Zeugen und Argumente für eine Allianz aus al-Qaida, Answar-al-Islam und dem Iran.

Vielleicht hat Goldberg nur nie die Front besucht, vielleicht hat er nie Gegenstimmen zu seiner These gefunden?

Goldberg? Ja, der sei hier gewesen, sagt Dekone, vor einigen Wochen. Der Amerikaner. Mit dem habe er auch gesprochen.

Wir sind Goldberg nie begegnet. Auch auf unserer zweiten Reise in den Krieg nicht. Eine E-Mail-Anfrage, ob er erklären könne, wie er Shabab solche Bedeutung beimessen konnte, hat Goldberg nicht beantwortet. Was ihn bewogen hat, seinen Artikel vom »großen Terror« zu schreiben, vermag ich nicht zu sagen.

Vielleicht hat er Shabab wirklich geglaubt.

Vielleicht wollte er ihm auch nur glauben.

Vom gerechten und ungerechten Krieg

Über ein Jahr lang hatten wir die Chronik eines angekündigten Krieges verfolgt, hatten das Spektakel im Weltsicherheitsrat beobachtet, bei dem Colin Powell so auftrat, als sei nicht schon längst entschieden, dass die USA gegen Saddam Hussein in den Krieg ziehen würden. Mit oder ohne irakische Massenvernichtungswaffen. Mit oder ohne Belege. Mit oder ohne Autorisierung durch eine UN-Resolution. Mit oder ohne Unterstützung durch die internationale Gemeinschaft.

Es war ein absonderliches Schauspiel.

15 Jahre nachdem Saddam Hussein kurdische Dörfer rund um Halabja mit Giftgas bombardiert hatte, 15 Jahre nachdem Tausende Zivilisten qualvoll erstickten und durch offene Wunden und Verbrennungen am entstellten Körper starben, zwölf Jahre nachdem Saddam Hussein die von den Amerikanern initiierten Aufstände der Schiiten und Kurden brutal niederschlug, 50 000 Menschen umgebracht und eine Million vertrieben wurden, tagte auf einmal der Weltsicherheitsrat in Sachen Saddam Hussein.

Als der amerikanische Außenminister dort die unscharfen Videoaufnahmen von eventuellen Massenvernichtungswaffen präsentierte, fragte ich mich, warum diese Sitzungen gerade zu diesem Zeitpunkt stattfanden?

In der Phantasie versetzte ich dieselbe Szene 15 Jahre zurück, stellte mir die Debatten im UN-Hauptgebäude am East River vor, malte mir aus, wie die Verbrechen an den Kurden angeführt worden wären als Grund für eine humanitäre Intervention, für einen gerechten Krieg, der die »Arabisierungskampagnen« von Saddam und den Genozid an den Kurden, dem Volk ohne Staat, hätte beenden sollen.

Hätten sich die Regierungen Russlands, Frankreichs und Deutschlands gegen eine solche militärische Intervention gestellt? Wäre es zu weltweiten Demonstrationen gegen einen solchen Krieg gekommen?

Aber diese Sitzungen hatten *nicht* stattgefunden, *niemand* hatte die internationale Gemeinschaft zusammengerufen, um diese Verbrechen gegen die Menschlichkeit zu sühnen oder auch nur zu verhindern.

Die Flugverbotszone, die die Kurden jenseits des 36. Breitengrades zumindest vor Luftangriffen schützen sollte und die den Irak de facto in zwei Teile spaltete, wurde erst Jahre später eingerichtet, das Embargo bestrafte vor allem Zivilisten, aber keineswegs die korrupte Kaste der Baathisten oder Saddam Hussein.

Nun auf einmal sollte Handlungsbedarf bestehen.

Es gab zwar keine Hinweise auf eine Verbindung zwischen Saddam Hussein und bin Laden oder dem al-Qaida-Netzwerk, die Waffeninspektoren der UN unter Hans Blix signalisierten zudem in allen offiziellen wie inoffiziellen Kommuniqués ihre Zweifel an der akuten Gefährlichkeit des Regimes – aber all das änderte nichts.

Ich konnte mir vorstellen, wie die Kurden im Nordirak, die Sebastian und ich schon im April 2002 besucht hatten, erwartungsvoll auf die Bildschirme starrten und den Krieg herbeisehnten und wie dagegen die Iraker dieselben Berichte im irakischen Fernsehen oder auf al-Jazeera ängstlich verfolgten und den Krieg fürchteten.

»I know we are an easy target«, schrieb Nuha Al-Radi, eine irakische Künstlerin, in ihrem Bagdad-Tagebuch zur Zeit des ersten Golf-Kriegs, »I know we are a thorn in everyone's flesh. But (…) we are also a people.«

Im Zeitlupentempo dieser Ouvertüre eines unvermeidlichen Krieges bereiteten wir uns auf unsere Reise durch den Iran in den Nordirak vor und erreichten Erbil am 9. März.

Das neue Jahr

Der Held vergangener Schlachten schweigt. Mit schnellen Schritten erklimmt Mustafa Nasraddin den lehmigen Hügel von Qosh Tepe bei Erbil, seinen Turban tief in der Stirn, das Gewehr über der Schulter, die alte Wunde am linken Arm verdeckt von der traditionellen Kluft der Peshmerga. Die grün beflaggten Gräber am Fuß der Anhöhe beachtet er nicht. Oben auf dem Kamm stehen im Halbkreis seine Soldaten mit Kalaschnikows vor dem Bauch und Handgranaten am Gürtel. Nur wenige Kilometer weiter stehen die feindlichen Posten der Armee von Saddam Hussein. Eine reguläre Grenze existiert nicht zwischen den irakischen Truppen und den kurdischen Einheiten im Nordirak, aber die Gegner beobachten einander tagein, tagaus.

Die Kämpfer haben Holzscheite und riesige Gummireifen in mehreren Lagen aufgeschichtet und eine Fackel mit Benzin getränkt. Alles wartet auf das Signal des Kommandanten.

Es ist Newroz, das kurdische Neujahrsfest, und an diesem Tag feiern sie den Schmied Kawa, ihren ersten Widerstandskämpfer, der sein Volk vor gut 2600 Jahren von dem despotischen König Duhok erlöste. Jetzt wird erneut um Befreiung gefochten, und Nasraddins Einheit will von ihrem wortkargen Führer eine Rede, die ihnen Mut zuspricht für den Krieg, der ihr letzter sein soll, eine Rede, die sie einreiht in die Geschichte des kurdischen Widerstands gegen Tyrannei und Unterdrückung.

In der Nacht zuvor haben die Amerikaner im Süden des Irak mit dem Angriff auf Saddam Husseins Regime begonnen, und die Männer auf dem Hügel von Qosh Tepe im kurdischen Nordirak sehnen das Ende des gefürchteten Herrschers in Bagdad herbei.

Sie sind auserwählte Soldaten der Spezialeinheit »Spi Kirkuk«. Nur kurdische Vertriebene aus der verlorenen Stadt Kirkuk dürfen in der Brigade dienen. Nur Kämpfer, die von der irakischen Armee aus dem »kurdischen Jerusalem«, Kirkuk, deportiert wurden, werden aufgenommen in die Elitetruppe unter Nasraddin. Außer Panzerfäusten und Kalaschnikows haben sie keine Waffen, aber Spi Kirkuk soll die Speerspitze der Rückeroberung sein. 40 Kilometer nur sind sie entfernt von ihrer Heimatstadt, die Saddam »arabisieren« ließ wie Tausende anderer Dörfer jenseits der grünen Grenze.

Nasraddin zögert und blickt in die Runde der erwartungsvollen Männer. Jeden Einzelnen hat er ausgewählt für diese Einheit, jeder Einzelne von ihnen hat persönlich erfahren, was das kollektive Schicksal der Kurden ausmacht: Krieg und Verwüstung, Vertreibung und Exil. Alle haben sie Geschwister oder Eltern verloren, ihre Häuser, ihre Heimat.

Jeden Moment, jeden Tag erleben diese Männer als Spiegel der historischen Ereignisse. So wie jedes Individuum hier als Beispiel für das Kollektiv verstanden wird, weil sich im Leben der Einzelnen nicht das Besondere, sondern das allen Gemeinsame lesen lässt, so sehen sie in jedem einzelnen Augenblick eine Reflexion auf die gesamte Geschichte.

Nasraddin weiß, dass seine Soldaten an jedem Neujahrsfest nicht einfach die alte Sage von Kawa feiern, sondern sich selbst und den ewigen Zyklus von Krieg und Unterdrückung, in dem sie gefangen sind. Mythos und Geschichte verschwimmen an diesen Feiertagen, daraus schöpfen sie Zuversicht, und daraus nährt sich die Wut.

Im vergangenen Jahrhundert waren sie nichts als die ewigen Verlierer im Spiel der großen Mächte in der Region des alten Mesopotamien.

Kurdistan blieb für die Siegermächte des Ersten Weltkriegs ein belangloses Versprechen, für die feindlich gesinnten Nachbarstaaten mit kurdischem Bevölkerungsanteil ein Schreckgespenst und für die unterdrückten Kurden ein unerfüllter Traum.

Kurdistan blieb ein Land ohne Ort auf der Weltkarte; die Kurden eine Nation ohne territoriale Souveränität. Bis heute.

Für die vier Millionen nordirakischen Kurden wiederholte sich die Geschichte im vergangenen Jahrhundert als eine traurige Abfolge immer gleicher Enttäuschungen.

Obgleich im Vertrag von Sèvres (1920), der die Auflösung des Osmanischen Reichs am Ende des Ersten Weltkrieges regelte, den Kurden ein eigener Staat versprochen wurde, obgleich ihnen Woodrow Wilson das Recht auf Selbstbestimmung und weit reichende Autonomie versprach, wurden sie schon bald vergessen.

Die Daten kennen nicht nur Historiker oder gebildete Politiker, sondern sie gehören zum Allgemeingut, zum schmerzlichen Stachel in jedem Gespräch.

Eingekeilt zwischen den feindlichen und miteinander verfeindeten Nachbarn, geschunden und vertrieben durch die zahllosen Kriege und Bürgerkriege, waren die Kurden Saddam Hussein und seinem »instrumentellen Genozid« (wie Samantha Powers es nennt) ausgeliefert.

»Kurd dosti nia«, heißt ein viel zitiertes kurdisches Sprichwort: »Kurden haben keine Freunde« – und das kollektive Gedächtnis der Kurden kennt zahllose Beispiele des Verrats durch eine Weltöffentlichkeit, die blind gegenüber dem Unrecht an den Kurden zu sein schien.

»In unserer Region war entweder Ausnahmezustand, Genozid oder Krieg«, sagt Dschauhar Namik, Generalsekretär der KDP in Erbil. »Es wird Zeit, dass wir endlich frei leben.«

Erst als die internationale Allianz 1991 eine Flugverbotszone einrichtete und den Irak spaltete, konnten die Kurden sich vor der Vernichtung schützen.

In einer paradoxen staatlichen Konfiguration ohne Beispiel auf der Welt entwickelte sich der Nordirak zu einer fragil demokratisierten Nische: abgetrennt vom Rumpf des Irak durch eine unsichtbare Grenze entlang dem 36. Breitengrad, aber ohne Stacheldraht und Schlagbaum; beschützt von der internationalen Gemeinschaft vor Angriffen aus Bagdad, aber gleichzeitig mit denselben harten Sanktionen belegt wie der Feind im eigenen Land; selbstverwaltet durch ein Regionalparlament in Erbil, aber nicht unabhängig von der Zentralregierung in Bagdad; geeint im Kampf gegen Saddam Hussein, aber im Alltag zerstritten und gespalten zwischen den kurdischen Parteien der KDP und der PUK, zwischen Erbil im Nordwesten und Suleimania im Südosten.

Der Krieg der Amerikaner gegen Saddam Hussein, aus welchen Gründen auch immer er geführt wird, birgt für die Kurden endlich die Chance auf einen stabilen Frieden und ein Ende der Verfolgung.

Und so erzählt Nasraddin von dem Tyrannenmord im Jahr 612 vor Christus und dem Feuer, das Kawa, der Schmied, nach vollbrachter Tat entfacht hat: »Damals hat das Feuer als Symbol für die Befreiung der Kurden geleuchtet, nächste Woche werden wir es in Kirkuk anzünden. So Gott will – Inschallah!«

Er hält die Fackel an den Holzhaufen und die Flammen schlagen in den Abendhimmel des neuen Zeitalters des Krieges gegen Saddam Hussein.

»Srwddi Newroz« singen sie, das Neujahrslied. »Das neue Jahr ist ein Jahr des Sieges.«

Von denen, die auszogen, das Fürchten zu verlernen

Sein Name ist berühmt, sein Bild allgegenwärtig, aber sein Gesicht kennt niemand.

Von hinten nur ist Umed Khawar auf dem Gemälde zu sehen, verkrampft und verwinkelt sind seine Gliedmaßen, das linke Bein angezogen, den erschöpften, sterbenden Körper auf den linken Arm gestützt, kriecht er auf allen vieren über die Straße. Der Kopf unter dem Turban ist abgewandt, den Leib hält er schützend über ein Bündel.

Jedes Kind in Kurdistan kennt die Geschichte von Umed, dem Bäcker von Halabja.

Immer schon hatte er sich einen Sohn gewünscht. Sieben Töchter hatte seine Frau ihrem Mann geschenkt. Der erste Sohn, der ihnen geboren wurde, starb 1985.

Der zweite Sohn, Shwan wurde, endlich, 1987 geboren – und lebte. Das Bild zeigt Umed, wie er diesen lang ersehnten einzigen Sohn in der Mulde unter seinem Oberkörper verbirgt. Es illustriert einen historischen Tag: Es ist der 16. März 1988, Rauchwolken auf dem Bild zeugen von den Bombardierungen durch Saddam Husseins Armee, und Umed Khawar schleppt seinen erstickenden Sohn Shwan durch die verseuchten Straßen von Halabja. Der todbringende Geruch von Äpfeln liegt in der Luft, und Umed kann das verführerisch duftende Giftgas nicht abhalten von seinem geliebten Kind.

Sterbend, gesichtslos, mit seinem toten Sohn im Arm, ist Umed zur Ikone des kurdischen Martyriums geworden.

Vor zwei Tagen hat der Krieg begonnen, und seither wird

das Bild von Umed wieder und wieder im Fernsehen gezeigt. Alle rechnen mit Saddams Vergeltungsanschlägen gegen die kurdische Zivilbevölkerung, und so vermischt sich die traumatische Erinnerung an die Leichen von Halabja mit praktischen Ratschlägen für die Gegenwart.

Die kurdischen Nachrichtensendungen bringen neben den berühmten Bildern der entstellten Opfer im Stundentakt Hinweise, wie sich die verängstigte Bevölkerung vor dem Tod aus der Luft schützen soll: Fenster und Türen sollen abgedichtet, Lebensmittel in Plastikfolien gewickelt werden.

Selbst die Übermacht der amerikanischen Verbündeten kann die über Generationen gewachsene Furcht nicht dämpfen.

Die Regale des Bazars sind leergefegt. Reis, Fladenbrot und Speiseöl gibt es schon seit Stunden nicht mehr. Restaurants und Teestuben haben gar nicht erst geöffnet, die lokale Wochenzeitung stellt den Betrieb ein, weil die Druckerei nicht mehr druckt. Und Leser wird es in der Stadt, aus der die Einwohner flüchten, ohnehin kaum mehr geben. Alle paar Minuten kündet das krachende Geräusch herunterschnellender Jalousien vor den Schaufenstern von der nächsten Flucht. Zu Tausenden strömen die voll gepackten Wagenkolonnen seit Tagesanbruch aus der antiken Stadt Erbil in die regendurchtränkten Wiesen und Berge der Umgebung. Schutz gibt es auch dort nirgends, aber zumindest die Illusion einer geringeren Erreichbarkeit für die irakischen Raketen.

Wer zurückbleibt, steht bei Siadi, dem Teppichhändler auf dem Bazar von Erbil an.

Die Angst vor Saddam Hussein lässt sich in Metern messen. Einen eisernen Zollstock legt Siadi an die Plastikfolie an. Mit flinken Händen wickelt er Meter um Meter der aufgerollten Bahnen von der Stange. Die ausgemergelten Hühner in den hölzernen Vogelkäfigen am Stand nebenan flattern schreckhaft beim Rascheln der Folien. Eine lange Schlange verschleierter Frauen reicht von seinem kleinen Eckladen bereits bis zur nächsten Straßenecke. Sie halten alle die Bündel rot-blauer Dinare bereit, die sie dann Siadi reichen werden. 20 000 Meter hat er heute bereits verkauft. 3 Dinar pro Meter. »Wir importieren das aus dem Irak«, sagt er, »erst verkauft Saddam uns die Plastikfolie – und dann greift er uns an.«

In den durchnässten Wiesen in den Bergen hocken Familien um kleine Feuer und versuchen sich warm zu halten. Die erste stürmische Nacht haben die Frauen und Kinder im Zelt verbringen können, die Männer harrten draußen aus, Decken und Plastikfolien um die Schultern geschlungen.

Mit klammen Fingern suchen die Kinder am Morgen nach kleinen Steinen, mit denen sie die Zeltplanen stabilisieren können. Es gibt Fladenbrot, ein Glas Tee wird herumgereicht. Ohne Zucker. Es muss gespart werden. Niemand weiß, wie lange sie hier ausharren müssen. Niemand weiß, ob der Vorrat reicht. Aber mit dem Schlimmsten rechnen sie alle.

Aus der Vergangenheit lässt sich keine Hoffnung schöpfen. Erfahrung lehrt sie Furcht. Gerne würden sie zuversichtlich sein, gerne würden sie glauben, dies sei nun endlich die letzte Flucht, die letzte Vertreibung, der letzte Krieg.

Zwischen den Fronten

Der Krieg hat begonnen, aber die zweite Front im Norden lässt auf sich warten.

Die Regierung der Türkei hat der amerikanischen Infanterie die Durchreise verweigert. Der Krieg gegen Saddam wird deswegen bisher vornehmlich von Süden aus geführt.

Im Nordirak operieren unter größter Geheimhaltung amerikanische Spezialeinheiten. Nur manchmal, wenn ein Konvoi aus kurdischen Armeefahrzeugen über die Landstraßen jagt, gelingt ein kurzer Blick auf ein wenig hellere Jeeps mit etwas athletischeren, groß gewachsenen Typen auf der Rückbank. Sie rasen in den Süden.

Bis die amerikanischen Fallschirmjäger-Einheiten landen, bis die zweite Front richtig eröffnet wird, sollen zumindest die terroristischen Nester im Südosten des Nordirak ausgehoben sein. Kurden und die unsichtbaren Amerikaner bombardieren die Hochburg von Answar-al-Islam tagein, tagaus.

Zu Schafen und Ziegen hat ihr Vertrauen nie gereicht. Eine Herde braucht nun mal einen Weidegrund. Einen sicheren Ort. Man kann solche Tiere züchten und verkaufen. Aber mitnehmen kann man sie nicht. Nein, Massoma Hama Ali schüttelt den Kopf. Fliehen müsse sie können. Jederzeit. Da darf sie keinen unbeweglichen Ballast ansammeln. Sie muss allzeit bereit sein. Wie in den vergangenen 25 Jahren. Zwölf Mal wurde ihr Haus zerstört, zwölf Mal musste sie ihre Heimat verlassen, wurde ihre Existenz ruiniert.

Wie vergangene Nacht, als die Explosionen in Khurmal die Erde erschütterten.

Die Allianz aus amerikanischen Spezialeinheiten und kurdischen Peshmerga hat die Lager der Islamisten im Südosten des Nordirak angegriffen. Answar-al-Islam, die terroristischen Gotteskrieger, blieben sonderbarerweise verschont, stattdessen fielen die Bomben auf die Truppen der Islamic Foundation, die bisher von den Kurden zwar gehasst, aber offiziell geduldet wurden.

»Es ist der ewig selbe Klang des Krieges, der uns in die Flucht jagt«, sagt sie und wischt der verdreckten Tochter auf ihrem Schoß die laufende Nase mit einem Rockzipfel ab. Ein amerikanischer Krieg gegen den Terror soll es sein. Aber für Massoma ist es nur die ewige Wiederkehr der Vertreibung der Kurden.

In den verlassenen Baracken des Hofs von Khanqa abseits der Straße zwischen Suleimania und Halabja sind sie untergekommen. Eine kleine Steinmauer schirmt das Elend ab. Hinter den verschlossenen Türen hausen sie auf dem Boden im Freien. Es gibt keine Möbel, keinen Teppich, keine Decken. Draußen im Innenhof ist es wärmer als drinnen in der Baracke und so sitzt Massoma zwischen ihren zehn Kindern in der Frühlingssonne. Die ganze Nacht über hat sie ihre Töchter und Söhne im Wechsel geschleppt. Immer weiter bis hinter den Checkpoint von Sayed Sadaq, der die Grenze des neuen Kriegsgebietes markiert und durch den Tausende kurdische Soldaten an die Front gegen die Islamisten im eigenen Land geschickt werden.

Seit über einem Jahr schon lebt ihre Familie im Südosten des Nordirak in dauernder Angst. Nicht vor der religiös-fundamentalistischen Islamic Association um Ali Baphir, nicht einmal vor den schwer bewaffneten Terroristen von Answar-al-Islam, deren bärtige Kämpfer immer wieder in ihr Dorf kamen, um nach Essen und Decken zu fragen. »Aber unsere Heimat wurde zum blutigen Schlachtfeld zwischen Answar und der Patriotischen Union Kurdistans«, klagt Massoma. Wer die Macht übernimmt, wer den Krieg gewinnt, das alles ist ihr gleich. »Aber wenn die Amerikaner jetzt unsere Häuser zerstören, dann müssen sie sie auch wieder aufbauen.«

Der heimatlose Terrorist

Richtige Schritte kann er nicht machen. Ohne die Füße eigentlich zu heben, schlurft Nzar Ahmed Mohammed Shukar über den Boden. Den ausgebleichten blau-grauen Stoffturnschuhen fehlen die Schnürsenkel erst seit gestern, und Shukar hat sich noch nicht daran gewöhnt zu gehen, ohne das lose Schuhwerk zu verlieren.

Zwei bewaffnete Wärter führen den Überläufer von Answar-al-Islam ins Verhörzimmer des Gefängisses von Suleimania. Shukar setzt sich gekrümmt auf das Sofa gleich neben der Tür und schweigt. Die erste Nacht in der Zelle hat Spuren hinterlassen. Die schwarzen lockigen Haare hängen zerzaust in die Stirn. Die Fingernägel sind violett angelaufen von der Kälte. Shukar bewegt die Hände im Zeitlupentempo über der flimmernden Hitze des Gasbrenners vor ihm.

»Ich verliere noch meinen Verstand«, sagt Shukar stockend und zieht an einer Zigarette, »ich sterbe vor Kummer, denn ich weiß nicht einmal, ob meine Mutter noch lebt.«

Sechs Monate lang hat der 22-jährige den Gotteskriegern der Terrororganisation Answar-al-Islam in ihrer Hochburg bei Biara gedient. Er ist halb Kurde, halb Araber, seine Mutter lebt im Irak, Vater und Bruder im kurdischen Nordirak. Er war ausgezogen, den rechten Glauben zu suchen. »Ich glaubte, sie seien wahrhaftig.« Jungfrauen mit schönen Augen hatten sie ihm versprochen, die religiösen Führer von Answar-al-Islam – wenn er kämpfen würde: gegen die Blasphemie, und das hieß gegen Massud Barsani, den verhassten Kurdenführer im Nordwesten des Nordirak, dann gegen die PUK, die durch und durch säkulare Partei von Jalal Talabani, und dann gegen alle anderen Ungläubigen. »Ich hatte eine klare Vision von meinem Kampf für Allah«, sagt Shukar.

Doch seit Oktober im vergangenen Jahr mussten Shukar und die anderen jungen Answar-Kämpfer sich bereits auf einen eventuellen Krieg mit den Amerikanern vorbereiten. Mit TNT sprengten mehrere »Katibas«, Brigaden von Answar-al-Islam, Höhlen in die Shram-Berge hinter Biara. Regelmäßig musste seine Einheit zwei, drei Tage hintereinander in den fünf bis sechs Meter tiefen Höhlen hausen. »Wir normalen Kämpfer waren bald völlig verschüchtert und demoralisiert«, sagt Shukar. Jeder Katiba war ein religiöser Prediger und ein Militärausbilder zugeteilt. Ein gnadenloses Regime: Fragen war nicht erlaubt; wer fliehen wollte, wurde vor den Augen der anderen von »Gwmamer«, dem Folterer, mit Elektroschocks und Schlägen auf die Fußsohlen gequält.

Für die Jugendlichen unter den Kämpfern wurde keine Ausnahme gemacht. Answar-al-Islam vereinte ahnungslose Teenager ebenso wie in Afghanistan ausgebildete al-Qaida-Kämpfer, Fanatiker aus Syrien und der Türkei ebenso wie solche aus dem Nordirak. »Woher die Waffen stammten, wusste keiner so genau,« sagt Shukar, »aber klar war, dass al-Qaida uns unterstützte.«

Schon bald bereute Shukar, nicht auf die Warnungen seines ungleichen Bruders Diar gehört zu haben. Die Brüder standen sich auf verschiedenen Seiten der Front im Nordirak in den verfeindeten Armeen gegenüber. Während es Shukar zu den Fundamentalisten von Answar-al-Islam zog, meldete sich Diar bei den säkularen Peshmerga der PUK, die gegen Answar kämpften.

Einmal, im Oktober letzten Jahres, hatten sie sich heimlich getroffen. Eine Pistole hatte der Bruder ihm angeboten, er solle doch einen der Führer von Answar ermorden. Da schienen

Shukar seine eigenen Gotteskrieger schon »Terroristen wie Saddam« zu sein.

»Ich habe die Leichen getöteter PUK-Soldaten gesehen«, sagt Shukar und senkt die Stimme, »echter Islam tut so etwas nicht. Gott, der Allmächtige, hat uns nicht aufgefordert, so zu morden.« Doch fliehen konnte er damals nicht. Erst jetzt, im Chaos der Kriegswirren und Bombardierungen war es Shukar möglich abzutauchen.

Frei leben möchte er nun, ob als Kurde oder als Araber ist ihm gleich. »Ich will meine Mutter suchen«, sagt Shukar, »mein älterer Bruder ist verheiratet. Er hat eine Frau und ein friedliches Leben. Und ich? Ich habe nichts.«

Seit vier Tagen ist er auf der Flucht, seit vier Tagen kann er schon nicht mehr beten. Seinen Glauben hat er unter der Herrschaft der Gotteskrieger verloren.

Einen Brief haben ihm die kurdischen Behörden versprochen, mit dem dürfe er bald gehen. Nach Hause will er dann. Auch wenn er nicht mehr weiß, wo das ist.

Die amerikanische Landung

In der Nacht sind die ersten amerikanischen Fallschirmjäger-Einheiten über dem Nordirak abgesprungen. Die zweite Front mit Peshmerga und amerikanischen Soldaten kann eröffnet werden. Wir fahren in die Berge hinter Salahaddin. Das amerikanische Lager beim provisorischen Flugplatz von Baschur ist weiträumig abgesperrt, kurdische Checkpoints sind errichtet worden, um unliebsame Medienvertreter von den Amerikanern fern zu halten.

Wir warten auf einer Anhöhe, etwas unschlüssig, wie wir vorgehen sollen, als eine Patrouille von drei müden Fallschirmjägern durch die aufgeweichten Felder auf uns zu gestiefelt kommt. Wir können es kaum fassen, dass die Soldaten, die sonst jeden Kontakt zur Presse scheuen, freiwillig das Gespräch mit uns suchen wollen, aber sie steuern geradewegs auf uns zu.

Während eines kurzen Gesprächs klärt sich das Missverständnis auf. Die ahnungslosen Soldaten waren nur auf unsere kleine Gruppe zugegangen, weil sie uns »für gut gekleidete Kurden« hielten. »Und wir wollten mal mit den Leuten sprechen, die wir befreien.«

Absurd.

Sie sind nachts erst gelandet. Verfroren und hungrig stehen sie an unserem Jeep und erzählen von der ersten Nacht im Krieg. Wir bieten ihnen etwas von unseren Vorräten aus dem Wagen an.

Nein, nein. Das könnten sie nicht annehmen.

Fladenbrot mit frischem Käse.

Sie schauen sich fragend an. Im Geiste spulen sie das Regelbuch der Gefahren durch Fremde ab. Niemals etwas annehmen, was auch vergiftet sein könnte.

Sebastian durchschaut ihr angelerntes Zögern und holt aus unserer kleinen Kiste eine Dose mit Sardinen, die er vor ihren Augen öffnet. Sie greifen zu.

Dankbar und doch ein wenig beschämt.

Wir würden doch nicht schreiben, dass sie uns das Essen weggenommen hätten, nicht wahr?

Etwas später gelingt es uns, bis zum Eingang des amerikanischen Lagers vorzudringen.

Verdreckte und verfrorene Fallschirmjäger der 173. Luftlandebrigade sitzen auf den Ladeflächen kurdischer Lastwagen und widmen sich den Spuren der Nacht, bevor sie an ihren Einsatzort weitergebracht werden. Mit Messern ritzen sie den Schlamm aus ihren Stiefelsohlen. »Wir wussten gar nicht, wohin genau es geht«, sagt Oberfeldwebel Bryant, der sich mit einem Elektrorasierer die Stoppeln am Kinn rasiert und ins Gegenlicht blinzelt. »Die machten nur die Tür des Flugzeugs auf und riefen: Jump, Jump.«

Erst auf dem Boden erfuhren die Soldaten, wo sie gelandet waren.

Ein Wunder, dass sie nicht einen jener Kurden erschossen haben, die so sehnsüchtig ihre Ankunft erwartet hatten.

Die Maschinen mit der tödlichen Fracht sind nicht zu sehen. Nur ein leicht zeitverzögertes Surren und Dröhnen am Himmel deutet auf den bevorstehenden Angriff.

Wir stehen an der grünen Grenze, wenige hundert Meter von uns entfernt, auf der anderen Seite, steht schon der erste irakische Posten, und einige Kilometer entfernt, auf den Anhöhen, warten die irakischen Soldaten in ihren Stellungen auf die nächsten amerikanischen Bomben.

Ein schauriges Spektakel.

Aus der sicheren Entfernung, im Umfeld der kurdischen Peshmerga, beobachten wir, wie die Kampfflugzeuge der amerikanisch-britischen Allianz über den Nordirak hinwegfliegen und wie vor unseren Augen auf der gegenüberliegenden Seite Erdreich, Gebäude und Menschen auseinandergesprengt werden.

Stunde um Stunde betrachtet der kurdische Soldat Ibrahim die Explosionen auf dem Kamm des Hügels vor Chamchamal. 40 Kilometer von Kirkuk entfernt hocken die kurdischen Grenzbeamten, an die Wand ihres Häuschens gelehnt, zwischen Gewehren und zusammengeschnürten Decken. Zwei Hunde liegen im Gras und blinzeln schläfrig. Ein paar Steinbrocken liegen quer auf der Straße. Die Grenze ist seit Kriegsbeginn geschlossen. Die schwarz-grauen Fontänen der Bombeneinschläge schießen meterhoch aus dem Erdreich um die irakischen Stellungen.

Und nichts.

Keine Reaktion. Keine der vielbeschworenen Al-Samud-Raketen hat bisher die Kurden für ihre Koalition mit den feindlichen Angreifern aus dem Himmel bestraft.

Abends, beim Sonnenuntergang, steht Ibrahim an dem ausgestorbenen Checkpoint und starrt hinüber zu den uniformierten Feinden mit demselben Pass. Er beobachtet die Silhouetten der letzten Iraker auf ihren verlorenen Posten. Sie scheinen ihm Gefangene im eigenen Land, ausgeliefert an die amerikanischen Bomben und an die irakischen Offiziere, die sie zum aussichtslosen Kampf zwingen: »Wir hören es bis hierher, wenn auf der anderen Seite auf Deserteure geschossen wird«, sagt Ibrahim, und Mitleid schwingt in seiner Stimme.

Angriff um Angriff können wir ungefährdet verfolgen, die Erde bebt, auch kilometerweit entfernt vibrieren die Scheiben, dringt das dumpfe Donnern von der Front noch herüber. Nacht um Nacht sitzen Sebastian und ich in unserem Zimmer und spüren die Ausläufer des Krieges. Manchmal steigen wir die fünf Stockwerke zum Dach des Hotels hoch. Zwischen Wäscheleinen mit halbsauberen Boxershorts und T-Shirts und zahlreichen überdimensionalen Satellitenschüsseln verschiedener Fernsehstationen starren wir nach Westen. In der pechschwarzen Nacht können wir die Bombardierungen von Mossul verfolgen, gelb-weisse Lichter flackern auf in der Ferne wie Wetterleuchten.

Weit nach Mitternacht fahren wir mit dem Wagen an die grüne Grenze, die Opfer von Zuschauern trennt.

Die Dörfer liegen in der klaren Nacht stumm, kein Wagen kreuzt unseren Weg. Der Mond leuchtet die Kulisse aus zwischen den irakischen Stellungen und dem kurdischen Territorium, alles ist in dieser sternenklaren Nacht in ein hellgraues Licht getaucht.

Wir geben eine perfekte Zielscheibe für irakische Scharfschützen ab. Einen Kilometer vor dem letzten kurdischen Posten, an der Brücke von Kalak, stellen wir deswegen Scheinwerfer und Motor unseres Wagens ab, wir rollen noch einige hundert Meter. Dann wandern wir zu Fuß, möglichst im schattigen Dunkel oder in der Deckung der verlassenen Gebäude. Es ist eisig kalt, aber unwirklich ruhig, während wir zu den letzten Kurden gehen, die noch wach sind.

Sie sind vorsichtig geworden hier. Die kleine Altstadt von Kalak am großen Sab-Fluss ist evakuiert, die Stellung an der Brücke verdunkelt. Frösche quaken. Ein paar räudige Bastarde verbreiten kläffend Unruhe. Ansonsten zerreißen nur die auf Mossul und Umgebung donnernden Bomben in Abständen die Stille.

Vor einer kleinen Militärbaracke sitzen die Peshmerga auf den Treppenstufen. Sie freuen sich über Besuch in der Einsamkeit der Nacht und bitten uns hinein.

»Die Landung der Amerikaner fordert die Iraker vielleicht zu Racheakten heraus«, sagt Abu Asar, »deswegen sind wir achtsam.« Der kurdische Kämpfer sitzt barfuß mit seinen Kameraden auf dem Steinboden der Hütte. Fladenbrot mit Frühlingszwiebeln und etwas kaltem Huhn gibt es gegen den Hunger. Auch der kurdische Nordirak ist von den UN-Sanktionen heimgesucht. Lebensmittel sind rar. Sie haben nur noch ein Glas und reichen den gesüßten Tee im Kreis herum. Es gibt kein Radio oder Fernsehen, und deshalb singt Kassim Nasar, ein junger Kämpfer, alte Volksweisen aus Erbil. An die Wand gelehnt, stimmt er mit gefalteten Händen eine »Lawuk« an, eine Ballade, die melancholisch durch die Nacht weht.

Alle in der Runde hören ihm stumm zu. Sie denken an die Iraker auf der anderen Seite des Flusses, denn dort wird abends ebenfalls gesungen. »Manchmal können wir sie hören. Sie geben uns damit ein heimliches Zeichen«, sagt Nasser, »sie wollen uns sagen: Auch wir feiern, wenn ihr und die Amerikaner siegt. Erschießt uns nicht.«

Asymmetrien oder eine Lektion in Toleranz

Jedes Gespräch, das wir auf unserer Reise mit Kurden führten, mündete frühzeitig in die Frage nach dem Krieg.

Ob wir zwischen den Vertriebenen in den zugigen Zelten der Flüchtlingslager saßen, ob bei den kämpfenden Peshmerga von Mustafa Nasraddins »Spi Kirkuk«-Einheit, ob bei dem Gemüsehändler auf dem Bazar von Erbil, bei dem ich Woche für Woche frische Gurken einkaufte, oder bei seinem Cousin einen Stand weiter, der mir den flüssigen Frischkäse in Tüten abfüllte, ob wir an der reich gedeckten Tafel bei den Beratern des Kurdenführers Massud Barsani in ihrer gesicherten Wohngegend auf dem Berg von Salahaddin saßen oder auf dem Fußboden der Baracken verarmter Kurden, die uns nur ein Glas Tee anbieten konnten: Jeder fragte uns nach dem Krieg.

Ob wir ihn unterstützten? Warum die Deutschen ausgerechnet gegen diesen Einsatz seien? Ob wir nicht von den Verbrechen Saddams wüssten? Wie wir uns auf die Seite des Diktators schlagen könnten?

Immer und immer wieder enttäuschten wir unsere kurdischen Gegenüber mit unserer Kritik am Vorgehen der amerikanischen Administration, wir versuchten zu erklären, dass unsere Zweifel am Krieg keineswegs durch Solidarität mit dem Regime Husseins in Bagdad motiviert sei. Selbstverständlich konnten wir nachvollziehen, dass sie diesen Angriff so herbeiwünschten, selbstverständlich leuchtete es uns ein, dass die Kurden endlich jenen Diktator bestraft sehen wollten, der sie zu Tausenden vertrieben und vergast hatte.

Aber warum wir dann nicht für diesen Krieg seien?

Sie hatten ihre Häuser verloren, ihre Höfe, ihre Geschwister waren vertrieben oder ermordet worden, sie hatten Jahre im Exil in Deutschland oder Österreich verbracht, ihre Klagen waren ungehört geblieben, ihr Leid war ignoriert worden, sie waren dem amerikanischen Aufruf zum Widerstand gegen Saddam Hussein gefolgt am Ende des Ersten Golfkriegs, und sie waren vor den Augen der internationalen Gemeinschaft brutal niedergemetzelt worden, ohne dass irgendeiner der Anstifter ihnen zu Hilfe geeilt wäre. Viele ihrer Politiker hatten an den Eliteuniversitäten in England oder den USA studiert, Abschlüsse in Harvard oder Oxford erworben, sie hatten in ihrer de facto unabhängigen Provinz im Schatten Saddam Husseins sich selbst so gut wie möglich verwaltet – und da sollte ich mich gegen einen Krieg wenden, der ihnen endlich die Befreiung von dem Despoten in Bagdad versprach?

Wie leicht ließ sich meine ehrenwerte Antikriegsposition von meinem Schreibtisch in Berlin aus vertreten, mit einem europäischen Pass in der Schublade, der mir das freie Reisen gestattet, mit einer Wohnung, aus der mich niemand vertreibt, in einer Gegend, in der keine Sanktionen den Warenfluss verhindern, ein Leben ohne die alltägliche Erfahrung des Krieges.

Wie leicht konnte ich auf der Rechtmäßigkeit von Verfahren insistieren, auf der Bedeutung der internationalen Gremien, die nicht einfach übergangen werden dürften, auf dem Reglement der Genfer Konventionen, auf der Fragwürdigkeit der Geheimdienstinformationen über die angeblichen Massenvernichtungswaffen – aber in den Augen meiner kurdischen Gesprächspartner waren dies alles fadenscheinige, intellektuelle Ausweichmanöver.

Wir konnten sie verstehen.

Hätte ich ihre Geschichte erdulden müssen, wäre ich seit Jahren und Jahren in ein Nomadenleben von Flüchtlingslager zu Flüchtlingslager verbannt worden, während Unbekannte meine Wohnung bezogen hätten, wäre mir meine Familie ermordet worden – hätte ich dann anders argumentiert als sie?

Aber je länger wir sprachen, je ernsthafter wir wirklich unsere Überzeugungen erklärten, je offener und präziser beide Seiten ihre Ansichten und ihre Zweifel darlegten – umso näher brachten uns diese Debatten.

Dieser Krieg wurde nicht ihretwegen geführt – sie waren ein nützlicher Baustein im amerikanischen Feldzug, nicht mehr.

»Die Amerikaner wollen den Krieg nicht, weil wir so schöne Augen haben«, sagt Nasrin Abdulqadar, »wir sind ihnen erst später eingefallen als Kriegsgrund.«

Von Anfang an hatten die Amerikaner diesen Krieg als einen präventiven, nicht reaktiven Krieg ausgegeben.

Ius ad bellum, laut amerikanischer Administration, war die klare und unmittelbare Bedrohung, die durch Saddam Hussein für die USA ausging, nicht Vergeltung oder Bestrafung für die Verbrechen an den Kurden oder Schiiten.

Wenn es um das Unrecht gegangen wäre, das Bagdad an den Kurden im Nordirak begangen hatte, wäre eine humanitäre Intervention 1988 angemessen gewesen oder spätestens 1991.

Wenn es um das Wohlergehen der Kurden gegangen wäre, hätte die Weltgemeinschaft sie längst aus diesem staatlichen Zwitterdasein befreien und ihnen einen unabhängigen Status in ihrer Region gewähren können – *innerhalb* der territorialen Grenzen ihrer Provinz (also ohne Verletzung der Grenzen zu Syrien, Iran oder der Türkei) und verbunden mit einer Anerkennung der Minderheitenrechte anderer ethnischer oder religiöser Gruppen.

»Kurd dosti nia« – die Kurden haben keine Freunde.

Ja, da machten sie sich keine Illusionen.

Aber essen sollten wir doch mit ihnen, und sie klopften uns freundschaftlich auf die Schultern.

Oft habe ich mich gefragt, wenn wir bei Menschen wie Sadi Pire von der PUK mal wieder zum Abendessen eingeladen waren: Woher nahmen sie diese tolerante Großzügigkeit?

Sein ganzes Leben hatte Pire der Politik gewidmet. Er könnte in Österreich bei seiner Familie leben, mit seinen Kindern, auf die er so stolz ist. Stattdessen hat er ein kahles Haus in Erbil bezogen, um im wiedervereinigten Regionalparlament zu arbeiten. Er weiß, dass wir unseren Widerstand gegen den Krieg nicht aufgeben werden, er lacht darüber, sein Sohn gehöre auch »zu dieser pazifistischen Generation«, aber gutes Essen, dem seien wir doch nicht abgeneigt?

Abend für Abend lädt uns Pire ein, hilft mit Kontakten, wann immer wir darum bitten, stellt uns wichtige Gesprächspartner vor. Immer sind wir ihm willkommen, dürfen jederzeit in sein Büro in Erbil eindringen, nicht ein einziges Mal hält Pire uns die politischen Differenzen vor. Wir verschwinden wochenlang, treffen uns mit politischen Gegnern, berichten kritisch vom Krieg – nie ist Pire enttäuscht oder verärgert. Vergnügt empfängt er uns in seinem Haus, lässt Hühnchen-Spieße und Salat, Humus und Fladenbrot, Zigarren und Wein auffahren und genießt es, mich gnadenlos beim Backgammon abzuzocken und gleichzeitig über Politik zu diskutieren.

Dr. Mohammed S. Gouma, ein Berater Massud Barsanis, war von ähnlich bedingungsloser Generosität. Unzählige Abende saßen wir bei ihm am überreich gedeckten Tisch und stritten über die Zukunft der kurdischen Provinz. Sein Haus stand uns jederzeit offen, sein historisches Wissen teilte er ebenso selbstverständlich mit uns wie seine gebildeten Freunde, die sich allabendlich bei Gouma einfanden und den Kriegsverlauf analysierten.

Viel Platz haben sie nicht. Kreisförmig und eng aneinander gelehnt hocken die Peshmerga im Niemandsland und teilen sich ihr frugales Mittagessen aus Linsensuppe und Fladenbrot.

Eine falsche Bewegung wäre tödlich. Zwei Quadratmeter Wiese haben sie dem geflohenen Feind abgerungen. Nicht mehr. Den ganzen Vormittag lang hat der Minenspezialtrupp die grausamen Waffen geräumt. »Ein Abschiedsgeschenk der Iraker«, sagt Rashid und zeigt vergnügt auf die 340 Minen, die sie aus dem Asphalt der Straße zwischen Qosh Tepe und Altun Kupri gebuddelt haben. »Sie können unsere Heimkehr nicht verhindern.«

Doch bis dahin braucht es noch Geduld.

Die Amerikaner sind im Land, aber ohne Befehl dürfen die Kurden nicht an ihrer Seite kämpfen. »Wir rücken nur vor, wenn die Iraker Posten und Gebiete evakuieren«, sagt Nasraddin Mustafa von der »Spi Kirkuk«-Brigade und schiebt sich den Turban auf der Stirn zurecht. Mit einer Kolonne von Landcruisern und 20 bewaffneten Kämpfern fährt der Kommandeur zur letzten geräumten Stellung der Iraker.

Er schaut aus dem Fenster: Das Gebiet von Qosh Tepe, über Altun Kupri bis hin zur kurdischen Hauptstadt Kirkuk liegt vor ihm und seinen kampfbereiten Soldaten. Aber Nasraddin weiß, dass dies der erste Sieg sein könnte, den die Kurden kampflos erringen.

Die irakische Armee ist erschöpft von den Bombardierungen, die Grenze ist porös geworden. Jeden Tag rücken die irakischen Linien nun einige Hundert Meter zurück – und formieren sich neu. »Wenn die Amerikaner uns wollen – wir sind bereit.«

Nasraddins Männer aus Kirkuk feiern bis dahin jeden Meter, den sie ihrer verlorenen Stadt näher kommen, wie einen Sieg. Direkt neben dem stählernen Grenzbalken, mitten zwischen Stacheldraht und feuchten Decken, die die Iraker auf ihrer eiligen Flucht zurückgelassen haben, tanzen die Peshmerga. Der Vorsänger schwingt sein rot-weißes Halstuch über den Köpfen, die ganze Truppe tanzt im Halbkreis hinter ihm her und antwortet dem rhythmischen Gesang.

Nur der Soldat mit der Panzerfaust im Rucksack steht in der Mitte und klascht: »Das Land gehört uns, und wir werden es in Freiheit wiedersehen.«

Nicht den geringsten Schatten wirft die senkrechte Sonne von den Gestalten auf dem Hügel am Fluss. In brennender Hitze sitzt Sarhad dort mit den anderen Peshmerga von Mustafa Nasraddins Brigade Spi Kirkuk. Zusammengekauert, um der Sonne nicht zu viel Angriffsfläche zu geben. Wortlos, um jede Anstrengung zu vermeiden. Eingehüllt in Staubwolken und den Dieselgestank des gelben Kawasaki-Baggers, der am Fuß des Hügels den Weg zum Fluss freiräumt.

Eine Brücke über den grün-braunen Sab gibt es nicht, nur ein kleines brüchiges Holzboot liegt am lehmigen Ufer. Sarhad muss warten. Auf den Fährmann. Auf die Überfahrt im überfüllten Kahn. Auf den Kampf an der Front gegen die sich zurückziehenden Iraker. Auf den Sieg.

»Jahrzehnte des Leids haben uns in Geduld geschult«, erklärt Sarhad und blickt auf das Treiben am Fluss, über den ein splissiges Stahlseil gespannt wird. An ihm soll der Kahn gegen den Strom übers Wasser gezogen werden. Sarhad nagt gedankenverloren am Zipfel seines grau-schwarzen kurdischen Halstuchs.

Hinüber will er, auf die andere Seite, in die weiten Felder und Wiesen zwischen Altun Kupri und Kirkuk, von denen früher die kurdischen Familien deportiert wurden.

Zurück will er in die zerstörten kurdischen Dörfer, die Saddam mit Baggern aufbrechen und verscharren ließ. Der Schweiß tropft ihm auf den Schaft der Kalaschnikow, die er im Schoß hält. »Die amerikanischen Piloten führen einen technisch leichten Krieg«, sagt Sarhad, und die nur mit ein paar Handgranaten ausgestatteten Peshmerga, die in der Mittagshitze ausharren, nicken, »uns bremst schon ein Fluss.«

Der Fährmann schöpft mit einem Plastikbecher das eingelaufene Wasser aus dem Kahn, dann ruft er die nächste Ladung

Kämpfer zu sich. Sarhad packt eine zusammengerollte Wolldecke vom staubigen Boden, steigt ins wackelnde Boot und treibt den Bootsführer an, der die menschliche Fracht ans andere Ufer bringt – in den Krieg.

Die Spuren der hektischen Flucht ziehen sich entlang den Gräben um die zerstörte irakische Stellung. Eine blaue halb leere Schachtel »Sumer«-Zigaretten haben die verzweifelten Soldaten in ihrem verlorenen Posten zurückgelassen. Ein verschlammter Blechnapf liegt gleich neben den Sandsäcken. Das mit türkiser Plastikplane verstärkte Bastdach liegt abseits der unbedeckten Ruinen. Selbst die bunten Wolldecken mochten die Soldaten Saddams nicht mehr mitnehmen auf ihrem Rückzug ins Nirgendwo. »Allah ist unser Prophet« steht in dunkelgelber Farbe an die brüchige Innenwand der leeren Hütte geschrieben, »Die Amerikaner sind Söldner und Hunde« eine Wand weiter.

Der Peshmerga Mala Bakir wandert durch die schmalen Streifen zwischen dem wilden Weizen am Wegrand und dem aufgerollten Stacheldraht um den Posten des geflohenen Feindes. Auch Verlierer können gefährlich sein, weiß Bakir, und die russischen Minen zwischen den noch grünen Ähren am Wegrand scheinen nur auf unvorsichtige Kurden zu warten. Jeden Tag kommt der Offizier der »Spi Kirkuk«-Brigade an die bewegliche Front. Wirklich freuen kann er sich nicht. Auch wenn die Grenze zum Irak jeden Tag vor ihm zurückweicht. Mit unbeweglichem Gesicht blickt der Peshmerga in seiner traditionellen Kluft südwärts. »Ich war seit dreißig Jahren nicht mehr zu Hause«, sagt Bakir. Dann schweigt er wieder, als wäre damit bereits alles gesagt über das Unrecht, das Saddam den Kurden angetan hat.

Es fehlen nicht mehr viele Tage bis zum Fall des Dikators, das weiß der erfahrene Kämpfer. Alle Aufstände der Kurden gegen Saddam hat er miterlebt, und dies, da ist kein Zweifel, wird die letzte Schlacht sein. Und doch will er nicht nur einfach der Sieger des Krieges sein. »Die Kurden waren immer bloß die Opfer«, sagt er traurig und schubst einen verbeulten Blechnapf beiseite. Die Freiheit, die so nah scheint, will

Bakir nicht geschenkt. Er will sie selbst erkämpfen. »Aber die Amerikaner haben eine andere Taktik. Sie wollen nicht, dass unsere Schläfer in Kirkuk einen Aufstand beginnen.« Er fasst an den Griff der Pistole in seinem Hosenbund, wie um zu prüfen, ob sie noch richtig sitzt. »Und daran müssen wir uns halten.«

»Embedded Journalism« oder die intelligenteste Form der Zensur

Bisher war der Rückzug der Iraker friedlich verlaufen.

Langsam bewegten sich die Armeen in gleich bleibendem Abstand zueinander tiefer in das irakische Territorium, jeden Tag gaben die irakischen Truppen einige Hundert Meter mehr preis, ließen bedeutungslose Stellungen zurück und besetzten die nächsten strategisch wichtigen Posten in der hinteren Linie.

Die Peshmerga zogen kampflos nach, übernahmen die verlassenen Militärbaracken der fliehenden Iraker, schickten Minenkommandos in die Gebäude.

Zwar waren schon mehrere Kollegen in den ersten Wochen des Krieges gestorben: Durch einen Terroranschlag im Süden des Nordirak und durch Minenexplosionen – aber die Arbeit an der Frontlinie war bis auf einige seltene Sniper-Zwischenfälle relativ ruhig verlaufen.

Und so traf es uns alle gänzlich unvorbereitet, als der Krieg an der Nordfront sich unvermittelt brutalisierte.

Nachdem die Iraker an diesem Morgen die alte Stellung von Kalak aufgegeben hatten und die nachrückenden Peshmerga und amerikanischen Spezialtruppen in das Vakuum einzogen, feuerten die Iraker plötzlich Mörsergranaten in die ahnungslosen Truppen.

Diesseits und jenseits der Straße drängten sich kurdische und amerikanische Soldaten hinter kleinen Erdhaufen.

Eine Granate landet zweihundert Meter vor uns im Feld. Wir werfen uns alle zu Boden.

Niemand weiß genau, in welcher Formation sich die Iraker zurückgezogen haben, wo die neue unübersichtliche Grenze verläuft, über welche Reichweite ihre Waffen verfügen.

Kommandeur Babery Sarbast liegt zwischen seinen Soldaten der kurdischen »Spi 17«-Einheit im lehmigen Boden und flucht in sein Funkgerät. Nur drei kleine Erdwälle und zwei Gräben neben der Straße dienen als Deckung gegen den Artilleriebeschuss der Iraker.

150 Meter vor ihm kracht die nächste Mörsergranate nieder und peitscht das Erdreich hoch. »Diese verdammten Iraker leisten Widerstand«, knattert es aus dem Funkgerät von der vordersten Linie, 200 Meter weiter Richtung Khaser, der strategisch wichtigen Stadt auf dem Weg nach Mossul. »Liegen bleiben«, raunt der Kommandeur, »nicht bewegen.«

»Die schießen sich warm«, sagt Sebastian.

Es ist keineswegs gesagt, dass es sicherer ist, sich weiter zurückzubewegen. Da die Iraker offensichtlich die Reichweite der Artillerie noch justieren, kann es hundert Meter weiter vorne möglicherweise sicherer sein als weiter hinten.

Auf einmal herrscht wieder Ruhe. Jeder interpretiert sie anders: Die Iraker ziehen sich weiter zurück. Sie rücken mit ihren Panzern wieder vor. Sie verminen die Brücke kurz vor der Stadt Khaser. Sie bereiten sich auf eine Gegenoffensive vor.

Wir warten.

Es heißt, ein kleines Kommando der amerikanischen Spezialeinheiten versuche, die Iraker auszuschalten.

Wir entscheiden uns, zumindest bis zum nächsten irakischen Posten vorzurennen.

Eine Fehlentscheidung.

Zweihundert Meter weiter, links der Straße, drücken sich die Männer flach ins Erdreich, ineinandergekeilt liegen sie hinter dem winzigen Wall. Sie nehmen uns in ihre Mitte, zwischen ihre Körper. Die Gefahr droht hier nicht nur vom Mörserbeschuss, sondern auch durch gezielte Schüsse irakischer Sniper. Lediglich ein leises Zischen ist zu hören, unsichtbar pfeifen die Kugeln über unsere abgetauchten Köpfe hinweg.

Salah, ein junger Peshmerga, schiebt sich mit seinem Gewehr ein paar Zentimeter vor, um ausbrechende einzelne Iraker »abzuschießen«.

Hinter diesem winzigen Hügel, eng an die Körper der Soldaten gepresst, zwischen Handgranaten und Kalaschnikows, unter Artillerie- und Sniperbeschuss, frage ich mich, ob ich erleichtert wäre, wenn Salah so häufig wie möglich *treffen* würde.

Was war das für ein Gedanke? Wie konnte ich wünschen, dass der Mensch an meiner Seite andere erschießen möge?

In diesem Moment existenzieller Bedrohung wird deutlich, warum »embedded journalism« kritische Berichterstattung nahezu unmöglich macht.

Einmal unterwegs mit einer kämpfenden Einheit, integriert in den Verbund der Soldaten, ist der Journalist diesen Menschen ausgeliefert.

Das erste Opfer des Krieges ist die Wahrheit, heißt es. Nun, die Wahrheit ist das zweite Opfer des Krieges, weil die Neutralität schon vorher verloren geht.

Einmal unter Beschuss, hat jeder aus schierem Überlebensinstinkt ein Interesse am Sieg der Truppen, in deren Mitte er liegt. Einmal denselben existenziellen Bedrohungen ausgesetzt, entsteht eine emotionale und psychische Nähe zwischen Journalist und Soldat, zwischen dem Autor und denjenigen, über die er zu schreiben hat. Es scheint mir die intelligenteste Form der medialen Zensur gewesen zu sein, in diesem Golf-Krieg die Journalisten nicht auszuschließen, sondern zu integrieren in den eigenen Kampfverband und auf diese Weise die Medien zu vereinnahmen.

Seit Stunden liegt Salah schon zwischen seinen Kameraden und wird von den Irakern unter Beschuss gehalten. »Es ist mein tausendster Einsatz im Krieg«, sagt er und rückt die Handgranate im Bund zurecht, »aber jetzt hoffentlich auch mein letzter.«

Nun brauchen die Peshmerga Hilfe von den neuen amerikanischen Freunden, die mit ihnen an der Straße hocken. Die Unterstützung kommt aus der Luft – und auf Bestellung. Per Funk dirigieren amerikanische Soldaten ihre Kameraden von der Air

Force. Mit Bomben soll die irakische Artillerie ausgeschaltet werden. Dann können die Peshmerga um Salah weiter vorrücken.

So hatten sie sich den Krieg nicht vorgestellt. Sie hatten an einen möglichst gefahrlosen Siegeszug aus der Luft gegen eine schwache Armee geglaubt. Sie hatten angenommen, dass diese Armee in kurzer Zeit durch dauernde Bombardements demoralisiert und durch Überläufer und Deserteure geschwächt sein würde.

Aber am Tag danach sitzen sie bei Tagesanbruch immer noch in winzigen Erdlöchern wie in ihren eigenen Gräbern fest. Zwei kurdische Peshmerga sind schon durch eine Mörsergranate auf dem offenen Feld, gleich neben dem Posten, gestorben. Die ganze Nacht hindurch haben sie die Stellung unter Artilleriebeschuss der Iraker ausgebaut, diesseits und jenseits der Straße. Ihre weißen Geländewagen haben die 15 Männer der Spezialeinheiten auf dem Feld hinter kleinen Hügeln verteilt. Und sie selbst haben stehend und kauernd in ausgehobenen Löchern zu schlafen versucht.

Seit einigen Stunden herrscht Ruhe, die amerikanischen Kämpfer und ihre kurdischen Kameraden krabbeln zögernd aus den Schutzzonen heraus und reiben sich mit ihren verdreckten Händen den Schlaf aus den geröteten Augen. »Kopf runter«, brüllt Babery Sarbast, und eine anrauschende Granate verendet auf halber Strecke und gräbt sich in das Weizenfeld links vor der Stellung ein.

Wir versuchen, mit dem Jeep auf der Straße weiter in Richtung Khaser zu fahren, aber die Iraker haben ihre Stellungen neu bezogen und feuern auf uns, treffen jedoch nur in die Felder rechts und links.

Wir kehren um. Es hat keinen Sinn.

Kleine Gründe, die das Leben retten können

Wer von den Kriegen schreibt, sucht einmal mehr nach Erklärungen für etwas, das sich nicht erklären lässt.

Verwirrt lässt uns der Krieg zurück, verstört über die Macht, mit der er uns seine Logik aufzwingt, verzagt vor allem über den Zufall, durch den sich Schicksale entscheiden.

Krieg erteilt eine Lektion in Demut.

Auch wenn Heldenepen gerne erzählen, wie die Handlungen einiger Mutiger ganze Schlachten entscheiden können, scheint es mir doch vor allem das Missgeschick zu sein, der Irrtum, die Beliebigkeit, die über Leben und Tod befinden.

Jedenfalls verdanken Sebastian und ich unser Leben einem bloßen Zufall.

Es entschied sich an drei Tagen.

Nach den zwei turbulenten Tagen an der Front vor Khaser, wo wir gemeinsam mit den kurdischen Peshmerga unter Beschuss geraten waren, folgte am dritten Tag noch ein dramatischer Ausflug in die befreiten Zonen um Altun Kupri, bei dem unsere Peshmergaeinheit die Orientierung verlor und sich mitten an der Front verirrte. Wir fuhren auf einen irakischen Posten auf, der glücklicherweise nicht besetzt war, bevor wir panisch wieder umkehrten und nach stundenlangem Herumirren schließlich den Weg zurück ins kurdische Gebiet entdeckten.

Ein Alptraum.

Leicht unter Schock nach diesen drei Tagen, taumelten wir ins Hotel und debattierten über unser Glück an der Front. Drei Mal waren wir davongekommen, drei Mal hätte es auch weniger glimpflich ausgehen können. Wir zwangen uns zur Besinnung und beschlossen, am nächsten Tag, Sonntag, doch mal ein paar Stunden Pause einzulegen.

Wir wollten nicht an die Front fahren, sagten wir Hemen, unserem Übersetzer. Sebastian und ich würden ausnahmsweise im Hotel bleiben, unser Material sichten und ein wenig zur Ruhe kommen. Wir könnten uns mittags gegen 14 Uhr treffen.

Hemen war einverstanden.

Dann zogen wir uns um und fuhren auf den Berg Salahhadin zu einem Abendessen mit Wegih Barsani, Sohn des kurdischen Freiheitshelden Mahmud Barsani und Bruder des derzeitigen Kurdenführers im Nordwesten des Nordirak, Massud Barsani.

Seit Wochen schon hatte Wegih uns aus unerfindlichen Gründen bevorzugt behandelt.

Eines Abends hatte uns plötzlich einer der Generäle der kurdischen Armee der KDP im Hotel angerufen und seinen spontanen Besuch angekündigt.

Innerhalb von zehn Minuten füllte sich auf einmal die Lobby mit Bodyguards, die Straße wurde abgesperrt, und eine Wagenkolonne fuhr vor: Wegih Barsani kam und wollte uns kennen lernen.

Nach diesem ersten Treffen begegneten wir Wegih beinahe täglich, an der Front, bei Truppenbesuchen, auf den matschigen Feldern bei dem amerikanischen Landeplatz, in der Kaserne der Spezialeinheit, die er befehligte, oben auf dem Berg Salahhadin.

Von Mal zu Mal wurde der junge Sohn der berühmtesten kurdischen Familie zutraulicher und herzlicher. Wir konnten erleben, wie die Peshmerga ihn verehrten.

Oben auf dem Berg Salahhadin, wo sein Bruder Massud, der »Präsident«, wie Wegih ihn nennt, mit Beratern und Ministern tagt, hält es Wegih nicht lange aus. Lieber besucht er seine übermüdeten Soldaten in den Erdlöchern an der Front. Ohne kugelsichere Weste und in unscheinbarer Uniform steht er dann zwischen den Kämpfern und hört ihnen zu.

Fünf Leben habe er schon gehabt, erzählen sie sich über ihren beliebten Anführer, der so gar kein feudales Gehabe an den Tag legt, wie es sich für einen Abkömmling der Barsani-Familie gehören würde.

»Ich habe die vielen Leben einer Katze«, sagt Wegih und lacht nur über die Gefahren, denen er entgangen ist. Die Geschichten von den Schlachten, die Wegih überlebt hat, sind Mythen geworden, und dieser schmächtige, freundliche Mann personifiziert für die Kurden den Widerstandswillen ihres Volkes.

Heute nun sollten wir ihn endlich einmal privat besuchen, ohne die Anwesenheit seiner Bodyguards. Ohne die Entourage aus Sicherheitsbeamten und ohne Protokoll. Wir sollten einfach zum Abendessen kommen. In Begleitung unseres Übersetzers

Hemen fahren wir von Erbil aus zu der Villa hoch über der Stadt. Die Hitze des Tages ist erloschen auf dem Berg Salahhadin. Wegih sitzt in seiner beigen Uniform auf dem Sofa vor einem gedeckten Tisch mit kurdischen Delikatessen.

Drei Stunden hat er nur geschlafen. Seit Wochen schon lebt er nur für und mit diesem Krieg. Jetzt, befreit vom Korsett militärischer Beratungen, einmal nicht involviert in politische Diskussionen mit seinem Bruder Massud, ohne den Schweif an Bewunderern, Beschützern und amerikanischen Gesprächspartnern, holt ihn im privaten Umfeld doch die Müdigkeit ein.

»Es ist nicht immer einfach, ein Barsani zu sein«, sagt Wegih und streicht sich mit seiner typischen Handbewegung über die kurzgeschorenen Haare, »ich bin unendlich stolz auf meinen Vater, aber es ist auch schwer, der Tradition gerecht zu werden.«

Selbstmitleid ist ihm fremd. Dazu ist er nicht erzogen worden. Anonym und unter falschen Namen wurde er zur Härteprüfung in die militärische Grundausbildung geschickt. Ohne Rücksicht und Schonung wurde der vermögende Sohn des berühmten Clans von den Offizieren malträtiert wie alle anderen Rekruten.

Diesen Krieg hat er herbeigesehnt wie alle Kurden. Trotz Ruhm und Reichtum hat die Familie Barsani auch Leid erfahren wie die ärmsten Kurden: Sie wurden vertrieben, verjagt, deportiert und getötet. Darin unterscheiden sie sich nicht von den anderen.

Wir reden bis spät in die Nacht.

Mit Gewalt und Krieg ist er aufgewachsen, für Krieg und Widerstand ist er ausgebildet worden, und doch hat er sich nie daran gewöhnen können.

»Irgendwann möchte ich ein normales Leben haben«, sagt er schließlich, und dann erzählt er entspannt und auch ein wenig wehmütig von seiner Liebe zu Spanien und der ausstehenden Reise nach Berlin, die er seiner Tochter versprochen hat. Und von den Plätzen und Bars in Berlin, die er so mag.

Irgendwann.

Wenn er nicht mehr gebraucht wird, in diesem Land im ewigen Kriegszustand.

Wir verabschieden uns weit nach Mitternacht im Hof vor dem Haus.

Am nächsten Morgen gegen zehn Uhr ruft Wegih auf dem Handy unseres Übersetzers Hemen an. Er wolle uns einladen, mit ihm in seinem Wagen in ein befreites Gebiet bei Dibager zu fahren. Ein ganzer Konvoi sei dorthin unterwegs. Die Iraker hätten sich zurückgezogen, einige Amerikaner würden ihn begleiten. Hemen möge doch bitte mich und Sebastian anrufen und fragen, ob wir mit ihm fahren wollten.

Unser Übersetzer schlampt.

Anstatt, wie für solche Fälle vereinbart, uns anzurufen und zu fragen, ob wir Wegih begleiten wollten (natürlich hätten wir gewollt), benachrichtigt er uns nicht einmal.

Ohne unsere Antwort einzuholen, ohne jedwede Autorisierung lehnt Hemen das Angebot Wegih Barsanis ab.

»Nein,« antwortet Hemen direkt und unverblümt, »die arbeiten heute Vormittag nicht.«

Während wir ahnungslos im Hotel an unseren Computern sitzen, bricht Wegih Barsani ohne uns in Richtung Dibager auf.

Aus zahlreichen Gesprächen und Interviews am nächsten Tag ließen sich die nachfolgenden Ereignisse nur noch rekonstruieren.

Am Sonntagmorgen sind kurdische Truppen weiter in irakisches Gebiet vorgestoßen.

In Ser Dibager, den Hügeln vor Dibager, liegen Amerikaner und Kurden gemeinsam hinter einem Wall Schutz bietender Felsbrocken. Tariq Koiy ist einer von ihnen.

Zwei Tage schon harrt Tariq Koiy mit seiner Einheit auf der Anhöhe von Ser Dibager aus.

Die Offensive bei Dibager soll die strategische Verbindung zwischen Mossul und Kirkuk kappen.

60 Iraker hatten sich in der Nacht zuvor gestellt. In angstvoller Lauerstellung hatten die verfeindeten Landsleute stundenlang einander gegenüber gelegen – bis der Kurde Tariq Koiy auf

Arabisch in die Dunkelheit das Versprechen rief, den Überläufern würde keine Gewalt angetan.

»Dann kamen sie wie hungrige Tiere aus ihren Verstecken gekrochen.«

Einen gelben Toyota-Pick-up mit vier Kalaschnikows erbeuten die Kurden gleich mit. »Zigaretten und 200 Dinar haben wir ihnen gegeben.«

Angeschlagen durch die Verluste, ziehen die Iraker schließlich mit sieben Panzern weiter auf der Straße zwischen Erbil und Dibager.

Nur einer ihrer sowjetischen Panzer vom Typ T54 mit Motorschaden verreckt beim Rückzug, und so lassen Saddams Soldaten die verrostete Maschine rechts im Graben neben der Kreuzung stehen.

Gegen Mittag macht sich Wegih Barsani mit seinen engsten Vertrauten und Bodyguards und zwei amerikanischen Trucks in einem Konvoi auf den Weg nach Sher Dibager. Der britische Journalist John Simpson und sein Team von der BBC begleiten die Kolonne.

Tariq Koiy und seine Kämpfer werden plötzlich von einem Gegenangriff der verbliebenen Iraker überrascht. Mit Panzern ziehen Saddams Getreue gegen die Anhöhe. Zweimal hintereinander gelingt es den Peshmerga unter dem Kommandanten Mohamad Maghdid, gemeinsam mit den amerikanischen Spezialeinheiten die Iraker abzuwehren.

Sie kämpfen Seite an Seite, aber reden können sie nicht.

»Wir können uns nicht verständigen«, sagt Tariq.

Einen kurdischen Übersetzer haben die Soldaten der Supermacht nicht dabei. Schließlich ruft der amerikanische Funker in der Not nach Hilfe bei der Air Force. Sie seien unter Beschuss geraten, gibt er durch. Irakische Panzer bewegten sich auf ihren Hügel zu. Fünf Kilometer vor Dibager, das sind die Koordinaten der eigenen Position.

Der Konvoi von Wegih Barsani erreicht die Kreuzung kurz vor Sher Dibager.

Die amerikanischen Kameraden von Tariq feuern eine Rauchbombe zur Orientierung ab, damit der Pilot im Airfighter die freundlichen von den feindlichen Linien unterscheiden kann. Sie landet in der Ebene zwischen dem steinigen Posten von Sher Dibager, hinter dem Kurden und Amerikaner sich verschanzt haben, und den angreifenden irakischen Panzern. Doch für Tariqs Gefühl »zündet die Signalbombe nicht richtig durch«. Der Rauch verzieht sich schneller als vorgesehen.

Wegih Barsani und seine Begleiter steigen an der Kreuzung neben dem kaputten T54-Panzer aus. Zwei US-Bomber nähern sich der Kreuzung.

Als Barsani gerade um die Wagen herumgeht, feuern die amerikanischen Piloten der F-15 die Bomben auf den Konvoi neben dem Panzer und verwandeln die Szene in ein flammendes Inferno. »Es ist ein Bild der Hölle vor mir: Brennende Körper liegen um mich herum«, berichtet John Simpson für die BBC, »das ist ein furchtbares Eigentor der Amerikaner.«

Tariq und seine Kämpfer hören die gewaltigen Explosionen in ihrem Rücken.

Der erschrockene amerikanische Funker weist sofort den Abbruch der Bombardierung der eigenen Leute an.

Tariq rennt zurück zur Kreuzung.

Die Wagen brennen lichterloh, riesige Metallstücke und Glassplitter, abgerissene Körperteile, blutdurchtränkte Patronengürtel liegen im Umkreis mehrerer Meter verteilt. Durch ein umherfliegendes Schrapnell explodieren auch noch die mitgeführte Panzerfaust und die Munition auf dem Rücken eines Leibwächters von Wegih.

Tariq trägt vier Verletzte auf den irakischen Pick-up, den er in der Nacht zuvor erst erbeutet hat, und rast in das »Emergencia-Hospital«.

Kamran Abdurazaq Mohammed, dem Übersetzer von John Simpsons Team, reißt die Bombe die Beine ab, und der Kurde verblutet, bevor er noch in das 36 Kilometer weit entfernte Krankenhaus von Erbil gebracht werden konnte.

Die herbeieilenden Helfer finden in dem Chaos aus Schreien und Wimmern schließlich Wegih Barsani auf dem Boden. Ein metallenes Geschoss hat sich durch den Kopf des jungen Kurdenführers gebohrt. Schwerverwundet wird er nach Erbil gebracht und wenig später nach Deutschland ausgeflogen.

15 Menschen sterben bei diesem so genannten »friendly fire«-Angriff, 45 werden zum Teil schwer verletzt.

Nur der irakische Panzer steht noch neben der verwüsteten Kreuzung – unbeschädigt und harmlos wie zuvor.

Der Sturz der Statue in Bagdad

Ali Haider ist 47 Jahre alt. Er hat alle sieben Kinder aus den Betten geholt. Schlafen können sie später immer noch. Fein anziehen sollen sie sich für dieses nächtliche Fest. Herausgeputzt und übermüdet sitzen sie schließlich zusammengepfercht in seinem Wagen. Rayan, die in ihrem Seidenkleidchen bei Haider auf dem Schoß sitzt, ist erst zweieinhalb Jahre alt, aber sie soll ihn erleben, diesen historischen Tag der Freude.

Wenige Minuten waren nur vergangen, seit die Bilder von der herabstürzenden Statue des verhassten Diktators aus Bagdad über die Fernsehstationen in den Norden des geteilten Landes übertragen worden waren, und schon stürzte eine Flut jubelnder Kurden auf die Straßen der nördlichen Provinz und feierte den späten Triumph.

Auf dem Ring um die Festung von Erbil, der Hauptstadt im Nordirak, steht Haider nun in einem hupenden Autokorso und weint lautlos: »Meine Familie soll mich endlich einmal glücklich sehen«, sagt der Kurde und reibt sich die Augen. Die Kinder drängeln sich auf der Rückbank des Toyota und starren ungläubig auf die bizarren Szenen des Freudentaumels: Uniformierte Soldaten fallen schwarz gekleideten Witwen um den Hals, auf den Bürgersteigen vor dem Bazar spielen Musikanten mitten in der Nacht zum Tanz auf, und kunterbunte Halbkreise bewegen sich rhythmisch zum Gesang des Vorsängers und schwingen ihre Halstücher im Takt, halb nackte junge Männer lehnen aus dem offenen Schiebedach ihrer Wagen und strecken Bilder von George W. Bush und Tony Blair in den Himmel: »Dies ist das Ende der kurdischen Angst«, sagt Haider, »es kommt zu spät. Aber ich hoffe inständig, dass es nun hält.«

Wir starren auf das Meer aus rot-weiß-grünen und weiß-rot-schwarzen Fahnen.

Es ist nicht der Traum der kurdischen Unabhängigkeit, der sich hier ausdrückt. In dem Moment der größten Euphorie schwenken die Menschen unter der Festung von Erbil nicht nur kurdische, sondern auch irakische Fahnen.

Der eingebildete Konflikt zwischen Arabern und Kurden

Die Straßen von Baqrata, dem winzigen arabischen Ort gleich hinter Mahmud, sind ausgestorben. Kein Geschäft ist geöffnet, keine Kinder spielen auf der Straße, keine verschleierten Frauen sind zu sehen.

Die grüne Grenze ist gefallen, in Bagdad sind die amerikanischen Truppen eingezogen, Zigtausende Kurden sind nach Kirkuk, ihrer heimlichen Hauptstadt, aufgebrochen, und die arabischen Bewohner der Ortschaften sind aus Angst vor dem Zorn der Sieger geflohen.

Der kurdische Abgesandte Sadaq Pshtwan steigt aus seinem Wagen, gefolgt von einer Entourage von Bodyguards und politischen Funktionären in dunklen Anzügen, und geht mit ausgebreiteten Armen auf eine ungleiche Figur im arabischen schwarzen Gewand zu. Abdul Rahman Marky, eine Hand an der goldenen Borte seines edlen Umhangs, verneigt sich vor der kurdischen Delegation.

Es ist das Ende des Krieges, die Herrscher im Irak wechseln, und der arabische Stammesführer will den kurdischen Siegern seine Demut bekunden:

»Ich heiße euch willkommen«, sagt Abdul Rahman Marky, »aber, bitte, kommt später wieder. Meine Frau ist nicht bei mir, und ich bin nicht in der Lage, euch würdig zu empfangen.«

Nördlich von Baqrata, in Mossul, dauern die Kämpfe zwischen Saddam-treuen Truppen und der Koalitionsarmee aus

Amerikanern und Kurden noch an, südwärts in Kirkuk und Bagdad ziehen die aufgebrachten Massen schon durch die Straßen und plündern, aber der arabische Führer möchte in all dem Chaos gesittete Formen bewahren.

»Mich sendet Massud Barsani mit folgender Botschaft«, entgegnet Sadaq Pshtwan und verwandelt unter den gegebenen Umständen eben die staubige Straße in eine Begegnungsstätte, »wir erinnern uns in diesem Moment an die arabisch-kurdische Bruderschaft. Die arabischen Stämme leben hier seid 400 Jahren und daran soll sich auch jetzt nichts ändern. Wir schätzen und lieben euch, und auch für euch soll sich die Situation nun verbessern.«

Westliche Medien präsentieren das alte Mesopotamien gerne als eine Region, in der schon immer ethnische Kriege gewütet hätten, allzu oft wird uns der Irak als ein Gebiet mit gleichsam unversöhnlichen Konflikten zwischen Sunniten und Schiiten, zwischen Kurden und Arabern vorgestellt, als handele es sich um verwilderte Stämme, gleichsam noch im Naturzustand befindlich.

Die Szene in Baqrata, deren Zeugen wir rein zufällig wurden, widerspricht allen geläufigen Vorstellungen. Der Krieg war noch kaum zu Ende, keine internationalen Vermittler waren anwesend, niemand drängte die Kurden, in diesem Moment des Triumphs auf die arabischen Patrizier zuzugehen.

»Wir leben mit den Kurden seit Jahrhunderten zusammen«, antwortet der arabische Führer, »wir sind Iraker. Ohne Unterschiede.«

Die Araber sollten ihre Familien wieder zurückkehren lassen. Niemand werde ihnen Schaden zufügen, versichert der kurdische Entsandte daraufhin. Sie sollten sich wieder sicher fühlen. Auch die Waffen zu ihrer Selbstverteidigung könnten sie behalten.

»Und wenn jemand kommt und euch die Waffen wegnehmen will, tötet ihn in meinem Namen«, sagt Pshtwan.

Kirkuk

Die Räume hinter dem berüchtigten gelben Gemäuer bleiben tabu. Aber die Fensterscheibe des kleinen Wachhäuschens vor dem Eingang ist schon eingeschlagen. Ein schwarzes Herz und ein schiefes »USA« hat jemand darunter gemalt.

Die bunten Kacheln des Mosaiks mit dem Porträt von Saddam Hussein splittern mit jedem weiteren Steinwurf der Kinder vor dem Portal. Hunderte säumen die Straßen und klatschen und singen im Chor mit den jubelnden Peshmerga-Milizen, die in Wagenkolonnen einziehen. Die Innenräume der ehemaligen Machtzentrale der Baath-Partei in Kirkuk sind leer gefegt. Doch hineingehen mag Ibrahim Chalil nicht.

Das Regime aus Bagdad ist gestürzt – doch die Angst ist dem Kurden geblieben. Wochenlang hatte er sich auf diesen Tag vorbereitet, als bewaffneter Schläfer im Untergrund. Geheime Depeschen hatte Chalil auf die andere Seite der grünen Grenze zu den Peshmergas geschmuggelt. »Immer wieder flogen unsere Leute auf und wurden von den Irakern exekutiert.«

Die Nacht über hat er gekämpft gegen die letzten Soldaten des Regimes in Kirkuk. Chalil streicht über sein nagelneues Gewehr aus dem erstürmten Waffenlager. »Das ist es, woraus Saddams Irak bestand: Tod und Waffen. Sonst nichts.«

Vor seinen Augen plündern zwei Männer bereits das Gebäude der Saddam-Partei: Wellblechdächer, ein Kühlschrank und eine Computertastatur werden zu drei Stühlen auf die Ladefläche des grauen Pick-ups gepackt. Niemand schreitet ein. Die irakischen Polizisten, die Chalil fürchtet, gibt es nicht mehr. Nur tanzende, verschleierte Frauen und Kinder, die die grün-weiß-rote kurdische Flagge schwenken. Der Kleinlaster mit dem Diebesgut braust davon. »Bald will ich auch feiern«, sagt Chalil, »wenn die Angst endlich nachlässt, dann haben wir wirklich triumphiert.«

Einen Tag nachdem der Diktator in Bagdad gestürzt war, erobern die Kurden gemeinsam mit den amerikanischen Truppen Ort um Ort im Norden. Doch schon bald müssen sich die Peshmerga wieder aus Kirkuk und Mossul zurückziehen. Die Amerikaner wollen die Türken nicht verärgern.

Die Schranke am kilometerlangen Fabrikgelände des Babagur-Ölfelds ist unbewacht. Bei Einbruch der Dunkelheit leuchtet nur die meterhohe Flamme aus der brennenden Ölquelle über die verlassene Parkanlage. Palmen und Eukalyptushaine säumen die verlassenen Häuser der arabischen Vorarbeiter und Ingenieure. Außer Kassas Abdil ist niemand mehr da. »Wohin sollte ich denn fliehen«, sagt Abdil und zuckt mit den Schultern, »und vor allem: womit?«

Am Morgen waren die Kämpfer der Demokratischen Partei Kurdistans (KDP) mit ihren gelben Bändern um die Stirn und ihren Kalaschnikows gekommen und hatten ihm seinen Geländewagen gestohlen. Ein paar Stunden später dann tauchten die Peshmerga der Patriotischen Union Kurdistans (PUK) mit ihren grünen Fähnchen am Wagen auf. Sie klauten dem arabischen Ingenieur auch noch die Batterie seines zweiten Autos. »Es ist kurios, erst kämpfen alle um das Öl von Kirkuk, und dann kommt keiner, um es zu sichern.«

In dem räuberischen Chaos der ersten Stunden schleichen die Verlierer des Kriegs unbescholten davon: Auf der Straße zwischen Kirkuk und Altun Kupri schleppt sich der Strom der Geschlagenen wie eine traurige Karawane nach Hause.

Barfuß kommen manche daher, die ehemaligen Soldaten Saddam Husseins. Ihre Uniformen haben sie abgelegt, ihre verräterischen Schnürstiefel neben den Panzern und Munitionskisten zurückgelassen. Nur die zerschlissenen grünen Parkas haben sie behalten.

»Die Kurden erhalten nun spät ihre Freiheit«, sagt der irakische Soldat Abbas Heidar und legt sich ein Handtuch um, das ihm kurdische Peshmerga in der Kälte des Morgens geschenkt haben, weil er so fror. »Wir haben uns schuldig gemacht gegenüber den Kurden, und sie geben uns noch Essen«, sagt er leicht beschämt und zieht weiter.

Zwei Tage schon toben die aufgebrachten Massen durch die Städte Bagdad, Kirkuk und Mosssul, ohne dass die amerikanischen Truppen einschreiten.

500 Meter vor der Stadtgrenze von Kirkuk hocken die US-Soldaten auf ihren Panzern und leichteren Militärfahrzeugen und schauen tatenlos zu, wie Tausende Wagen voll gepackt mit geraubtem Gut an ihnen vorbei aus der gefallenen Stadt abziehen.

Autos mit Kühlschränken auf dem Dach passieren, Lastwagen mit dem Mobiliar ganzer Wohnungen fahren an ihnen vorbei – doch nichts geschieht.

Die kurdischen Soldaten der KDP und der PUK mühen sich verzweifelt, die anarchistischen Zustände nach dem Sturz Saddam Husseins zu kontrollieren. Aber auf Wunsch der türkischen Regierung haben die Amerikaner ihnen untersagt, mit zu vielen Einheiten in den Irak einzumarschieren, und so sind die Peshmerga gänzlich überfordert.

Wenn es auch vorstellbar ist, dass die Truppen am ersten Tag in Bagdad wirklich noch überrascht wurden von den Plünderungen, so bleibt es doch unverständlich, warum sie noch 24 Stunden später, beim Fall von Kirkuk, offensichtlich keinerlei Direktiven erhalten hatten, das kriminelle Happening zu unterbinden.

Mossul wurde erst weitere 24 Stunden später durch die Koalitionstruppen besiegt – doch auch hier hielt die US-Armee sich zurück, als Banden über die Stadt herfielen und alles abtransportierten, was sie schleppen konnten.

Einen Tag später schließlich sind die Amerikaner in die Stadt Mossul eingerückt. Am alten zerschossenen Flughafenterminal von Mossul errichtet Lieutenant Colonel Robert Waltemeyer mit seinen Truppen das neue Hauptquartier.

Eine Delegation aus Stadtoberen und Patriziern versammelt sich in Festtagskleidung auf dem Vorplatz des Flughafens und möchte dem amerikanischen Colonel ihre Aufwartung machen. In langen schwarzen Roben und edlen Gewändern stehen die Würdenträger beisammen im leisen Gespräch über die Ereignisse der vergangenen Nacht. Turkmenen und Araber, Schiiten, Sunniten und Christen, alle sind sie gekommen, um den fremden Herren einen Empfang zu bereiten, wie es sich nach den Regeln ihrer jahrtausendealten Zivilisationen gehört.

Ihre Stadt ist in Auflösung begriffen, erst die wochenlangen Bombardements durch die britisch-amerikanische Luftwaffe, nun die Horden der Plünderer, denen sie schutzlos ausgeliefert sind. Die irakischen Baathisten in Polizei und Armee sind geflohen, eine andere zivile Autorität gibt es nicht.

Erst am Vortag war es den arabischen Stammesführern gelungen, ihre Anhänger zusammenzurufen und zivile Posten und Checkpoints aufzustellen und so Nachbarschaft für Nachbarschaft zur Ruhe zu bringen. Ohne sie wäre Mossul in Anarchie verfallen.

Heute sind sie gekommen, um jene Amerikaner zu begrüßen, von denen sie in den vergangenen Tagen im Stich gelassen worden waren.

»Wir sind verzweifelt«, sagt Khalid Hashm, ein Araber aus Mossul. Drei seiner Cousins sind von marodierenden Banden getötet worden, als sie versuchten, ihr Haus gegen die Plünderer zu verteidigen, »wir wissen nicht mehr, wer verantwortlich ist.«

Der katholische Pfarrer Dr. Louis Sako verfolgt ungläubig, wie der jungenhafte Pressesprecher White eifrig mit Klebeband Grenzen und Zonen einzieht auf dem staubigen Parkplatz und die Abgesandten der Stadt Mossul wie Vieh hinter den Plastikstreifen schiebt.

Louis Sako ist gekommen, um über eine gemeinsame Zusammenarbeit in Mossul zu sprechen.

Dann tritt Lieutenant Colonel Robert Waltemeyer auf.

Die leicht verdreckte Clique aus internationalen Reportern rückt dichter an die Absperrung heran, die edle Runde der Bürger der Stadt Mossul steht neben uns.

Waltemeyer stellt sich an das hölzerne Pult, das sein Adjutant ihm bereitgestellt hat, als ob er eine Rede zur Lage der Nation zu halten habe, und noch bevor wir die Notizblöcke herausholen können, brüllt der Colonel los.

»Zunächst einmal sollten Sie hier alle die Regeln begreifen«, beginnt Waltemeyer, als sei er eine schlechte Kopie der Offiziere aus »Apokalypse Now«, »und die Regeln stelle ich auf. Ich entscheide hier, welche Frage ich beantworte und welche nicht.«

Unter den Medienvertretern tauschen einige amüsierte Blicke aus. Kann es sein, dass niemand den Colonel gebrieft hat, wen er gerade vor sich hat?

Die Vertreter der Stadt Mossul stehen in ihren eleganten Gewändern aufrecht vor dem lächerlichen Plastikstreifen und schauen wie unter Schock auf den uniformierten Mann, der sie weder begrüsst noch empfängt, sondern nur Befehle und Anordnungen brüllt.

»Wer sich an diese Regeln nicht halten will, kann gleich gehen.«

Khalid Hashm wird unruhig. Dafür ist er nicht gekommen.

»Wir sind hier, um unsere Hilfe und Kooperation anzubieten«, ruft er auf Englisch dem Fremden entgegen.

»Wann wir mit wem kooperieren, bestimmen immer noch wir«, entgegnet schroff Waltemeyer, ohne Hashm auch nur eines Blickes zu würdigen.

Und dann redet er von den amerikanischen Heldentaten, von dem Patriotismus seiner Soldaten und seinem Stolz auf ihre Leistungen – aber da ist schon alles zerstört, und die Delegationen der arabischen, turkmenischen und assyrischen Bürger aus Mossul gehen zurück in ihre Viertel. Sie haben zu tun. Sie müssen für Ordnung sorgen und ihr Leben wieder aufnehmen, nach dem Krieg. In dem neuen, instabilen Frieden, so viel haben sie eben gelernt, werden sie auf sich allein gestellt sein.

»Wenn die Amerikaner von uns mit Respekt behandelt werden wollen«, sagt Pater Louis, »müssen sie es anders anfangen, ihr so genanntes Nation-building.«

Der Flüchtling

Auf allen Reisen gab es stets *eine* besondere Begegnung, die für mich die Erfahrung mit einer ganzen Landschaft personifizierte. Und ebenso gab es *ein* besonderes Gespräch, *eine* besondere Geschichte, die mich nicht wieder losließen: Albertos Hund in den Favelas von Nicargua, der mich in die Hand gebissen hatte, Luis, der kleine Sohn von Fanny, im Bürgerkrieg von Kolumbien, der zwischen meinen Beinen saß, während in seinem Rücken die Schlacht um die Comuna 13 tobte, Mariam im Flüchtlingslager Cherat in Pakistan, die mich schüttelte, als könne sie so die aus den Fugen geratene Welt wieder zurechtrücken, Mohammed Shafi, der weinende Alte in dem Krankenhaus an der Grenze zu Indien, aus dem das Leid eines langen Lebens drang, das traumatisierte Mädchen in den Trümmern der Altstadt von Gjakova im Kosovo, das zu sprechen verlernt hatte und es noch nicht einmal bemerkte, Ahmet, der Waisenjunge in den Müllhalden der Peripherie von Bukarest, der in den verwahrlosten Baracken allein durch die isolierten Romafamilien noch Menschlichkeit erfuhr.

Im Nordirak und diesem ganzen elenden Krieg war es Rashid Yasin, den ich nie vergessen werde.

Die ganzen Jahre über hat er das vergilbte Bündel Papier in einer grauen Schatulle bei sich getragen. Seit der Flucht vor den angreifenden Hubschraubern, die sein Dorf Biraspan beschossen. In all den Jahren in den Lagern der obdachlosen Deportierten. In den Nächten in feuchten Zelten ebenso wie in seinem unterkühlten Steinhaus am Stadtrand von Erbil, in dem seine Frau gestorben und er alt geworden war. Mit zittrigen Händen holt Rashid Yasin das gerollte Dokument aus dem Behälter, der das fünfzig Jahre alte, dünne Papier mit der Grundbucheintragung beschützt. Es ist das Einzige, was ihm von seinem Hof geblieben ist.

Jetzt, da das Ende des Regimes des Dikators von Bagdad nah ist, hofft Yasin, dass ihm doch noch Recht widerfährt, bevor er stirbt.

Auf seinem Schoß öffnet der alte Bauer die Rolle und zeigt

mit seinem Zeigefinger auf eine längst nicht mehr gültige Briefmarke. König Faisals Konterfei beglaubigt die Urkunde über Yasins Landbesitz, und sie gilt, auch wenn das Reich des früheren irakischen Monarchen längst zerfallen und neugeordnet worden ist.

»Ich kann belegen: Dies Land gehört mir«, sagt Yasin und sein beim Reden aufblitzender Goldzahn unterstreicht seinen Anspruch auf früheren Reichtum, »niemand kann mir mein Recht bestreiten.«

Yasin sitzt im winzigen Innenhof auf einem Schemel unter dem einzigen Baum.

Sein Hirtenstab hängt noch immer an einem Haken am Stamm in Griffnähe, doch das Land, über das er mit dem Stock schreiten könnte, hat er seit 1991 nicht mehr betreten.

Ein ganzes Jahr lang hatte sich Yasin den Einschüchterungsversuchen der Baath-Partei widersetzt. Ein kurdischer Nachbar nach dem anderen floh im Zuge der »Arabisierung« aus Biraspan. Doch Yasin hielt aus auf seinem Grund und Boden. Ein Jahr lang schleppte er Eis in Blöcken aus dem nahe gelegenen Kirkuk in sein Haus, weil die Iraker die Elektrizität des Dorfes gekappt hatten und die Lebensmittel sonst verfault wären.

»Ich hege keinen Hass gegen die Araber, nur gegen die Regierung Saddam und die, die auf unserem Land geplündert und geraubt haben.«

16 Zimmer hatte sein Haus, das Saddam in Schutt und Asche gelegt hat. 300 Schafe konnte er weiden lassen auf seinem eigenen Land, das seit der Deportation unbestellt blieb.

Keiner seiner städtischen Söhne kann die Demütigung wirklich verstehen, die für den Alten darin besteht, dass er seit Jahren auf fremder Leute Höfen arbeiten muss.

Eine geborgte Erntemaschine steht draußen auf der Straße vor dem Haus.

Für alle Fälle.

Wenn Biraspan von den Amerikanern oder Peshmerga erobert wird, will Yasin zurück. Auch wenn das gesamte Dorf nur mehr aus Trümmern besteht und er kein Dach über dem Kopf finden kann.

»Ich möchte nur noch einmal auf meinem Land sitzen. Nichts weiter«, sagt Yasin, »nur sitzen und über das Land schauen. Das möchte ich noch erleben.«

Zwei Tage später ist die Hochebene um Altun Kupri und auch das alte Dorf Biraspan befreit. Wir fahren zu Rashid Yasin und fragen ihn, ob er mit uns schon einmal sein altes Gehöft besuchen möchte. Es sei allerdings eine anstrengende Reise, die Brücke über den Sab-Fluss nach wie vor nicht gebaut und sein Dorf vielleicht zerstört.

Rashid Yasin will sich noch nicht aufmachen.

Aber die Nachricht von der Befreiung der Hochebene von Altun Kupri treibt den Bauern um. Der ewige Flüchtling wartet mit der Urkunde in der Hand auf seinem Schemel vor seinem Baum in Erbil, doch Sohn Bilal soll schon einmal den beschwerlichen Weg in die Heimat auskundschaften.

Zehn Jahre war Bilal alt, als Saddam Hussein den Vater von seinem Haus und Hof in Biraspan vertrieben hat.

Das Nadelöhr zur Front auf der Hochebene um Altun Kupri ist etwas größer geworden. Der winzige, löchrige Kahn am Ufer des Sab ist inzwischen ausgemustert. Zwei Traktoren, einer auf jeder Seite des Flusses, ziehen jetzt abwechselnd mit einem Stahlseil eine Betonplattform auf dem Fluss hin und her. Der Nachschub ist dringend nötig. Mala Bakir von der »Spi Kirkuk«-Brigade dirigiert einen Jeep über die zwei rostigen Eisenträger auf das quadratische Brückenschiff. Dann winkt er die Fußsoldaten zu sich, geht ans Ufer zurück und brüllt dem Traktorfahrer das Startsignal zu. Von seinem Pickup-Truck aus beobachtet der Offizier der »Spi Kirkuk«-Brigade, wie das Stahlseil durch das Wasser aufschnellt, sich anspannt – und dann die Plattform knirschend herüberzieht. Bilal Yasin erreicht zusammen mit den Peshmerga das andere Ufer.

Nach einer Stunde durch unübersichtliche Wege, ausgetrocknete steinige Flussbetten, vorbei an riesigen Raps- und Weizenfeldern, erreicht Bilal das verwüstete Dorf seiner Kindheit.

Eine grau-schwarze Wand aus Rauchwolken verdunkelt den Horizont im Süden. Die Öl-Gräben um Kirkuk stehen in Flammen, und der ätzende Gestank hüllt auch die verwüstete Hochebene Kilometer entfernt ein.

Da steht Bilal inmitten von sandigen Ruinen. Unkraut und wildwachsende Disteln reichen ihm bis zu den Oberschenkeln.

Spurensuche in den Trümmern und Bilals Erinnerung.

»Die Steine unseres Hauses erkenne ich«, sagt er, und er wandert in der flirrenden Hitze mit seiner Kalaschnikow auf dem Rücken durch die zerbröckelten Ruinen eines Dorfes, das nur noch im Gedächtnis der Überlebenden existiert.

»Das ist es.« Bilal steht strahlend vor einer braun-roten lehmigen Masse eines riesigen Rechtecks aus Mauerresten:

»Das ist unser Haus.«

Und dann läuft er über von Wildmäusen zerwühlte Erdhaufen, vorbei an verwaschenen Steinwüsten, im Zickzack seinen alten Schulweg, bis zum Friedhof von Biraspan.

Die Grabsteine sind umgestürzt, die Namen unkenntlich gemacht.

»Arabisch sollte diese Gegend sein, deswegen wollte Saddam alles, was auf eine kurdische Identität hindeutet, vernichten«, sagt Bilal und streicht über die brüchigen Steine, »nur uns – uns hat er dabei vergessen.«

Wenn ich heute, ein Jahr später, in den Zeitungen über die angeblich uferlosen Ansprüche der Kurden lese, über den Widerstand der amerikanischen Übergangsverwaltung gegen die Rückkehr der Kurden in ihre Heimat – dann fällt mir immer Rashid Yasin ein.

Als sich keine Massenvernichtungswaffen finden ließen am Ende des Krieges, wurden von der amerikanischen Regierung zügig neue Rechtfertigungen für den Einsatz gezimmert. Das Unrecht, das den Kurden angetan wurde, war der Amerikaner liebstes Alibi. Allzugern wird auf das Leid der Kurden, auf ihre Verluste unter Saddam Hussein verwiesen – nur jetzt, da der Diktator abgesetzt ist, darf niemand mehr an die Verluste der Vertriebenen erinnern.

Die Opfer sind nun plötzlich keine Opfer mehr, sondern unliebsame, anspruchsvolle Kurden.

Und ich stelle mir Rashid Yasin vor, wie er noch immer auf

seinem Schemel unter dem Baum sitzt, seinen Hirtenstab jederzeit griffbereit, um sich aufzumachen, nach Hause zu gehen, und ich male mir aus, wie er auf seine Urkunde mit dem Konterfei des Königs schaut und nicht verstehen kann, warum das alte, beglaubigte Recht im neuen, freien Irak kein Recht sein soll.

Wofür wären sie dann alle gestorben? Die Kurden, die Araber und die amerikanischen Soldaten?

Danksagung

Ohne das Vertrauen und die Ermutigung meiner beiden Ressort-leiter, Dr. Olaf Ihlau und Hans Hoyng, die mich reisen ließen, wäre keiner dieser Briefe je zustande gekommen.

Ihrer intellektuellen Neugierde, ihrem kritischen Geist ist es zu verdanken, dass ich auch in Gegenden fahren konnte, die ein wenig abseits des Medienhypes lagen und in denen Vorboten oder Nachwehen von Kriegen zu beobachten waren. Sie sorgten dafür, dass ich mit einem erfahrenen Photographen und genü-gend Zeit unterwegs sein konnte – in Zeiten der Budgetnot bei den Medien keineswegs mehr Selbstverständlichkeiten.

Auch meinem Chefredakteur Stefan Aust gebührt Dank. Ich weiß, dass er mich manchmal lieber hinter den sicheren Schreibtisch im ungefährlichen Deutschland verbannt sehen würde, und ich bin umso dankbarer, dass ich genau jene The-men bearbeiten darf, die mich umtreiben.

Eine Vielzahl von Dokumentaren haben nicht nur meine Rei-sen an die Ränder der Welt erleichtert, sondern auch mein historisches Wissen vertieft: Cordelia Freiwald, Anne-Sophie Fröhlich, Christa von Holtzapfel, Walter Lehmann, Thorsten Oltmer, Rainer Szimm, Dr. Claudia Stodte, Dr. Eckart Teichert schulde ich Dank. Für meine privaten Briefe jedoch sind sie in keiner Weise verantwortlich gewesen, Irrtümer oder Fehler in diesem Buch bleiben ganz und gar mein eigenes Verschulden.

Ganz besonders danke ich allen Photographen, die mich auf den Reisen begleitet haben: Sebastian Bolesch, Thomas Grabka, Vincent Kohlbecher, Markus Matzel und Thomas Müller. Die Arbeit in Teams, das gemeinsame Entwickeln einer Geschichte ist ein wenig aus der Mode geworden. Printmedien ersetzen heutzutage fatalerweise nur allzu gern den professionellen Photographen, der mit einem Reporter gemeinsam reist, durch anonyme Agenturbilder oder gar Amateurphotos der schreibenden Reporter.

Keine meiner Reisen jedoch wäre denkbar gewesen ohne diese exzellenten Photographen. Besonders diejenigen, die mit mir in Krisengebieten waren, sind zu Freunden geworden, wie ich es vorher nicht kannte. Vertrauen hat sich gebildet in diesen Zeiten und eine Verbundenheit, die unvergleichlich ist.

Von jedem dieser Photographen habe ich etwas anderes gelernt, und allen danke ich.

Ich danke auch allen für ihre Kommentare zu diesen Briefen, in denen anscheinend jeder etwas von sich selbst wiederfinden konnte.

Joanne Mariner von Human Rights Watch habe ich unter den elendsten Umständen während des Kosovo-Krieges in Albanien kennen gelernt, und die Freundschaft mit ihr hat uns immer wieder in Krisenzeiten und verschiedenen Ländern zusammengebracht. Vor ihrem Mut und ihren festen juristischen und moralischen Prinzipien habe ich großen Respekt. Für ihren hinreißenden Humor, ihre Nähe in den grauenhaften Tagen und Wochen und ihre grenzenlose Gastfreundschaft bei zahlreichen New-York-Besuchen danke ich ihr sehr.

Elizabeth Rubin, der hervorragenden Journalistin und Freundin, bin ich in allen möglichen und unmöglichen Situationen auf der ganzen Welt wieder begegnet. Ihre Wärme und ihr Witz waren unersetzlich in doch oftmals finsteren Zeiten.

Die Briefe erzählen, alle, immer wieder von Fremden, die uns auf- und angenommen haben, die Hilfe und Unterkunft angeboten haben, ohne eine Gegenleistung zu erwarten. Wir haben Großzügigkeit und Gastfreundschaft erfahren, ohne Grund, und immer wieder mussten wir mit Beschämung daran denken, wie wenig gastfreundlich wir Fremde in unseren Heimatländern empfangen. Unbekannte Menschen haben uns ihre Geschichten anvertraut, sie haben uns eingewiesen und aufgeklärt, haben sich nicht gestört an unserer Ignoranz und behutsam uns ihre Kultur und ihre Welt erschlossen.

Diese Briefe sind auch ein später Dank an all jene Fremden, deren Leben und Leid wir eine kurze Zeit teilten, nur um sie dann wieder allein zu lassen.

Diese Briefe sollen vor allem auch von jenen Menschen erzählen, die dauernd im Radius der Gewalt leben: Mariam, Mohammed Shafi, Emine, Kujtim Bilali, Ahmed Tawfiq, Alberto, Fanny und ihr Sohn Luis und viele andere.

Die Nerven meiner gesamten Familie haben in den vergangenen Jahren mindestens so gelitten wie die Atlas-Seiten, auf denen meine jeweiligen Reisen Abend für Abend nachvollzogen wurden. Für ihr Verständnis und ihre Belastbarkeit bin ich unendlich dankbar. Besonders dankbar in praktischer Hinsicht bin ich meiner Mutter, die es trotz wirklich vollständiger Trekking-Inkompetenz fertig gebracht hat, mir den wunderbarsten Schlafsack aller Zeiten zu schenken.

Über Jahre schon lebe ich in einem Netzwerk aus Freunden in Berlin, das meine Pflanzen auf dem Balkon in meiner Abwesenheit versorgt, den Kühlschrank vor meiner Rückkehr füllt, mich bekocht, wenn ich hungrig und verdreckt vom Flughafen Tegel nach Hause komme.

Viele sind untereinander seit Jahren befreundet, viele haben sich auf diesem Weg erst kennen gelernt.

Ich weiß nicht, wie das Erlebte in mein Leben eingegriffen hätte, wenn es diese Freunde nicht gegeben hätte.

Luzia Braun, Uli Brödermann, Rahel Jaeggi, Isabell Lorey,

Herbie Rebbert, Martin Saar, Andrea Thilo, Andres Veiel, Hortensia Völckers und Beatrice von Bismarck haben mich in meinem Berliner Leben gehalten, und ich kann ihnen gar nicht genug dafür danken.

Die Berliner Autorenbuchhandlung war und bleibt einer der schönsten Orte, die einem dauernd Reisenden etwas Ruhe vermitteln können. An dem kleinen runden Tisch im Hinterzimmer der Buchhandlung, wo es Tee und Kekse und Interesse an Geschichten und Büchern gibt, erinnerte ich mich allzu oft an die orientalische Tradition des Gesprächs, die ich im Westen so häufig vermisse. Ich danke allen Mitarbeitern für dieses wunderbare Zuhause in der Carmerstrasse.

Wer schreibt, insbesondere Briefe, schreibt an jemand Bestimmten.

Es gibt ein Gegenüber, dem man erzählt.

Für mich war es eine kuriose Ansammlung an Freunden aus aller Welt.

Aber einige Freunde waren besonders wichtig, als Zuhörer, als Gegenüber und später dann als ermutigende Freunde, die die Briefe veröffentlicht sehen wollten.

Jay Bernstein, Wendy Brown, Kirsten Fischer und David Rieff haben den größten Anteil daran, dass dieses Buch entstanden ist.

Ich danke Ulrich Schwarz, der immer schon verstanden hat, warum ich gerne in diese Länder fahre, und ich danke Dr. Rolf Wischnath, der mich einlud, ihm und seiner Gemeinde davon zu erzählen.

Dieses Buch ist an verschiedenen Orten geschrieben worden.

In Berlin, wo ich jeden Brief (bis auf den letzten zum Irak) direkt nach meiner Rückkehr – ursprünglich auf Englisch – verfasst habe. In Palermo, Buenos Aires, wo ich die Briefe in der deutschen Übersetzung zu redigieren begann, und in der Wohnung von Karoline Duerr in New York, in der ich Anfang 2004 zurückgezogen leben durfte, um das Manuskript zu bearbeiten. Ich bedanke mich für ihre unendlich gelassene Großzügigkeit.

Prof. Seyla Benhabib danke ich für die Einladung, das akademische Jahr 2003/2004 am Fachbereich Politische Wissenschaften an der Yale University zu unterrichten. Es war ein wunderbar anregendes Umfeld, insbesondere an ihrem Institut für »Ethics, Politics and Economics«, um dieses Buch zu Ende zu schreiben.

Uli Brödermann, Silvia Fehrmann, Katrin Klingan, Aram Lintzel, Herbie Rebbert, Amelie Rorty, Martin Saar und besonders Roger Willemsen haben in entscheidenden Phasen nicht nur Kommentare und konstruktive Kritik angeboten, sondern mir auch über manche Krise und Zweifel hinweggeholfen. Mein Kollege Udo Ludwig hat mich mit seiner ruhigen, unbestechlichen Art mit nützlichen Hinweisen unterstützt. Silvia Bovenschen danke ich für ihren engagierten Zuspruch und ihre Initiative, ohne die diese Briefe nie einem Verleger gezeigt worden wären. Dank auch an Andreas Veauthier und die »Schreibmütze«.

Drucilla Cornell, Thomas Dumm, Nancy Fraser, Morris B. Kaplan, Nikolas Kompridis, Joanne Mariner, Tamara Metz, Elizabeth Rubin, Amelie Rorty, Susan Sontag, Eli Zaretsky und vor allem David Apter waren wichtige Gesprächspartner und Freunde in den USA im vergangenen Jahr.

Meinem Gegenüber im S. Fischer Verlag, Peter Sillem, danke ich sehr. Ohne seine kluge und behutsame Art wäre ich gewiss nicht überzeugt worden, aus diesen doch eher privaten Briefen eine Veröffentlichung zu machen. Jeden Zweifel hat er mitvollzogen, jede Bitte erfüllt, jede Frage beantwortet – und dabei konzentriert auf das bestmögliche Produkt hingearbeitet. Ein Glücksfall für jeden Autor.

Silvia Fehrmann danke ich still.

Selten im Leben begegnet man jemandem, der sich als erstaunlich komplementär zu einem selbst herausstellt. Selten trifft man Kollegen, die in ihrer Passion für ihre Arbeit, in ihrer politischen Überzeugung, in der intellektuellen Neugierde, in ihrem Interesse an Menschenrechtsfragen und Krisenregionen einem entsprechen und die man dann auch noch auf engstem Raum über Wochen hinweg erträglich findet.

In dem Photographen Sebastian Bolesch habe ich so ein Gegenüber gefunden.

Seine Hingabe an seinen Beruf, seine hohen Ansprüche an Photographie und Journalismus sind beeindruckend.

Sein Gespür für Menschen und ihre Nöte, seine Belesenheit, seine unendliche Ruhe und seine unkorrumpierbare Art lassen mich getrost über seine entsetzliche Begeisterung für Johnny Cash und seine morgendliche Sprachlosigkeit hinwegsehen.

Ich habe von Sebastian mindestens so viel über Bildsprache oder Kindersoldaten gelernt wie über Vertrauen und Freundschaft.

Dieses Buch ist ihm zum Dank gewidmet.

Editorische Notiz
und Nachweise

Die hier veröffentlichten Briefe unterscheiden sich von den Originalen.

Ursprünglich hatte ich die Briefe direkt nach meiner Rückkehr auf Englisch geschrieben, damit auch die Freunde im Ausland teilhaben konnten an diesen Erfahrungen. Die deutsche Übersetzung habe ich dann noch einmal überarbeitet.

Historische Fehleinschätzungen sind dabei allerdings ebenso erhalten geblieben wie private Eingeständnisse oder Reflexionen.

Ein einziger Brief ist nachträglich geschrieben. Der Text zum Irak-Krieg ist – aus rein kontingenten Gründen – mit fast einem Jahr Verspätung und schon mit Wissen um die Veröffentlichung entstanden.

Alle Briefe handeln von Reisen, die ich im Auftrag des »Spiegel« unternommen und über die ich in zahlreichen Artikeln zwischen 1999 und 2003 berichtet habe.

Der Brief über New York/Pakistan/Afghanistan ist in einer früheren Fassung auf Englisch veröffentlicht, als: »*No Soldiers in the Scenery*«, in: Radical Society, Vol. 30, 2002.

Passagen aus dem Brief über den Irak-Krieg erschienen bereits in:

Stefan Aust/Cordt Schnibben (Hg.), *Irak. Geschichte eines modernen Krieges*, München 2003.

Nelson Mandela
Der lange Weg zur Freiheit

Autobiographie

Deutsch von Günter Panske

Band 13804

Kaum ein anderer Politiker dieses Jahrhunderts symbolisierte in solchem Maße die Friedenshoffnungen der Menschheit und den Gedanken der Aussöhnung aller Rassen auf Erden wie der ehemalige südafrikanische Präsident und Friedensnobelpreisträger Nelson Mandela, dessen Rolle für seinen Kontinent mit der Gandhis für Indien verglichen wurde. Seine trotz langer Haft ungebrochene Charakterstärke und Menschenfreundlichkeit haben nicht nur die Bewunderung seiner Landsleute, sondern aller friedenswilligen Menschen auf der Welt gefunden.

Obwohl als Häuptlingssohn, hochgebildeter und sprachenkundiger Rechtsanwalt gegenüber der schwarzen Bevölkerung privilegiert, war er doch nicht von vornherein zum Freiheitskämpfer und international geachteten Politiker prädestiniert. Erst die fast drei Jahrzehnte währende Gefängnishaft hat ihn zum Mythos der schwarzen Befreiungsbewegung werden lassen. Nelson Mandelas Lebensgeschichte ist über die politische Bedeutung hinaus ein spannend zu lesendes, kenntnis- und faktenreiches Dokument menschlicher Entwicklung unter Bedingungen und Fährnissen, vor denen die meisten Menschen innerlich wie äußerlich kapituliert haben dürften.

Fischer Taschenbuch Verlag

Friederike Bauer
Kofi Annan
Ein Leben
350 Seiten. Gebunden

Kofi Annan hat den Friedensnobelpreis erhalten und genießt in den meisten Ländern der Erde großen Respekt. Durch seine integrierende Persönlichkeit, seine sympathische Art und seinen Einsatz, u. a. im Kampf gegen Aids und Armut, hat er den Vereinten Nationen neue Glaubwürdigkeit geschenkt. Obwohl er in seiner zweiten Amtszeit mit Vorwürfen zu kämpfen hatte, vor allem von Seiten der Bush-Regierung, setzt er sich weiterhin beharrlich für eine bessere Welt ein, ob im Irak, in der Westsahara, in Kaschmir oder für die Flutopfer.

Über die Person Kofi Annan – seine Kindheit und Jugend in Ghana, die prägenden Jahre in den USA und Europa, seine Ehe mit Nane Lagergren – ist jedoch sehr wenig bekannt. Seit seiner Wahl zum Generalsekretär 1996 hat Friederike Bauer Kofi Annan intensiv journalistisch begleitet, ihn und seine engsten Mitarbeiter sowie seine Familie interviewt und bisher Unbekanntes zur weltweit ersten Biografie Kofi Annans zusammengefügt.

S. Fischer